Marianne Giesert (Hrsg.)
Führung & Gesundheit
Gesundheitsgipfel an der Zugspitze

Marianne Giesert (Hrsg.)
Führung & Gesundheit
Gesundheitsgipfel
an der Zugspitze

VSA: Verlag Hamburg

Ansprechpartnerin:

DGB Bildungswerk e.V.
Kompetenzzentrum Arbeit und Gesundheit
Marianne Giesert
Hans-Böckler-Str. 39
40476 Düsseldorf
Tel: 0211/4301-372
E-Mail: marianne.giesert@dgb-bildungswerk.de

www.dgb-bildungswerk.de

www.betriebsratsqualifizierung.de

www.vsa-verlag.de

© VSA-Verlag 2009, St. Georgs Kirchhof 6, 20099 Hamburg
Alle Rechte vorbehalten
Titelfoto der Zugspitze: Alfred Kerber
Druck und Buchbindearbeiten: Fuldaer Verlagsanstalt
ISBN 978-3-89965-329-8

Inhalt

Olaf Scholz, Bundesminister für Arbeit und Soziales
Grußwort 9

Marianne Giesert, DGB Bildungswerk e.V.
Führung und Gesundheit 11
Einführung

Klaus Brandner, Bundesministerium für Arbeit und Soziales
»Für eine neue Kultur der Arbeit« 17

Helga Kühn-Mengel, Bundesministerium für Gesundheit
**Betriebliche Gesundheitsförderung in Deutschland
aus Sicht der Politik** 27

Führung – ihre Bedeutung und ihre Auswirkung auf die Gesundheit der Beschäftigten

Bernhard Badura, Universität Bielefeld
Mitarbeiterorientierte Führung 30

Peter Stadler, Bayerisches Landesamt für Gesundheit
und Lebensmittelsicherheit
Führungsverhalten und Gesundheit 39

Lutz Packebusch, Hochschule Niederrhein
Führung als Element der psychischen Beanspruchung 50

Matthias Becker/Imke Ehlbeck, bao GmbH/
Jochen Prümper, Hochschule für Technik und Wirtschaft Berlin
**Freundlichkeit und Respekt als Motor der Arbeitsfähigkeit –
eine empirische Studie** 62

Bernhard Ohl, Hochschule Darmstadt
Führungskräfte und Gesundheitsförderung – ein Widerspruch? 75

Führung und Gesundheit in der Praxis

Heinrich Geißler, Beratung und Forschung Geißler
Gesunde Dialoge für Führungskräfte: Von den Gesund(et)en lernen 94

Heinrich Geißler
**Ein ungeschriebener Vertrag wirkt:
der psychologische Arbeitsvertrag** 112

Reinhard R. Lenz, Institut Input/Katja Bakarinow-Busse
Führen in der Praxis 122

Rudi Clemens, Frauenrath Bauunternehmung GmbH
Soziale Kompetenz – Führung als Fürsorge 137

Anne Katrin Matyssek, »do care!«
»Der macht mich noch krank!« 142
Wechselwirkungen von Führung und Gesundheit in der Praxis

Anna Paul/Silke Lange/Nils Altner, Kliniken Essen-Mitte
**Innovationsprozesse – willkommene Herausforderung
oder krankmachende Belastung?** 148

Anna Paul, Kliniken Essen-Mitte/Ruhr Universität Bochum
Stark in stürmischen Zeiten 159

Heidemarie Ernst, Stadtverwaltung Aachen
**Psychische Gesundheit durch gesundheitsgerechte Führung
fördern** 163
Ein Praxisbeispiel aus der Stadtverwaltung Aachen

Astrid Brammertz, Stadtverwaltung Aachen
Betriebliches Gesundheitsmanagement 178
Möglichkeiten, Angebote und Motivationsförderung
aus Sicht der Betriebsärztin

Ernst Kistler, INIFES
Führung, Gesundheit und Weiterbildung 181
Wie steht es um gute und alternsgerechte Arbeit
in Deutschlands Betrieben?

Walter Eichendorf/Sven Timm,
Deutsche Gesetzliche Unfallversicherung
Wie können die Unfallversicherungsträger gesundheitsgerechtes Führungsverhalten unterstützen und honorieren? 195

Reimund Overhage, Bundesministerium für Arbeit und Soziales
Gute Führung – Sozialromantik oder ein essenzieller Ansatz in der Krise? 218

Andreas Behrens/Thomas Dorn, Techniker Krankenkasse
Wie man zum »besten Arbeitgeber« wird 221

Joachim Schröer, Techniker Krankenkasse
Erfolgreiches Betriebliches Gesundheitsmanagement: nur mit Führungskräften! 227

Reinhard R. Lenz
»Rubikon« – das Spannungsfeld zwischen Beteiligung und Anweisung 231

Gabi Joschko
Gesundheitslounge – gesundheitsgerechtes Arbeiten und Entspannen 240

▌Anhang

Literaturhinweise 244

Veranstaltungshinweise 245

Die Autorinnen und Autoren 249

Olaf Scholz
Grußwort

Unser wichtigster Standortfaktor sind die Beschäftigten in Deutschland: Gut ausgebildete, gesunde und motivierte Mitarbeiterinnen und Mitarbeiter sind die zentrale Voraussetzung dafür, dass ein Unternehmen dauerhaft mit erstklassigen Produkten und Dienstleistungen konkurrenzfähig ist.

Dafür ist vieles nötig: In jedem Fall setzt es voraus, dass Arbeit nicht krank machen darf. Dies ist ein Gebot der Menschlichkeit – aber eben nicht nur.

Arbeit muss sich am Menschen orientieren. Nur dann kann sie auch wirtschaftlich nachhaltigen Erfolg haben. Bei der Umsetzung gesundheitsförderlicher Arbeitsbedingungen besteht in der Praxis oft noch erheblicher Handlungsbedarf. Die Erkenntnis, dass sich Gesundheitsförderung und Wirtschaftlichkeit gegenseitig stärken, ist noch nicht in allen Köpfen angekommen.

Nötig sind nicht nur klassische Maßnahmen der betrieblichen Gesundheitsförderung. Die sind ohne Frage wichtig – erfolgreiche Prävention muss aber weiter gehen. Eine zentrale Rolle spielen Organisations- und Führungsformen, die sich auch an den Bedürfnissen der Mitarbeiterinnen und Mitarbeiter ausrichten.

Eine mitarbeiterorientierte Unternehmenskultur, in der Arbeitnehmerinnen und Arbeitnehmer die Unterstützung und Wertschätzung von Vorgesetzten und Kollegen erfahren, ist nicht etwa Ausdruck von Gutmenschentum, sondern von klugen unternehmerischen Entscheidungen. Es gilt, einen offenen, vertrauensvollen und kollegialen Stil im Unternehmen zu etablieren sowie neue Ideen, Eigenständigkeit und teamorientiertes Handeln zu fördern. Anders können die komplexer werdenden Anforderungen in Produktion und Dienstleistung kaum bewältigt werden. Auch eine lebendige Beteiligungskultur ist von elementarer Bedeutung für die Qualität des Arbeitslebens.

Wir wissen heute, dass die Unternehmen wirtschaftlich erfolgreich sind, die auf eine partizipative Führung setzen, die in gute Arbeitsbedingungen und in die Fähigkeiten ihrer Beschäftigten investieren – und die ihre Arbeitsabläufe modern, d.h. am Menschen orientiert organisieren. Mitarbeiterorientierung muss der selbstverständliche Standard für die Kultur deutscher Unternehmen werden.

Mangelhafte Organisations- und Führungsformen können im ungünstigsten Fall zu einer gesundheitlichen Belastung werden. Die Bedeutung psychosozialer Belastungen auch in der Arbeitswelt steigt stetig. Eine kombinierte Auswertung arbeitsmedizinischer Daten und eines Forschungsprojekts des Bundesministeriums für Arbeit und Soziales zeigt, dass psychosoziale Belastungen sowohl zu vermehrter Arbeitsunfähigkeit als auch zu mehr Arbeitsunfällen führen. Deshalb begrüße ich es ausdrücklich, dass sich der Gesundheitsgipfel 2009 mit dem Thema »Führung und psychische Belastungen« befasst hat.

Mit der Initiative »Für eine neue Kultur der Arbeit« möchte die Bundesregierung den gesellschaftlichen Diskurs über die Bedeutung guter Arbeit in unserer Gesellschaft intensivieren. Ziel ist es, ein Aktionsprogramm zu entwickeln, mit dem die größtenteils bekannten Ansätze zur Humanisierung der Arbeitswelt in eine breitere Öffentlichkeit getragen werden.

Auch deshalb freue ich mich auf die Ergebnisse des diesjährigen Gesundheitsgipfels und wünsche allen Beteiligten gutes Gelingen.

Marianne Giesert
Führung und Gesundheit
Einführung

Durch die Globalisierung der Märkte und den daraus resultierenden sozialen Wandel sind Lebensrisiken und Stressfaktoren entstanden, die zu erheblichen Ungleichheiten in unserer Gesellschaft führen können. Geringe Einkommen, befristete Arbeitsverhältnisse, unsichere Arbeitsmärkte, mobile flexible Arbeitsbedingungen mit immer mehr Zeitdruck sind nur einige der Faktoren, die hierbei eine Rolle spielen.

Dem Management und den Führungskräften kommt dabei eine wichtige Position zu. Es liegt an ihnen, gesundheitsgerechte bzw. gesundheitsförderliche Arbeitsbedingungen zu schaffen. Durch die Wirtschaftskrise ist der Gesundheitsaspekt jedoch in vielen Betrieben in den Hintergrund gerückt worden, was nicht nur für die Beschäftigten, sondern auch für die Betriebe selbst verhängnisvoll ist. Daher muss das Thema Führung auf den Prüfstand gestellt und neue Ansätze von morgen offen diskutiert werden. Interessante Fragen sind dabei unter anderem: Nach welchen Prinzipien und Werten kann eine gesundheitsgerechte Führung organisiert werden? Wie können Führungsmängel, überflüssige Hierarchien, die Kultur des Misstrauens in den Betrieben vermieden werden?

Dabei ist der Blick nicht nur auf die Führungskräfte, sondern auch auf die »vorausschauende Eigenverantwortung« des Einzelnen in Verbindung mit der eigenen Gesundheit zu richten: Wie können die Belastungen/Anforderungen und Ressourcen/Kompetenzen im Gleichgewicht gehalten werden, wie kann jede/r Einzelne/r spüren, wenn er/sie aus der Balance gerät, und wie können der Überforderung Grenzen gesetzt werden – einzeln und kollektiv?

Der Gesundheitsgipfel, der jährlich einmal an der Zugspitze stattfindet, dient als Plattform und jährlicher Höhepunkt des Austauschs und der Inspiration für neue Impulse und Strategien, die der Prävention und Gesundheitsförderung dienen. Expertinnen und Experten aus Politik, den Betrieben und der Gesellschaft bieten die Möglichkeit, neue Ideen und erprobte Beispiele näher zu durchleuchten, um daraus Strategien für die eigene individuelle und betriebliche Praxis zu gewinnen.

Dieses Buch umfasst die Beiträge der Referentinnen und Referenten des 1. und des 2. Gesundheitsgipfels und öffnet damit unterschiedliche Blickwinkel auf dieses Thema.

Im Grußwort fordert der Bundesarbeitsminister *Olaf Scholz* von den Unternehmen kluge Entscheidungen für eine mitarbeiterorientierte Unternehmenskultur, in der Arbeitnehmerinnen und Arbeitnehmer die Unterstützung und Wertschätzung von Vorgesetzten, Kolleginnen und Kollegen erfahren. Die Initiative »Neue Kultur der Arbeit« soll den gesellschaftlichen Diskurs über die Bedeutung guter Arbeit intensivieren.

Klaus Brandner, parlamentarischer Staatssekretär beim Bundesminister für Arbeit und Soziales, gibt uns Beispiele, wie diese »Neue Kultur der Arbeit« konkret aussehen könnte. Er stellt den »Human Potential Index« vor, der humanvermögenorientierte Faktoren in der Unternehmensführung und -bewertung berücksichtigt und fördert. Damit sollen Betriebe in die Lage versetzt werden, gute Arbeitsbedingungen zu realisieren und gleichzeitig Produktivitätszuwächse zu erzielen.

Helga Kühn-Mengel, Beauftragte der Bundesregierung für die Belange der Patienten und Patientinnen, unterstreicht die gesamtgesellschaftliche Gemeinschaftsaufgabe für Gesundheitsförderung und Prävention. Sie betont die Notwendigkeit des Präventionsgesetzes, mit seinem Ansatz bei den sozialen Lebenswelten: Stadtquartier, Arbeitsplatz, Schule etc., für die Agenda des nächsten Regierungsprogramms.

Die Bedeutung von Führung und ihre Auswirkung auf die Gesundheit der Beschäftigten nimmt *Professor Dr. Bernhard Badura* in den Blick, und zwar mit der These, dass eine mitarbeiterorientierte Unternehmenspolitik auch im Interesse der Kapitalgeber und Kunden ist, weil sie der Qualität der Produkte und Dienstleistungen, der Produktivität sowie dem nachhaltigen Erhalt von Erwerbsfähigkeit und Unternehmenserfolg dient. Er stellt Ergebnisse von vergleichenden Analysen des Sozialkapitals mit ihren gesundheitlichen sowie betriebswirtschaftlichen Auswirkungen vor und kommt zu dem Schluss, dass sich Mitarbeiterorientierung messen und damit auch managen lässt.

Dr. Peter Stadler vom Bayerischen Landesamt für Gesundheit und Lebensmittelsicherheit zeigt anhand einer Reihe von Forschungsergebnissen auf, dass Führungskräfte einen erheblichen Einfluss auf die Belastungssituation am Arbeitsplatz und damit auf das Wohlbefinden und die Gesundheit der Mitarbeiter haben. Er stellt ein gesundheits- und mitarbeiterorientiertes Führungsmodell vor und gibt damit Hinweise, wie dies in der Praxis umzusetzen ist.

Prävention und Gesundheitsförderung – Führung und Gesundheit!

Professor Dr. Lutz Packebusch erläutert auf der theoretischen Grundlage des Belastungs-Beanspruchungs-Konzepts und anhand von konkreten Beispielen aus der Praxis, welchen Stellenwert psychische Belastungen aus der Führung heraus für die Beschäftigten haben.

Matthias Becker/Imke Ehlbeck/Jochen Prümper belegen in ihrem Beitrag, dass sich freundlicher und respektvoller Umgang von Vorgesetzten tatsächlich lohnt. Ergebnisse ihrer Studie legen den Schluss nahe, dass Veränderungen im Führungsverhalten ein hohes Potenzial aufweisen, die Arbeitsfähigkeit der Beschäftigten zu verbessern.

Professor Dr. Bernhard Ohl beschreibt die besondere Rolle von Führungskräften in einem Unternehmen. Das Spannungsfeld zwischen Geschäftsführung und Mitarbeitern macht oftmals das Handeln der Führungskräfte nicht leicht. Um diesem Druck der »Sandwichposition« standzuhalten, wurden und werden verschiedenste Methoden des Managens mit unterschiedlichstem Erfolg angewendet. Prof. Ohl plädiert für eine Managementmethode, die bei den Mitarbeitern zu einer Akzeptanz führt und von den Vorgesetzten gebilligt wird; denn Vorgesetzte sind auch Mitarbeiter. Gesundheitsförderung im Unternehmen kommt somit letztendlich auch den Führungskräften zugute, die dann sowohl den Schutzaspekt als auch den Förderungsaspekt der Gesundheitsförderung nutzen können.

Dr. Heinrich Geißler erläutert in seinem ersten Beitrag, wie Führungskräfte Gesundheit, Wohlbefinden und Arbeitsfähigkeit ihrer Beschäftigten nachhaltig fördern können: Die Konzeption der »Gesunden Dialoge« wird vorgestellt, und Betriebsbeispiele belegen die Wirksamkeit wertschätzender, anerkennender Beziehungen.

In seinem zweiten Beitrag plädiert *Dr. Geißler* für eine (ständige) Neuverhandlung von psychologischen Arbeitsverträgen im Dialog in den Unternehmen. Um erfolgreich zu sein, müssen sich die Unternehmen gegenüber der Vielfältigkeit der Beschäftigten öffnen. Der ganze Mensch wird von den Betrieben eingefordert, dafür ist es notwendig, dass die Beschäftigten besondere Ressourcen im Rahmen eines dialogischen Identitätsbildungsprozesses fortwährend weiterentwickeln können, um die gegenseitigen zukunftsbezogenen »geheimen« Erwartungen, Interessen und Ziele in ein neues Gleichgewicht zu bringen.

Reinhard Lenz erläutert anhand der Methode »Brücken Schlagen«, wie das Führen in der Praxis gesundheitsförderlich gestaltet werden kann. Seine Erfahrungen mit dieser Methodik in der Schulung von Führungskräften oder bei Maßnahmen zur Teamentwicklung waren durchweg positiv. Allerdings sieht er solch eine Maßnahme lediglich als einen Baustein innerhalb eines langen Prozesses. Mit Erfolgen ist nur zu rechnen bei entwicklungsrelevanten Parametern, die er konkret benennt.

Rudi Clemens berichtet von seinen Erfahrungen aus der Baubranche. Er favorisiert Mitarbeiterbefragungen, die für Führungskräfte die Chance bieten, die Zufriedenheit der Mitarbeiterinnen und Mitarbeiter zu ermitteln und somit auch zu erhöhen, Optimierungspotenziale in der Ablauf- und Aufbauorganisation zu erweitern und durch die Einbindung aller Mitarbeiter die Akzeptanz von Veränderungsprozessen zu verbessern.

Anne Katrin Matyssek beschreibt anschaulich die Wechselwirkungen von Führung und Gesundheit in der Praxis. Ihre beiden »CareCards« als Erinnerungs- und Handlungshilfe geben Tipps und stellen einprägsam die gesundheitsförderliche Gestaltung eines Arbeitsumfelds und die Förderung der Erholungsfähigkeit im betrieblichen Alltag dar.

Dr. Anna Paul, Silke Lange und *Dr. Nils Altner* gehen auf die unterschiedlichen Auswirkungen von Innovationsprozessen in den Betrieben ein. Sie stellen aktuelle Projektergebnisse vor und geben Optimierungsvorschläge zum Thema »Achtsames Innovieren«.

In ihrem zweiten Beitrag beschreibt *Dr. Anna Paul* die deutliche Tendenz in unserer Arbeitskultur zur Reduzierung der Selbstwahrnehmung. Sie vergleicht dies mit dem Zukleben der Benzin- oder Ölstandsanzeige im Auto. Kurzfristig wären dann die als »Störung« empfundene Warnung und die damit verbundene Handlungsaufforderung unterbunden, und die Fahrt könnte weitergehen, mittel- und langfristig entstehen jedoch Probleme, deren Lösung sich viel aufwendiger gestaltet als die präventive Beachtung der entstandenen Bedürfnisse. Sie zeigt Möglichkeiten, wie durch gezielte Interventionen diese existenziell wichtigen Fähigkeiten wiedererlangt werden können.

Heidemarie Ernst berichtet von dem Praxisbeispiel zur Psychischen Gesundheit durch gesundheitsgerechte Führung in der Stadtverwaltung Aachen. Sie führt zehn Punkte für das erfolgreiche Führen von Gesundheitszirkeln bzw. Gesundheitsprojekten auf und baut darauf, dass die Erfahrung der Förderung von Gesundheit durch Verbesserung des Wohlbefindens den Mitarbeitern des Forstamtes lange im Gedächtnis bleibt.

Dr. Astrid Brammertz von der Stadtverwaltung Aachen ergänzt diesen Beitrag als Betriebsärztin. Sie führt aus, dass neben zahlreichen Gesundheitskursen Seminare zu »gesundem Führen« begonnen wurden, um ein besseres Gesundheitsbewusstsein zu erreichen. Ziel ist

Prävention und Gesundheitsförderung – Führung und Gesundheit! 15

es, dass jede Führungskraft der Stadtverwaltung Aachen diesen Kurs besucht.

Professor Ernst Kistler gibt einen Einblick in Deutschlands Betriebe und stellt dabei Führung, Gesundheit und Weiterbildung mit seinen Entwicklungspotenzialen in den Mittelpunkt.

Dr. Walter Eichendorf und *Dr. Sven Timm* setzen sich mit der Frage auseinander:»Wie können die Unfallversicherungsträger gesundheitsgerechtes Führungsverhalten unterstützen und honorieren?« Sie geben dabei einen Einblick in das Präventionsinstrumentarium der Deutschen Unfallversicherungsträger.

Reimund Overhage vom Bundesministerium für Arbeit und Soziales beschreibt Arbeitgeber, die verstärkt auf offene Information, Transparenz und Vertrauen setzen, vor allem angesichts der Krise. Er hebt hervor, dass diese Unternehmen einen entscheidenden Beitrag leisten, um negative Prozesse mit gesundheitsrelevanten Aspekten zu vermeiden.

Dr. Andreas Behrens und *Thomas Dorn* von der Techniker Krankenkasse stellen anhand ihres eigenen betrieblichen Beispiels vor,»wie man zum besten Arbeitgeber wird«. Als Merkmale der Arbeitskultur eines ausgezeichneten Arbeitgebers sind Glaubwürdigkeit, Fairness, Stolz, Teamgeist und Respekt definiert. Dies sind zudem die fünf Untersuchungsdimensionen des Wettbewerbs. Ihren konkreten Ausdruck finden diese hauptsächlich im Votum der eigenen Mitarbeiter.

Wie Führungskräfte in der Techniker Krankenkasse in ein Gesamtkonzept des betrieblichen Gesundheitsmanagements eingebunden werden, erläutert *Joachim Schröer*.

Einen starken Impuls zum Thema Führung und Gesundheit löst das Schauspiel»Rubikon« aus. *Reiner Lenz* beschreibt»Theater« als Instrument zur Bewusstseinsbildung. Die Gedanken und Empfindungen der Zuschauer werden direkt nach der Aufführung in strukturierten Diskussionen aufgefangen. Führungskräfte können so für die Realisierung geeigneter Führungsstile sensibilisiert und eventuelle Führungsdefizite diskutiert werden.

Gabriele Joschko illustriert die Möglichkeiten, die eine »Gesundheitslounge« bietet – unter gesundheitskompetenter Anleitung, Ermutigung und Beratung. Es ist ein attraktives und gleichzeitig informatives Programm.

Zum Schluss soll hier auch noch einmal auf die »vorausschauende Eigenverantwortung« des Einzelnen in Verbindung mit der eigenen

Abbildung 1: Vorausschauende Eigenverantwortung

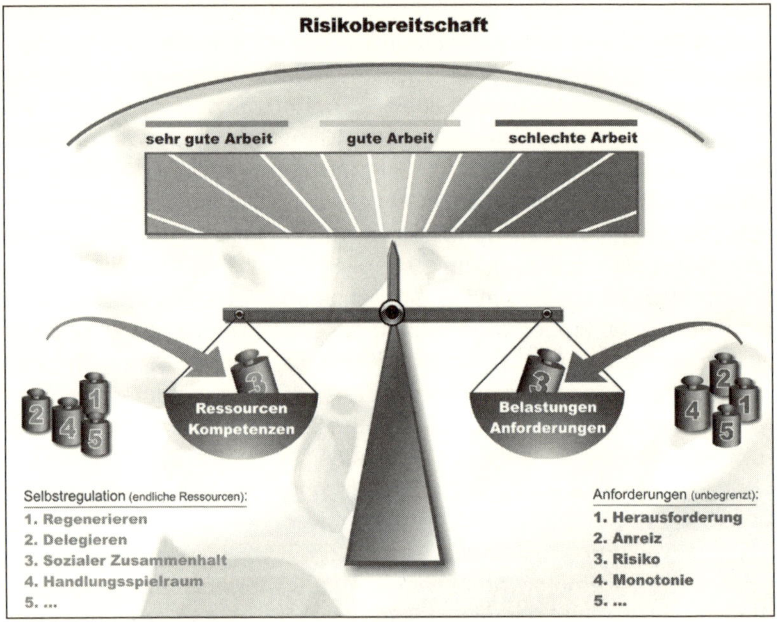

Risikobereitschaft

sehr gute Arbeit — gute Arbeit — schlechte Arbeit

Ressourcen Kompetenzen — Belastungen Anforderungen

Selbstregulation (endliche Ressourcen):
1. Regenerieren
2. Delegieren
3. Sozialer Zusammenhalt
4. Handlungsspielraum
5. ...

Anforderungen (unbegrenzt):
1. Herausforderung
2. Anreiz
3. Risiko
4. Monotonie
5. ...

Quelle: Marianne Giesert, Reinhard R. Lenz, Cornelia Wendt-Danigel

Gesundheit hingewiesen werden. Um die Belastungen/Anforderungen und Ressourcen/Kompetenzen im Gleichgewicht zu halten, braucht jede/r Einzelne eine reflektierte Selbstregulation und die Möglichkeit der aktiven Beteiligung im Arbeitsleben. Der Spannungsbogen dieser Komponenten muss immer stärker von den Einzelnen in einer »vorausschauenden Eigenverantwortung« wahrgenommen werden, da auch gesetzliche und andere kollektive Regelungen drohen, immer mehr aus dem Gleichgewicht zu geraten.

Auch Betriebsräten und Personalräten kommt dabei eine besondere Aufgabe zu. Sie befinden sich in einer Doppelfunktion: Einerseits haben sie eine Schutzaufgabe bei der Einhaltung der Gesetze, andererseits haben sie weitergehende Pflichten – bis zur Förderung der freien Entfaltung der Persönlichkeit. Der Betriebsrat kann als Initiator Geschäftsführung und Führungskräfte gewinnen, sich aktiv um eine gute Arbeitsfähigkeit und das Wohlbefinden der Beschäftigten zu kümmern – auch zum Wohle des Unternehmens.

Klaus Brandner
»Für eine neue Kultur der Arbeit«

Jede Gesellschaft ist für ihren Zusammenhalt und ihr Überleben auf gemeinsame Praktiken, Normen, Werte, aber auch Institutionen angewiesen. Wir können nach 60 Jahren Demokratie in der Bundesrepublik Deutschland sicher sein, dass wir uns über die wichtigsten Grundnormen einig sind. Aber gerade in den letzten Monaten ist diese Überzeugung und Erfahrung in Bezug auf einige Teile der Finanzwirtschaft erschüttert worden. Denn wenn zum einen Manager, die Milliardenschäden zu verantworten haben, ihre millionenschweren Boni einklagen und zum anderen Hunderttausende Menschen allein in Deutschland in prekären Arbeitsverhältnissen leben oder arbeitslos werden, stellt sich nicht nur die Frage der Gerechtigkeit, sondern auch die kulturelle Frage. Die Menschen haben ein untrügliches Gefühl dafür, dass die Krise nicht wie ein Naturereignis über uns hereingebrochen ist, sondern etwas Grundsätzliches in unserem gesellschaftlichen Miteinander nicht stimmt.

Was hält die Gesellschaft zusammen? Welchen Wert hat Arbeit noch für uns? Wie wollen wir morgen arbeiten? Was ist Arbeit noch außer dem notwendigen Broterwerb? Bundesminister Olaf Scholz hat am 4. März 2009 im Bundeskabinett seine Initiative »Für eine neue Kultur der Arbeit« vorgestellt und damit einen Auftrag des Bundeskabinetts aus der Klausurtagung in Meseberg vom August 2007 umgesetzt. Es geht darum, mit der Wirtschaft, den Gewerkschaften, der Wissenschaft und breiten gesellschaftlichen Kreisen Wege zu finden, um Arbeit als Quelle der Sinn- und Wertschöpfung ins Bewusstsein zu rücken und den hohen Stellenwert zu verdeutlichen, der ihr für die Sicherung der Zukunftsfähigkeit unserer Gesellschaft zukommt.

Die Leitidee ist: Arbeit ist das halbe Leben. Arbeit ist nicht Voraussetzung für das Leben oder findet jenseits des eigentlichen Lebens statt. Arbeit ist Leben, kann dem Leben Sinn und Erfüllung geben, kann das Potenzial zur Entwicklung der eigenen Fähigkeiten bieten, kann den sozialen Zusammenhalt fördern und den materiellen Wohlstand sichern.

Die Resonanz auf den Versuch, den Wert von Arbeit jenseits der gesetzlichen und tariflichen Rahmenbedingungen neu zu beschreiben, ist groß. Diese Initiative eröffnet eine Perspektive über die Krise hinaus, eine Perspektive für eine Arbeit, in und mit der die Menschen durch ihre Fähigkeiten und durch ihr Engagement Respekt und Wertschätzung erfahren und der Mensch nicht nur über seinen materiellen Wohlstand definiert wird.

Die Frage ist also: Brauchen wir eine neue Kultur der Arbeit und wie könnte diese Kultur konkret aussehen?

Zur Beantwortung dieser Fragen müssen wir wichtige Trends unserer Gesellschaft betrachten, Handlungserfordernisse ableiten und Gestaltungsmöglichkeiten diskutieren.

Es lassen sich folgende große Linien der wirtschaftlichen und gesellschaftlichen Entwicklung erkennen, die wesentlich unsere Zukunft bestimmen werden:

1. die zunehmende Internationalisierung und Globalisierung der Wirtschaft;
2. die rasante technologische Entwicklung mit einer Digitalisierung weiter Bereiche des Lebens;
3. die demografische Veränderung hin zu einer älter und zahlenmäßig geringer werdenden Bevölkerung;
4. der voranschreitende Wertewandel.

Im globalen Wettbewerb bestehen

Der internationale Wettbewerb ist zu einem Wettbewerb des Lernens und Wissens, der Wandlungs- und Innovationsfähigkeit geworden. Ansprüche an die Qualifikation der Mitarbeiter und ihre Teamfähigkeit steigen, lebenslanges Lernen ist unumgänglich. Viele Arbeitsplätze mit geringen Qualifikationen fallen weg oder sind vom Wegfall bedroht. Die Angst oder wenigstens die Skepsis der Menschen vor diesen Entwicklungen ist mit Händen zu greifen. Die Fragen, die von ihnen gestellt werden, sind dabei nicht abstrakter Natur, sondern ganz konkret. Es sind Fragen wie: Was wird mit meinem Arbeitsplatz? oder auch: Wie bekomme ich wieder Arbeit? Was ist mit meiner Rente?

Nach den Untersuchungen der PROGNOS AG »Deutschland Report 2030« wird der strukturelle Wandel, die Entwicklung hin zur Dienstleistungsgesellschaft auch in Deutschland bis 2030 weitergehen. 2030 werden ca. 72% der gesamten Bruttowertschöpfung im Dienstleistungsbereich erbracht werden. Als Folge dieser Entwicklung werden im produzierenden Gewerbe 1,9 Mio. Arbeitsplätze verschwinden. Der Verlust wird hauptsächlich gering Qualifizierte treffen.

Es gibt aber auch neue Beschäftigungschancen. Zu den Gewinnern des strukturellen Wandels gehören anspruchsvolle Dienstleistungen wie Unternehmensdienstleistungen, aber auch das Gesundheits- und Sozialwesen und technologieintensive Bereiche wie die Informations- und Kommunikationstechnologien, Nano- und Biotechnologie sowie Umwelttechnologien. In diesen Bereichen wird in Zukunft in immer stärkerem Maße Deutschlands Wohlstand entstehen. Entscheidend wird die Frage sein, inwieweit wir in der Lage sind, die Anforderungen in den Wachstumsbereichen bedienen zu können. Dazu brauchen wir stärkere Anstrengungen in Forschung und Entwicklung sowie hochqualifizierte Menschen, die in Unternehmen arbeiten, die ihre Qualifikationen erhalten und weiterentwickeln und in denen sie bis zur Rente gesund arbeiten können. Wenn heute in Europa, nicht nur in Deutschland, immer mehr Ingenieure fehlen, dann ist das ein Alarmsignal. Wir müssen in Bildung investieren, in Ausbildung und Weiterbildung, und wir müssen unsere Hauptressource, die Menschen, schützen und fördern.

Es ist eine Aufgabe der Politik, auf europäischer und nationaler Ebene, dafür günstige zukunftsorientierte Rahmenbedingungen zu schaffen. Es ist eine Aufgabe der Unternehmen, diesen Rahmen auszufüllen, durch unternehmerische Entscheidungen, z.B. Investitionen in moderne mitarbeiterorientierte Unternehmenskulturen, durch eine menschengerechte Gestaltung der Arbeitsbedingungen, durch gesundheitsförderliche Arbeitsbedingungen, die ein Arbeiten bis zur Rente ermöglichen. Hier sind die Arbeitgeber und ihre Verbände, die Beschäftigten und ihre Gewerkschaften, ja die ganze Gesellschaft gefragt.

Eine neue Kultur der Arbeit ist nicht nur soziales Anliegen, sondern volkswirtschaftliche Notwendigkeit. Der frühere amerikanische Arbeitsminister Robert Reich hat es in seinem Buch »Die neue Weltwirtschaft« auf den Punkt gebracht. Es ist danach für den Wohlstand eines Landes nicht entscheidend, was die Menschen an materiellem Reichtum zur Verfügung haben, sondern ob und welche Kenntnisse und Fähigkeiten sie in den Kreislauf der globalen Weltwirtschaft einspeisen können.

Vereinfacht ausgedrückt: Für Deutschland ist es nicht entscheidend, dass viele Menschen hier teure tolle Autos besitzen, aber es ist entscheidend, dass wir sie morgen noch hier produzieren und weltweit verkaufen können.

Den Herausforderungen des demografischen Wandels begegnen

Wir beobachten in vielen Ländern Europas einen Wandel hin zu einer älteren Bevölkerung und damit auch zu einer älteren Erwerbsbevölkerung. Das Statistische Bundesamt geht in seiner aktuellen Bevölkerungsvorausberechnung für Deutschland von einem Rückgang von heute ca. 82 Mio. Menschen auf 71 Mio. Menschen im Jahr 2050 aus. Das Durchschnittsalter wird in dieser Zeit von heute 42,6 auf 51,4 Jahre steigen. Dies ist kein negativer Befund. Es ist gut, wenn wir immer älter werden, aber die Gesellschaft muss sich auch darauf einstellen. Denn wir haben natürlich Auswirkungen auf dem Arbeitsmarkt zu verzeichnen. Das Institut für Arbeitsmarkt- und Berufsforschung schätzt, dass im Jahr 2050 nur noch zwischen 31,5 Mio. und 35,5 Mio. Menschen dem Arbeitsmarkt zur Verfügung stehen. Heute sind es noch ca. 44 Mio. Menschen.

Was bedeutet dies? Wir müssen die für unseren Wohlstand notwendige Wertschöpfung mit weniger und älteren Menschen erbringen. Das heißt, die Menschen müssen produktiver werden und länger arbeiten. Dies ist auch notwendig, um die Finanzierbarkeit der Renten nachhaltig zu sichern.

Was ist zu tun? Zuerst brauchen wir ein Umdenken, einen Bewusstseinswandel. Wir müssen weg von der Vorstellung, dass Ältere automatisch in allen Belangen, gerade auch im Arbeitsleben, weniger leistungsfähig sind als Jüngere. Es gibt Fähigkeiten, bei denen Jüngere Vorteile gegenüber Älteren haben. Dies betrifft die körperliche Belastbarkeit, Kreativität und Lernfähigkeit. Es gibt auch Fähigkeiten, die mit dem Alter zunehmen oder sich überhaupt erst mit dem Alter entwickeln, wie Erfahrungswissen, Arbeitsmoral oder Qualitätsbewusstsein. Empirische Untersuchungen zeigen, dass die Arbeitgeber genau diese Tugenden, die den Älteren zugeschrieben werden, in hohem Maße nachfragen. Gleichzeitig hält sich immer noch die Vorstellung von den Defiziten der Älteren. Durch den technischen Fortschritt und eine erfolgreiche Arbeitsschutzpolitik hängt die Beschäftigungsfähigkeit der Menschen in immer geringerem Maße von der rein körperlichen Belastbarkeit ab. Das kalendarische Alter verliert an Bedeutung. Wir müssen weg vom Defizitmodell hin zu einem Kompetenzmodell. Denn wir wissen, dass die Menschen bestimmte für die Arbeit wichtige Fähigkeiten, wie z.B. Erfahrungswissen, Arbeitsmoral und Qualitätsbewusstsein, erst mit dem Alter entwickeln.

»Für eine neue Kultur der Arbeit«

Wie wir morgen leben wollen

Der Zukunftsreport der BAT(Britisch American Tobacco)-Stiftung »Deutschland 2030. Wie wir in Zukunft leben« sagt einen Wertewandel mit positiver Grundrichtung voraus: Hilfsbereitschaft, Freundschaft, soziale Gerechtigkeit und Geborgenheit werden für die Menschen in Zukunft wichtig und wertvoll sein. Insbesondere für die junge Generation werden Leistung und Lebensgenuss ihren Alternativ- oder gar Konfrontationscharakter verlieren. Bereits in den letzten Jahren ist der Anteil der Hedonisten, die »nur« ihr Leben genießen wollen, zurückgegangen: Von 33% im Jahr 1992 über 27% im Jahr 2000 auf 10% im Jahr 2007. Es wird erwartet, dass zwei Drittel der Menschen 2030 ihren Lebenssinn in der Arbeit suchen werden.

Politik und Wirtschaft sollten sich, so die Forderung aus dieser Studie, rechtzeitig auf den sich ankündigenden Wertewandel einstellen und mehr fließende Übergänge zwischen Berufs- und Privatleben schaffen.

Die Arbeitswelt wird auch weiblicher werden. Waren 1970 etwa ein gutes Drittel (37%) der Erwerbstätigen in Deutschland Frauen, werden es 2030 bereits über 50% sein. Schon heute sind über 50% der Gymnasial- und Hochschulabsolventen weiblich. In naher Zukunft werden sie auch die Führungspositionen erobern. Die Vereinbarkeit von Beruf und Familie wird eine essenzielle Forderung werden. Wenn die Fachkräfte weniger werden, dann können wir es uns nicht leisten, auf Kompetenzen und Begabungen zu verzichten, weil es keine ausreichende Infrastruktur zum Beispiel zur Kinderbetreuung gibt. Hier stehen wir politisch in der Pflicht. Eine neue Kultur der Arbeit bedeutet hier, der Vereinbarkeit von Familie und Beruf ganz neue Möglichkeiten zu eröffnen.

Die Studie zeigt auch, dass sich in den letzten Jahren die Einstellung der Bevölkerung zum Alter verändert hat.: »Alt« ist man nach Ansicht der Bevölkerung erst mit 72 Jahren. Und das neue Lebensideal der Deutschen ist nicht mehr die Jugendzeit, sondern die Lebensmitte um 40. Ein Ende des Jugendwahns zeichnet sich auch in den Betrieben ab. Die Älteren werden wieder wichtiger. Jeder fünfte Arbeitnehmer ist über das 65. Lebensjahr hinaus weiter an Vollbeschäftigung interessiert, auch um den Lebensstandard und die spätere Rente aufzubessern.

Der Wertewandel ist aber auch in der jungen Generation zu beobachten. Nicht mehr Sport, Hobby und Urlaubsreisen stehen im Zentrum des Lebens, sondern Ehe, Kinder und Familie – mit steigender Tendenz

(2003: 56% – 2008: 67%). Beständigkeit ist wieder gefragt. Die Mehrheit der jungen Leute erkennt, dass die Sorge um die Familie und die eigenen Kinder auf Dauer mehr persönliche Lebenserfüllung gewährt, als wenn man immer nur an sich selbst denkt.

Wenn der Gedanke der Solidarität wieder stärker Raum ergreift, wird das auch den Zusammenhalt unserer Gesellschaft stärken; – ein gutes Signal.

Moderne Unternehmen sind erfolgreich

Zum Glück gibt es eine beträchtliche und auch wachsende Zahl von Unternehmen, die durch die Gestaltung der Arbeitsbedingungen und die Entwicklung und Förderung der Gesundheit und der Qualifikation ihrer Beschäftigten sich diesen Veränderungen in unserer Gesellschaft stellen und gleichzeitig extrem leistungs- und innovationsfähig sind. Diese Unternehmen ermöglichen den Beschäftigten, sich zu organisieren und lassen sie teilhaben am Haben und am Sagen im Betrieb. Sie gewähren den Menschen faire Löhne, die zu einer guten Kultur der Arbeit natürlich dazu gehören.

Wir unterstützen diese Unternehmen z.B. durch die seit 2002 in Europa jährlich stattfindenden Wettbewerbe zur Ermittlung der 100 besten Arbeitgeber Europas (»Best Workplaces in Europe«).[1] Diese Wettbewerbe bauen auf jeweils nationale Wettbewerbe auf. Der Wettbewerb geht zurück auf eine Initiative der Europäischen Kommission zur Unterstützung der Wettbewerbsfähigkeit der Unternehmen in Europa und der Sicherung der Arbeitsplatzqualität im Rahmen der Umsetzung der Lissabonstrategie.

In Deutschland schaffen diese besten Arbeitgeber jedes Jahr im Durchschnitt mehr Arbeitsplätze als die »normalen« Arbeitgeber. Es gibt erfolgreiche Unternehmen, die sich mit ihrer mitarbeiterorientierten Unternehmenskultur auf die Alterung ihrer Beschäftigtenstruktur eingerichtet haben. Sie begreifen den demografischen Wandel auch als Chance und, wie man heute neudeutsch sagt, als Businesscase. Die ca. 170 Unternehmen, die sich im Demografienetzwerk (ddn) zusam-

---

[1] Siehe dazu auch den Beitrag von Andreas Behrens zur Techniker Krankenkasse in diesem Band. (Anm. d. Hrsg.)

»Für eine neue Kultur der Arbeit«

mengeschlossen haben, stellen sich den Herausforderungen des demografischen Wandels gemeinsam.

Die Initiative Neue Qualität der Arbeit (INQA)[2]

Das Ringen um eine gute Arbeitsqualität und um die Vereinbarkeit von Familie und Beruf hat in Deutschland Tradition. Im politischen Raum kann das Jahr 1969 mit der Regierungserklärung von Willy Brandt als Beginn der Humanisierungsdiskussion gewertet werden. In dieser Regierungserklärung wurden Maßnahmen zur Humanisierung des Arbeitslebens in die angestrebten sozialpolitischen Reformen aufgenommen. Ab diesem Zeitpunkt fanden vielfältige Veranstaltungen zu dieser Thematik statt:

- 1972 die Konferenz der IG Metall »Aufgabe Zukunft – Qualität des Lebens«,
- 1972 Symposium des Rationalisierungskuratoriums der deutschen Wirtschaft »Humanisierung des Arbeitslebens«,
- 1974 formulierte der DGB auf einer Konferenz »Humanisierung der Arbeit als gesellschaftspolitische und gewerkschaftliche Aufgabe« seine Position.

Den entscheidenden Anstoß brachte das im Jahr 1972 in Kraft getretene Betriebsverfassungsgesetz. 1974 starteten die Bundesministerien für Arbeit und Sozialordnung und für Forschung und Technologie gemeinsam das Aktionsprogramm »Forschung zur Humanisierung des Arbeitslebens«, das der Klärung wesentlicher Voraussetzungen und Inhalte für eine menschengerechte Gestaltung der Arbeit dienen sollte.

Das Programm wurde 1989 durch das Programm »Arbeit und Technik« abgelöst. Die Tradition der Forschung zu diesem Themenfeld wird heute durch das Programm »Arbeiten-Lernen-Kompetenzen entwickeln. Innovationsfähigkeit in einer modernen Arbeitswelt« fortgeführt.

In dieser Tradition steht auch die 2001 durch das Bundesministerium für Arbeit und Soziales ins Leben gerufene Initiative Neue Qualität der Arbeit, kurz: INQA. Die hier versammelten Initiatoren – Bundesressorts, Länder, Sozialversicherungen, Sozialpartner, Stiftungen, Wissenschaftler und Verbände – befassen sich seitdem mit einem der wichtigsten

---

[2] Vgl. zu INQA auch den Beitrag von Ernst Kistler in diesem Band. (Anm. d. Hrsg.)

Kulturaspekte von Arbeit: mit der Verbesserung der Arbeitsbedingungen und der Arbeitsergebnisse. Denn verbesserte Arbeitsbedingungen führen zu gesünderen, motivierteren und qualifizierteren Beschäftigten, die dann innovativer und effizienter arbeiten, zum Vorteil der Unternehmen und der Volkswirtschaft insgesamt. Dabei steht die Anwendung und Umsetzung guter Praxislösungen im Vordergrund.

Um detaillierte Informationen darüber zu bekommen, wie motiviert und engagiert die Beschäftigten in Deutschland tatsächlich arbeiten, und um herauszufinden, welche Anforderungen die Erwerbstätigen an »Gute Arbeit« haben, hat INQA eine repräsentative Untersuchung zum Thema »Was ist gute Arbeit? Anforderungen aus der Sicht der Erwerbstätigen« in Auftrag gegeben. 5400 abhängig und selbstständig Beschäftigte gaben mit einem 16-seitigen Fragebogen über ihre aktuelle Arbeits- und Lebenssituation Auskunft. Dabei ging es u.a. um folgende Fragen: Wie beschreiben Menschen ihre berufliche und außerberufliche Arbeitssituation? Was belastet sie derzeit und womit sind sie zufrieden? Wo sehen die Beschäftigten den größten Handlungsbedarf? Zum anderen wurden die befragten Erwerbstätigen gebeten, relativ unabhängig von ihrer aktuellen Arbeitssituation, wichtige Aspekte guter Arbeit zu benennen. Die Konzeption der Untersuchung zielte darauf ab, durch einen Vergleich der Erfahrungen mit den aktuellen Arbeitsbedingungen und den Erwartungen bzw. den Wünschen an eine zukünftige Arbeitsgestaltung, Ansatzpunkte für ein neues Leitbild »guter Arbeit« zu entwickeln.

Die Arbeit wird immer dann als besonders zufriedenstellend bewertet und positiv erlebt, wenn sie erstens durch ein hohes Niveau von Entwicklungs-, Einfluss- und Lernmöglichkeiten sowie von guten sozialen Beziehungen geprägt ist, und zweitens den arbeitenden Menschen nicht über- oder fehlbeansprucht. Beides gehört zusammen: Wenn Arbeit zu sehr die Gesundheit belastet, kann dies auch durch noch so viele Entwicklungs- und Lernmöglichkeiten, kreative und soziale Potenziale nicht mehr ausgeglichen werden. Und umgekehrt ist eine Arbeit, die von den Erwerbstätigen zwar nicht als negative Belastung, aber auch nicht als anregend und förderlich beschrieben wird, auch weit entfernt von guter Arbeit. Drittens muss das Einkommen aus der Arbeit existenzsichernd sein und in einem als gerecht empfundenen Verhältnis zur eigenen Leistung stehen.

Je stärker es an diesen drei wesentlichen Stellgrößen für gute Arbeit mangelt, desto häufiger prägen Unzufriedenheit, Frustration und Resig-

»Für eine neue Kultur der Arbeit«

nation das Bild, das Beschäftigte von ihrer aktuellen Arbeit zeichnen. Zudem berichten diese Erwerbstätigen erschreckend häufig von einem hohen Maß gesundheitlicher Beschwerden an Arbeitstagen und schätzen es subjektiv als eher unwahrscheinlich ein, dass sie ihre Arbeitsfähigkeit unter diesen Bedingungen bis zum Rentenalter aufrechterhalten können. Im Gegensatz dazu sind abhängig Beschäftigte, die unter guten oder mindestens annähernd guten Arbeits- und Einkommensbedingungen arbeiten, motiviert, zufrieden und empfinden Freude oder gar Begeisterung für ihre Arbeit. Beschäftigte, die von zahlreichen Ressourcen und wenigen subjektiv belastenden Arbeitsbedingungen berichten, können auch viel eher in dem Zusammenspiel von beruflicher und außerberuflicher Arbeit eine Bereicherung anstelle einer Doppelbelastung sehen. Ihre Arbeitsbedingungen entsprechen nicht nur arbeitswissenschaftlichen Empfehlungen – sind also reich an Ressourcen und arm an negativen Beanspruchungen –, sondern diese Arbeitsbedingungen entsprechen in weiten Bereichen jenen Kriterien, die auch aus der Sicht von Arbeitnehmern entscheidend für gute Arbeit sind: Zu diesen gemeinsam geteilten Kernelementen guter Arbeit gehören zum einen ein festes, verlässliches Einkommen und ein unbefristetes Arbeitsverhältnis, zum anderen die Möglichkeit, die eigenen kreativen Fähigkeiten in die Arbeit einbringen und entwickeln zu können, Sinn in der Arbeit zu erkennen, Anerkennung zu erhalten und soziale Beziehungen zu entwickeln. Eine weitere wichtige Bedingung für gute Arbeit aus der Sicht von abhängig Beschäftigten ist, dass der Schutz ihrer Gesundheit gewährleistet und geachtet wird.

Die Untersuchung zeigt auch, dass es erheblichen Gestaltungsbedarf gibt, um allen Menschen einen guten Arbeitsplatz anzubieten.

Die Ergebnisse belegen: Durch den Vergleich der Erfahrungen mit den aktuellen Arbeitsbedingungen und den Erwartungen bzw. den Wünschen an eine zukünftige Arbeitsgestaltung können Ansatzpunkte für ein neues Leitbild »guter Arbeit« entwickelt werden. Die Ergebnisse unterstreichen gleichzeitig die Bedeutung und Notwendigkeit von Initiativen, die sich einer neuen Kultur der Arbeit verpflichtet fühlen.

Am Arbeitsplatz, direkt in den Unternehmen, werden die Arbeitsbedingungen stark durch die jeweilige Unternehmenskultur geprägt. Ebenfalls von INQA in Auftrag gegebene repräsentative Studien belegen, dass eine gute, mitarbeiterorientierte Unternehmenskultur unmittelbar das Engagement der Beschäftigten und damit den wirtschaftlichen Erfolg positiv beeinflusst. 41% des wirtschaftlichen Erfolgs eines

Unternehmens sind durch zehn mitarbeiterorientierte Einzelindikatoren erklärbar: Personalstrategie und -management, Personalplanung und -auswahl, Personalentwicklung und Führung, Kompensation, Kommunikation, Mitarbeiterbindung, Change Management, Work-Life-Balance, Gesundheitsmanagement, Demografie. Zur Berücksichtigung und der zukünftigen stärkeren Förderung und Verbreitung humanvermögenorientierter Faktoren in der Unternehmensführung und -bewertung wurde in INQA der »Human Potential Index« entwickelt. Mit diesem Instrument sollen Betriebe in die Lage versetzt werden, gute Arbeitsbedingungen zu realisieren, und können gleichzeitig Produktivitätszuwächse erwarten.

Grundsätzlich setzt INQA von Beginn an auf Umsetzungsstrategien und Transferlösungen, durch die beispielhafte Lösungen in der Praxis gefördert und umgesetzt werden. Ziel ist es, Gestaltungswissen zu einer neuen Qualität der Arbeit in die Betriebe zu transportieren und dort vor Ort Veränderungsprozesse auszulösen. INQA liefert uns Wissen und Lösungen für betriebliche Gestaltungsprozesse. Wir müssen aber auch die Köpfe und Herzen der Menschen erreichen, um eine wirkliche kulturelle Veränderung zu erreichen. Das geht nur, wenn Politik, Wirtschaft, Gewerkschaften, Wissenschaft gemeinsam Rückenwind für ein kontinuierliches Engagement erzeugen. Dafür werbe ich.

Noch einmal zur Frage: Brauchen wir eine neue Kultur der Arbeit?

Für Immanuel Kant war der Kulturbegriff eng mit dem Begriff der Moral verbunden, mit der Fähigkeit des Menschen, den kategorischen Imperativ aufzustellen: »Handle nur nach derjenigen Maxime, durch die du zugleich wollen kannst, dass sie ein allgemeines Gesetz werde.«

In den vergangenen Jahren war das Gesetz des Marktes die Maxime unserer Gesellschaft, der sich alles unterzuordnen hatte.

Die Krise zeigt, dass das Gebaren vieler Finanzmanager, das in der Vergangenheit zu fast unvorstellbarem Reichtum für einige wenige und jetzt in der Krise zu einem gewaltigen materiellen Schaden für ganze Gesellschaften geführt hat, keine Kultur ist, die im Kantschen Sinne allgemeines Gesetz werden darf.

Helga Kühn-Mengel
Betriebliche Gesundheitsförderung in Deutschland aus Sicht der Politik

Die Stärkung von Prävention und Gesundheitsförderung ist der beste Ansatz für eine vorausschauende Gesundheitspolitik. Experten gehen davon aus, dass durch betriebliche Gesundheitsförderung und Prävention die Reduzierung der Arbeitsunfähigkeit um 12% bis 36% möglich ist. Der Sachverständigenrat für die konzertierte Aktion im Gesundheitswesen hat 2000/2001 festgestellt, dass sich 25-30% der heutigen Gesundheitsausgaben durch Prävention vermeiden lassen. Betriebliche Prävention vermeidet also Krankheit, Arbeitsausfälle und spart Kosten. Der Gesetzgeber hat mit einer ganzen Reihe von Maßnahmen die Grundlage für eine gute betriebliche Prävention in Deutschland gelegt.

Erfolgsgeschichte der Prävention

Die Teilnahme an und Umsetzung der Präventions- und Gesundheitsförderungsmaßnahmen der gesetzlichen Krankenversicherungen nimmt stetig zu. Auch immer mehr Versicherte nutzen Angebote ihrer Krankenkasse zur Primärprävention. Vom Jahr 2005 auf 2006 konnte eine Steigerung der Teilnahme an Präventionsmaßnahmen von 35% der Arbeitnehmer und Arbeitnehmerinnen erreicht werden. Vor allem Betriebe des verarbeitenden Gewerbes und mittelständische Betriebe führen betriebliche Gesundheitsförderung durch.

Betriebliche Gesundheitsförderung ist moderne Personalpolitik

Betriebliche Gesundheitsförderung ist eine moderne Unternehmensstrategie mit dem Ziel, Krankheiten am Arbeitsplatz vorzubeugen, Gesundheit zu stärken und das Wohlbefinden der Mitarbeiter und Mitarbeiterinnen zu verbessern. Da der Gesundheitszustand der Beschäftigten natürlich auch von dem persönlichen Lebensstil und dem Risikoverhalten abhängt, ist die betriebliche Gesundheitsförderung ein hervorragendes Setting, um auch der individuellen Verhaltensförderung Aufmerksamkeit zu schenken. Da mittlerweile immer mehr Frauen in Deutschland berufstätig sind, muss dieser Beschäftigungsgruppe besondere Bedeutung beigemessen werden. Die Doppelbelastung Familie und Beruf stellt Frauen vor eine große Herausforderung und bedarf spezieller Gesundheitsförderungsstrategien.

Rechtliche Grundlagen

Gesetzliche Krankenkassen sind laut SGB V §20a und §20b zur betrieblichen Gesundheitsförderung verpflichtet. Ein Präventionsgesetz konnte leider mit dem Koalitionspartner nicht verabschiedet werden. Der vorliegende Gesetzentwurf betrachtete sowohl das Lebensumfeld als auch das Arbeitsumfeld. Neben der gesetzlichen Krankenversicherung sollten zukünftig auch andere Versicherungen (Renten-/Unfall-/Pflegeversicherung, sowie private Kranken- und Pflegeversicherungen) mit in die Verantwortung gezogen werden. Des Weiteren steht die Einrichtung eines nationalen Präventionsrates an. Zu dessen Aufgaben sollte die Verbesserung der Koordination der Präventionsakteure, die Festlegung von Präventionszielen und Qualitätsanforderungen und die Durchführung bundesweiter Aufklärungsmaßnahmen gehören.

Ausblick

Gesundheitsförderung und Prävention sind eine gesamtgesellschaftliche Gemeinschaftsaufgabe, der wir alle verpflichtet sind. Daher gehört das Präventionsgesetz, mit dem Ansatz bei den sozialen Lebenswelten, im Stadtquartier, am Arbeitsplatz, in der Schule etc., auf die Agenda des nächsten Regierungsprogramms. Bund, Länder und Kommunen, die Sozialversicherungsträger sowie die Private Krankenversicherung müssen in die Verantwortung bei der Finanzierung einbezogen werden.

Führung – ihre Bedeutung und ihre Auswirkung auf die Gesundheit der Beschäftigten

Bernhard Badura
Mitarbeiterorientierte Führung

Unternehmen sind zuallererst wirtschaftliche Organisationen, die den Interessen ihrer Eigentümer dienen und den Erwartungen ihrer Kunden gerecht werden müssen. Sie sind zugleich aber auch soziale Systeme, die Leben und Gesundheit ihrer Mitglieder beeinflussen. Die entwickelten Gesellschaften Europas altern. Die Erwerbsbevölkerung nimmt ab. Der Wandel in Richtung Dienstleistungswirtschaft bewirkt, dass Unternehmen noch mehr als schon in der Vergangenheit in ihrem Erfolg abhängig sind von der Leistungsfähigkeit und Leistungsbereitschaft ihrer Mitarbeiterinnen und Mitarbeiter. Dies sollte in der Unternehmenspolitik durch eine verstärkte Mitarbeiterorientierung ihren Ausdruck finden. Zu beobachten ist dagegen in den zurückliegenden Jahren das Gegenteil: eine verstärkte Ausrichtung auf den Kapitalmarkt und die Kunden auf Kosten der Erwartungen und Interessen der Mitarbeiterinnen und Mitarbeiter (O'Toole/Lawler 2006; Bertelsmann/Hans Böckler Stiftung 2004).

Mit dem Wandel in Richtung Dienstleistungswirtschaft werden immaterielle Organisationsfaktoren immer wichtiger für den Unternehmenserfolg. Unter den immateriellen Organisationsfaktoren wird gegenwärtig das Humanvermögen bzw. das Humankapital am intensivsten diskutiert. Auch die Gesundheit der Beschäftigten ist ein Teil des Humanvermögens. Sie spielt bisher jedoch weder in der Organisationswissenschaft noch in der praktischen Betriebswirtschaft eine nennenswerte Rolle, obwohl Gesundheit sich hervorragend als Messgröße für den Grad der Mitarbeiterorientierung eines Unternehmens eignet.

Im Folgenden wird die These vertreten, dass eine mitarbeiterorientierte Unternehmenspolitik auch im Interesse der Kapitalgeber und Kunden ist, weil sie der Qualität der Produkte und Dienstleistungen, der Produktivität sowie dem nachhaltigen Erhalt von Erwerbsfähigkeit und Unternehmenserfolg dient. Was genau aber beinhaltet Mitarbeiterorientierung? Wie lässt sie sich messen und wie ihr wirtschaftlicher Nutzen belegen? Was folgt daraus für die Unternehmensführung?

Sozialkapital fördert mitarbeiterorientierte Kooperation

O'Toole und Lawler haben in ihrem Bericht zur Situation der Arbeit in den USA den Forschungsstand zum Thema Mitarbeiterorientierung wie folgt zusammengefasst: Menschen wollen durch Arbeit drei grundlegende Bedürfnisse erfüllt sehen. Sie streben nach ausreichender Vergütung und sicheren Arbeitsplätzen; sie streben nach Arbeit, die Sinn stiftet und persönliche Weiterentwicklung ermöglicht; und sie streben schließlich nach Arbeit, die einen Kontext unterstützender sozialer Beziehungen bietet (O'Toole/Lawler 2006: 8f.).»... grundlegende menschliche Bedürfnisse nach Anerkennung, Kontrolle und Zugehörigkeit ... sind wichtigere Determinanten der Moral und Arbeitsleistung der Beschäftigten als die äußeren Arbeitsbedingungen« (O'Toole/Lawler 2006: 46f.). Eine dauerhafte Missachtung dieser Bedürfnisse trägt zu einer Schädigung des Wohlbefindens und der Gesundheit und damit auch zu geminderter Leistungsbereitschaft und Leistungsfähigkeit der Mitarbeiterinnen und Mitarbeiter bei.

Das aus der Soziologie, der Politikwissenschaft und der Volkswirtschaft stammende Sozialkapitalkonzept zielt auf Grundlagen menschengerechter Kooperation: auf vertrauensvollen Umgang, gegenseitige Wertschätzung und geteilte Überzeugungen, Werte und Regeln. Werden sie zur Mangelware, häufen sich Fehler, Missverständnisse und Konflikte, sinkt die Leistungsfähigkeit einer Organisation, leiden Leistungsbereitschaft, Loyalität und Gesundheit ihrer Mitglieder. Das Sozialkapitalkonzept eignet sich deshalb – so die hier vertretene Position – als Grundlage einer zugleich mitarbeiter- und ergebnisorientierten Unternehmenspolitik (Abbildung 1). Forschungsstand, Methodik und Vorgehensweise zu Identifizierung und Bewertung von Sozialkapital sowie Ergebnisse seiner kausalen Modellierung im Rahmen einer

Abbildung 1: Sozialkapital, Kooperation und Gesundheit

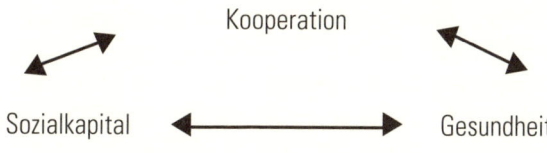

Quelle: Eigene Darstellung

vergleichenden Unternehmensstudie wurden an einer anderen Stelle ausführlich dargestellt (vgl. Badura/Greiner/Rixgens/Ueberle/Behr et al. 2008).

Das Sozialkapital von Organisationen hat u.E. drei Elemente: das Netzwerkkapital (Qualität, Quantität und Spannweite sozialer Vernetzung der Organisationsmitglieder); das Überzeugungs- und Wertekapital (Unternehmenskultur) und das Führungskapital (Qualität der Beziehung zum direkten Vorgesetzten). Nach unseren Erkenntnissen ist die Sozialkapitalkomponente Überzeugungs- und Wertekapital von besonderer Bedeutung für die wahrgenommene Qualität des Netzwerk- sowie auch des Führungskapitals, für die Qualität der Arbeit wie auch für Gesundheit und Betriebsergebnis. Wir prognostizieren deshalb eine Renaissance der Debatte zum Thema Unternehmenskultur.

Die Erfassung und Bewertung von Sozialkapital, Gesundheit und Betriebsergebnis in den fünf von uns untersuchten Unternehmen erfolgte mit Hilfe zweier unterschiedlicher Datensätze: mit Daten aus einer Unternehmensbefragung und mit Daten aus der Betriebswirtschaft der beteiligten Unternehmen. Befragt wurden 5.000 Beschäftigte. Der Rücklauf der Fragebögen lag bei 45%. Die Ergebnisse unserer vergleichenden Analyse des Sozialkapitals und seiner gesundheitlichen wie betriebswirtschaftlichen Auswirkungen lassen sich sehr verkürzt wie folgt zusammenfassen:

1. Das in der Studie zugrunde gelegte Unternehmensmodell ist geeignet, zentrale Elemente des Sozialkapitals von Unternehmen zu erfassen und Zusammenhänge zwischen Sozialkapital, Unternehmensproduktivität und Gesundheit vorherzusagen.
2. Der stärkste Einfluss geht vom Überzeugungs- und Wertkapital aus, der Kultur einer Organisation. Sie wurde in folgende Dimensionen untergliedert: gelebte Gemeinsamkeiten, Umgang mit Konflikten, sozialer Zusammenhalt im Unternehmen, wahrgenommene Gerechtigkeit und Fairness, sowie wahrgenommene Wertschätzung und Vertrauen in das Top-Management.
3. Nicht nur Eigentümer und Kunden machen sich »ein Bild« von einem Unternehmen, auch ihre Mitarbeiterinnen und Mitarbeiter. Wie es ausfällt, hat Einfluss auf ihre Leistungsbereitschaft, ihr Leistungsvermögen, auf Produktivität und Gesundheit.
4. Gesundheit und Leistungsbereitschaft der Mitarbeiterinnen und Mitarbeiter einzelner Unternehmensteile variieren in Abhängigkeit vom Status, der Qualifikation, dem sozialen Zusammenhalt, dem Alter,

Mitarbeiterorientierte Führung

der wahrgenommenen Qualität der Führung der direkten Vorgesetzten und – vor allem – in Abhängigkeit vom Überzeugungs- und Wertkapital.

5. Ein Management, das die Wahrnehmung und Bewertung seines Unternehmens durch die Mitarbeiterinnen und Mitarbeiter nicht zur Kenntnis nimmt und keine Strategie zum Erhalt oder zur Verbesserung der Mitarbeiterorientierung entwickelt, übersieht vermeidbare Risiken für den Unternehmenserfolg und gesundheitliche Risiken der ihm überantworteten Menschen.

Renaissance der Unternehmenskultur

Für Entwicklung und Erhalt einer mitarbeiterorientierten Unternehmenskultur sind zahlreiche, z.T. hochinterdependente Einflüsse zu berücksichtigen, von denen einige besonders wichtige sich der Steuerung durch materielle Anreize oder durch Vorgaben aus der Hierarchie entziehen. Mitarbeiterorientierung hängt zunächst einmal von materiellen Faktoren ab: der Sicherheit des Arbeitsplatzes, einem auskömmlichen Gehalt und den materiellen Arbeitsbedingungen. Folgt man der Zusammenfassung von O'Toole und Lawler und unseren eigenen Befunden, dann sind allerdings einige immaterielle Arbeits- und Organisationsbedingungen von besonderer Bedeutung, z.B. die Qualität der Führung, der Kultur und der internen Vernetzung der einzelnen Organisationsmitglieder sowie Transparenz des Unternehmensgeschehens und Mitarbeiterbeteiligung. Strategien zur Verbesserung der Mitarbeiterorientierung eines Unternehmens sollten deshalb nicht nur am Einkommen, sondern auch an diesen zentralen Größen ansetzen, zumal sie nicht nur vermittelt über die Mitarbeiterbewertung, sondern auch direkt, durch ihren Einfluss auf Unternehmensprozesse, auf den Unternehmenserfolg wirken.

Menschengerechte Kooperation, basierend auf Vertrauen, Wertschätzung, gemeinsamen Überzeugungen, Werten und Regeln, hängt im erheblichen Maße ab – das belegen unsere Ergebnisse recht eindeutig – von der Qualität der horizontalen und vertikalen Beziehungen unter den Organisationsmitgliedern. Die zentralen »Hebel« dafür sind Förderung sozialer Kompetenz aufseiten der Mitarbeiterinnen und Mitarbeiter und Förderung mitarbeiterorientierten Führungsverhaltens. Auf beiden Feldern bestehen gravierende Defizite. Die Globalisierung hat zur Konservierung überholter Managementansätze beigetragen. Das übermäßige Setzen auf Hierarchien und materielle Anreize gehört ebenso dazu wie die damit einhergehende Unterschätzung der Kultur als Führungsinstrument und der sozialen Kompetenz von Führungskräften und Teammitgliedern.

Menschen, die sozial inkompetent sind, einander misstrauen oder von den Zielen ihres Tuns innerlich nicht überzeugt sind, können zwar zur Zusammenarbeit gezwungen werden – auf Dauer aber nur um den Preis suboptimaler Ergebnisse, hoher Kontroll- und Entscheidungskosten und auf Kosten ihres Wohlbefindens und ihrer Gesundheit.

Menschen sind rationale Problemlöser, zumindest ist das die seit der Aufklärung vorherrschende Überzeugung. Die Bedeutung von Emotionen, unbewussten Entscheidungen und biologischen Anlagen für das Verhalten wurde dadurch unterschätzt. Menschen sind eben auch – bedingt durch ihre psychobiologische Ausstattung – Gefühlssucher, bzw. -vermeider. Menschen neigen dazu, Personen oder Situationen zu vermeiden, die Wut, Angst oder Hilflosigkeit erzeugen. Und sie suchen Situationen und Personen, die positive Emotionen (Stolz, Freude, Wir- und Selbstwertgefühl) hervorrufen. Emotionen steuern nicht nur Interaktion und Kooperation, sondern über Botenstoffe und Hormone auch biologische Prozesse und damit Gesundheit und Lebensdauer. Emotionen sind selten ein Thema in Organisationen, deshalb aber alles andere als unwichtig oder zu vernachlässigen.»Auch wenn Emotionen und Stimmungen aus unternehmerischer Sicht belanglos erscheinen mögen, haben sie reale Konsequenzen für die Arbeit« (Golemann et al. 2005: 30). Positive Emotionen wie Stolz, Freude und Wir-Gefühl fördern Gesundheit und Arbeit. Negative Emotionen wie Angst, Wut oder Hilflosigkeit beeinträchtigen sie.

Eine – aus Sicht des Sozialkapitalansatzes unverzichtbare – Voraussetzung produktiver und gesundheitsförderlicher Kooperation ist das Vorhandensein gemeinsamer Überzeugungen, Werte und Regeln: einer gemeinsamen Kultur. Ihr kommt deshalb eine zentrale Bedeutung zu, weil sie auf umfassende Weise zugleich Denken, Fühlen, Motivation und dadurch auch Biologie und Verhalten beeinflusst, insbesondere dort, wo Steuerung über Hierarchien und/oder materielle Anreize versagt, z.B. bei der Vertrauensbildung, emotionalen Unternehmensbindung und intrinsischen Motivation.

In der Soziologie und Ethnographie verweist der Begriff Kultur auf die einem Kollektiv (Gruppe, Organisation etc.) gemeinsamen Überzeu-

Mitarbeiterorientierte Führung 35

gungen, Werte, Regeln und Verhaltensweisen, mit denen sich die Mitglieder identifizieren, an denen sie sich – mehr oder weniger bewusst – orientieren, die ihnen helfen, ihre Gedanken und Gefühle zu organisieren und ihr Verhalten zu orientieren, z.B. bei der Unterscheidung von wichtig und unwichtig, richtig oder falsch, gut oder böse. Einer der besten Kenner dieser Materie schrieb vor Jahren, die Kultur der Arbeiter und einfachen Angestellten sei terra incognita im Unterschied zur Kultur der technischen Experten und des Managements. Experten sähen in Mitarbeiterinnen und Mitarbeitern Risikofaktoren, für Manager seien sie Kostenfaktoren (Schein 1997).

In unserer Untersuchung haben Führungskräfte generell ein positiveres Bild von ihrem Unternehmen und der Situation der Mitarbeiterinnen und Mitarbeiter als diese selbst, bei großer Varianz zwischen unterschiedlichen Unternehmensteilen. Daraus ergibt sich die Notwendigkeit einer genaueren Organisationsdiagnostik und entsprechender Handlungsbedarf zur Vertrauensbildung, z.B. durch mehr Transparenz und Partizipation. Auch hier kann der Sozialkapitalansatz weiterhelfen.

Sozialkapital und Vertrauen hängen eng zusammen. Wo das Handeln der Vorgesetzten und der Kolleginnen und Kollegen als berechenbar, uneigennützig und problemgerecht erlebt wird, steigt das Vertrauen, nimmt die Unternehmensbindung zu. Vertrauen in komplexen sozialen Systemen hängt zudem von ihrer erlebten Transparenz und Beeinflussbarkeit ab. Abnehmende Berechenbarkeit, Transparenz und Beeinflussbarkeit fördern Angst, Wut und Hilflosigkeit – Gefühle die zur Ablehnung einer Organisation und zur inneren Kündigung bis hin zur Ausbeutung einer Organisation durch ihre Mitarbeiterinnen und Mitarbeiter führen können – und dies auf allen Ebenen.

Der Respekt vor Maßstäben der Fairness und Gerechtigkeit sind weitere grundlegende Elemente einer mitarbeiterorientierten Unternehmenskultur. Diese Maßstäbe gelten als zentral für eine Zivilgesellschaft, ebenso wie der offene Umgang mit Konflikten. Jeder Verstoß gegen solche Maßstäbe wird von den Mitarbeiterinnen und Mitarbeitern genauestens registriert und fördert die Kluft zwischen ihnen und der obersten Führung.

Die Entwicklung gemeinsamer Überzeugungen, Werte und Regeln einer Organisation und der Respekt vor den grundlegenden Überzeugungen, Werten und Regeln der Organisationsumwelt sind wegen ihrer sinn- und bindungsstiftenden Funktion wesentlich für eine mitarbeiterorientierte Führung und die Wahrnehmung ihrer gesellschaftlichen Verantwortung. Eine Führung, die auf die Pflege einer mitarbeiterorientierten Unternehmenskultur verzichtet und ihre gesellschaftliche Verantwortung missachtet, riskiert dramatische Imageeinbußen und den Verlust von Gesundheit und innerer Bindung ihrer Mitarbeiterinnen und Mitarbeiter, riskiert damit die Wettbewerbsfähigkeit und auf Dauer auch das Überleben des eigenen Unternehmens.

Konsequenzen für das Berichtswesen

»Nur was sich messen lässt, lässt sich auch managen.« Diese, P. F. Drucker nachgesagte, Erkenntnis trifft auch auf die Mitarbeiterorientierung eines Unternehmens zu. Nur wenn sich Mitarbeiterorientierung messen lässt, lässt sie sich auch managen. Damit sind das betriebliche Berichtswesen und seine Weiterentwicklung angesprochen.

Unternehmen werden über Zahlen geführt. Nur was im Routineberichtswesen an den Vorstand an Zahlen enthalten ist, hat Chancen auf eine Berücksichtigung bei Unternehmensentscheidungen. Das herkömmliche Berichtswesen enthält wenige Informationen darüber, wie es um die Mitarbeiterorientierung eines Unternehmens bestellt ist. Vorstände werden regelmäßig über Personalkapazitäten und Personalkosten informiert, mehr meist nicht. Die Sichtweise der Führung auf den Personalbereich als Kostenfaktor hat hier eine nicht zu unterschätzende Wurzel. Notwendige Bedingung für eine mitarbeiterorientierte Unternehmenspolitik ist deshalb eine Weiterentwicklung des Berichtswesens, um Informationen erstens über Erwartungen, Bedürfnisse und Gefühle ihrer Mitarbeiterinnen und Mitarbeiter und zweitens über darauf einwirkende Unternehmensbedingungen zu erhalten.

Die Beobachtung und Bewertung der Mitarbeiterorientierung eines Unternehmens erfolgt in der Regel mit Hilfe zweier Kennzahlen, die nach dem bisher Gesagten dafür keinesfalls ausreichen: der Anzahl der Unfälle und der Anzahl der krankheitsbedingten Fehlzeiten. Unfall- und Fehlzeitenstatistiken enthalten Spätindikatoren, informieren über Ereignisse, deren Eintritt eigentlich hätte verhütet werden sollen. Die zentrale Frage lautet jetzt: was sind die unternehmensinternen Treiber von Mitarbeiterorientierung, Gesundheit und Unternehmenserfolg? Neben den materiellen Arbeitsbedingungen ist der wichtigste Treiber nach unserer Erkenntnis das Sozialkapital mit den drei genannten Teil-

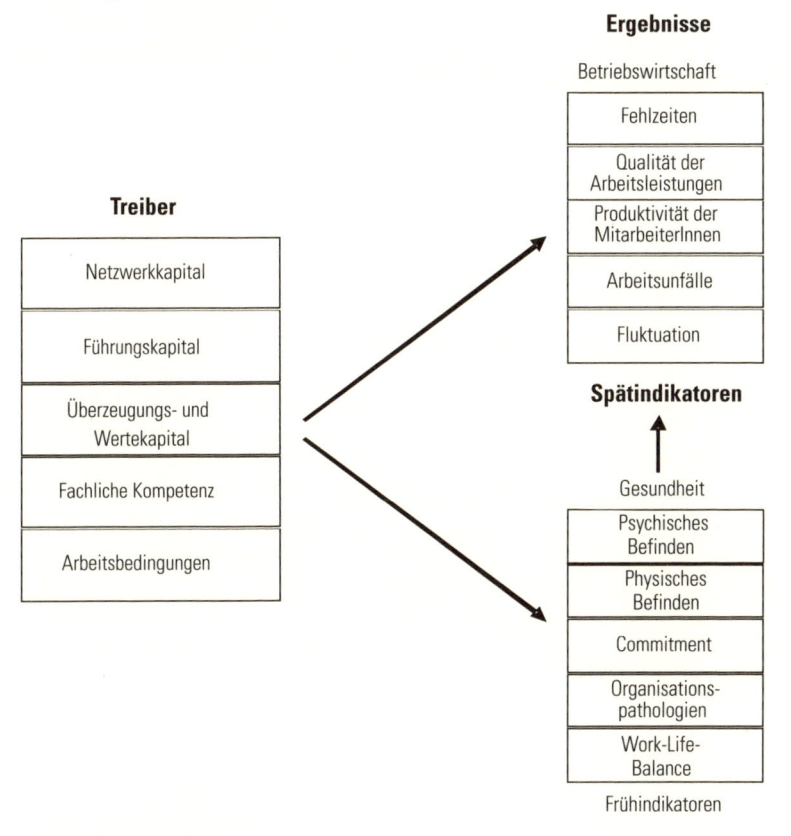

Mitarbeiterorientierte Führung

Abbildung 2: Unternehmensmodell

Treiber

- Netzwerkkapital
- Führungskapital
- Überzeugungs- und Wertekapital
- Fachliche Kompetenz
- Arbeitsbedingungen

Ergebnisse

Betriebswirtschaft
- Fehlzeiten
- Qualität der Arbeitsleistungen
- Produktivität der MitarbeiterInnen
- Arbeitsunfälle
- Fluktuation

Spätindikatoren

Gesundheit
- Psychisches Befinden
- Physisches Befinden
- Commitment
- Organisationspathologien
- Work-Life-Balance

Frühindikatoren

Quelle: Badura et al. 2008

komponenten. Unterschieden werden zudem Früh- und Spätindikatoren (siehe (Abbildung 2).

Frühindikatoren sind Kennzahlen, die anzeigen, ob sich Prozesse in die gewünschte Richtung angestrebter Spätindikatoren entwickeln oder ob das Eintreten unerwünschter Entwicklungen wahrscheinlich wird. Sie verweisen m.a.W. auf Interventionsbedarf. Für ein konkretes Unternehmen, das die Erfassung seiner Mitarbeiterorientierung anstrebt, stellt sich damit erstens das Problem der Auswahl zentraler Themenfelder und Kennzahlen und zweitens das Problem der Datengewinnung. Wir schlagen zur Berichterstattung über den Grad der Mitarbeiterorientierung eines Unternehmens das von uns entwickelte Unternehmensmodell vor sowie zur Messung seiner Elemente einen Mix aus Befragungsdaten und Daten aus der Betriebswirtschaft. Für Einzelheiten sei auf die erwähnten Publikationen verwiesen.

Literatur

Badura, B./Greiner, W./Rixgens, P./Ueberle, M./Behr, M. (2008): Sozialkapital – Grundlagen von Gesundheit und Unternehmenserfolg. Springer: Berlin.
Bertelsmann Stiftung/Hans-Böckler-Stiftung (Hrsg.) (2004): Zukunftsfähige betriebliche Gesundheitspolitik. Bertelsmann: Gütersloh.
Golemann, D./Boyatzis, R./McKee, A. (2005): Emotionale Führung. 3. Aufl. Ulstein: Berlin.
O'Toole, J./Lawler, E. (2006): The New American Workplace. Palgrave Macmillan: New York.
Schein, E.H. (1997): Wenn das Lernen im Unternehmen wirklich gelingen soll. Harvard Businessmanager 19: 16-72.

Peter Stadler
Führungsverhalten und Gesundheit

1. Der Einfluss des Führungsverhaltens auf die Gesundheit der Mitarbeiterinnen und Mitarbeiter

Wie eine Vielzahl von empirischen Studien zeigt (siehe Stadler/Spieß 2003), üben Führungskräfte einen erheblichen Einfluss auf die Belastungssituation am Arbeitsplatz und damit auf Wohlbefinden und Gesundheit der Mitarbeiterinnen und Mitarbeiter aus. Es sind die Führungskräfte, die mit der Gestaltung der Arbeitstätigkeit und Arbeitsorganisation befasst sind und damit die materiellen und sozialen Rahmenbedingungen für belastungsoptimiertes und gesundheitsgerechtes Arbeiten vorgeben. Motivation und Wohlbefinden der Beschäftigten hängen zudem wesentlich von Unterstützungsleistungen, Führungsverhalten und der gezielten Anwendung von Führungsinstrumenten durch die Vorgesetzten ab.

Im Folgenden werden einige Forschungsergebnisse referiert, die sich mit dem Einfluss negativen Führungsverhaltens auf die Belastungssituation, das Wohlbefinden und die Gesundheit der Mitarbeiter beschäftigen. Dabei werden häufig die Fehlzeiten der Mitarbeiter als ein wesentlicher Indikator für das Vorhandensein von psychischen Fehlbelastungen und damit einhergehenden gesundheitlichen Beeinträchtigungen herangezogen:

- Nach einer Untersuchung von Cooper und Roden (1985) waren für Steuerbeamte in England die beiden größten Stressursachen ein autokratischer Führungsstil und Mangel an Rücksprache und Einbindung. Von Rosenstiel, Molt und Rüttinger (1995) zeigen auf, dass ein partizipativer Führungsstil belastungs- und fehlzeitenreduzierend wirkt; ein autoritärer Führungsstil hingegen lässt Fehlzeiten steigen.
- Laschinger, Wong, McMahon und Kaufmann (1999) haben den Einfluss von Führungsverhalten auf die Arbeitseffektivität in einem kanadischen Krankenhaus untersucht. Wenn die Führungskräfte sich ermutigend verhalten haben, hat dies die Wahrnehmungen der Ange-

stellten positiv beeinflusst. Es zeigten sich weniger Spannungen in der Arbeit und eine erhöhte Arbeitseffektivität.
- Schmidt (1996) konnte nachweisen, dass vom Verhalten der Vorgesetzten ein bedeutsamer Einfluss auf das Fehlzeitenverhalten der Mitarbeiter ausgeht. Was die Vorgesetzten-Mitarbeiter-Beziehung betrifft, beeinflusst seiner Untersuchung zufolge vor allem die Bereitschaft von Vorgesetzten, Mitarbeitern Mitbestimmungs- und Beteiligungsmöglichkeiten einzuräumen, das Fehlzeitenverhalten der Mitarbeiter. Die Mitarbeiter hatten dann geringere Fehlzeiten, wenn ihre Vorgesetzten den von ihnen gemachten Änderungsvorschlägen zugänglich waren, wenn sie gemeinsam mit den Mitarbeitern deren Aufgaben festlegten und wichtige Entscheidungen fällten, von denen die Mitarbeiter betroffen waren (Kleinbeck/Wegge 1996).
- Mitentscheidend für das Wohlbefinden der Mitarbeiterinnen und Mitarbeiter und die Bewältigung belastender Arbeitsaufgaben ist auch die soziale Unterstützung durch Kollegen und Vorgesetzte. Befriedigende soziale Beziehungen wirken als »Puffer« gegen Arbeitsstress und können das Erkrankungsrisiko herabsetzen. In einer Studie von Strobel und v. Krause (1997) haben Bauleiter fehlenden Rückhalt durch Vorgesetze als Mangel und Stressursache gesehen. Je weniger Unterstützung Bauleiter von ihren Vorgesetzten erhielten, desto mehr Arbeitsanforderungen wurden von ihnen als Stressoren bewertet.

In verschiedenen Metaanalysen wurden folgende Varianten des Führungsverhaltens als demotivierend, belastend und tendenziell fehlzeitenfördernd ermittelt (Heckhausen 2000; Stadler/Spieß 2003):
- Konzentration auf die Sachaufgaben und Vernachlässigung der Personenaufgaben,
- autoritäres Führungsverhalten,
- zu geringe Anerkennung der Leistung der Mitarbeiterinnen und Mitarbeiter,
- zu häufige und zu unsachliche Kritik,
- Vorenthalten von Information,
- mangelnde Vermittlung des Sinns der Arbeit,
- ungerechte Arbeitsverteilung und fehlende Gleichbehandlung der Mitarbeiter,
- zu ausgeprägte Kontrolle und Aufsicht,
- unklare und ständig wechselnde Zielvorgaben und Führungsrichtlinien,

Führungsverhalten und Gesundheit

- zu geringe Einarbeitung neuer Mitarbeiter oder in neue Aufgaben,
- zu häufige Versetzung an verschiedene Arbeitsplätze und kurzfristige Änderungen der Tätigkeitsinhalte,
- Nichteinhalten von Versprechen über Entwicklungsmöglichkeiten,
- mangelnde Weiterbildungsangebote,
- mangelnde Berücksichtigung der persönlichen Berufsziele der Mitarbeiter,
- Leistungsziele werden nicht realistisch gesetzt und verursachen dadurch Zeitdruck und Überstunden,
- häufiges Einmischen in Delegationsbereiche (Managementdurchgriff).

2. Förderung gesundheitsbezogener Kompetenzen von Führungskräften

Negatives Führungsverhalten stellt also einen zentralen Belastungsfaktor für das Wohlergehen und die Gesundheit der Mitarbeiterinnen und Mitarbeiter dar, der zudem in der betrieblichen Realität alles andere als selten anzutreffen ist. Das Wirtschafts- und Sozialwissenschaftliche Institut (WSI) der Hans-Böckler-Stiftung hat 2004 eine Personalrätebefragung im Öffentlichen Dienst zu Arbeitsbelastungen durchgeführt. Ein wichtiges Ergebnis der Studie war: Schlechtes Führungsverhalten ist demzufolge der zweithöchste Belastungsfaktor, nur Zeit- und Termindruck wurden als noch belastender erlebt. In einer Erhebung unter deutschen Betriebsärzten (Hasselhorn 2003) gaben knapp 40% der befragten Betriebsärzte an, dass sie in ihrer Arbeit mit dem Thema »Probleme mit Vorgesetzten« »oft« oder »sehr oft« konfrontiert werden. Was sind die Gründe dafür, dass negatives Führungsverhalten vergleichsweise weit verbreitet ist?

Zentrales Kriterium für die Auswahl von Führungskräften ist zumeist deren fachliche Kompetenz, dagegen spielen ihre Sozialkompetenzen (Umgang mit Konflikten, Führungsstil, Einbindung der Mitarbeiterinnen und Mitarbeiter in die Planungs- und Entscheidungsprozesse, Schaffung von Transparenz) und ihre gesundheitsbezogenen Kompetenzen (Einrichtung belastungsoptimierter und gesundheitsförderlicher Arbeitsplätze) eine nachgeordnete Rolle, wenn es darum geht, die Stelle eines Vorgesetzten zu besetzen. Von daher ist es nicht verwunderlich, dass sich viele Vorgesetzte nur in geringem Ausmaß für belastungs-

Tabelle 1: Unterstützungsbedarf von Führungskräften in Fragen psychischer Fehlbelastungen und Belastungsoptimierung (Mehrfachnennung möglich)

»Bei welchen Themen wünschen Sie sich mehr Informationen/ Unterstützung?«	Ja-Antworten (Angaben in %)
■ Umgang mit Konflikten, Mobbing, Burnout etc.	53,3
■ Wie überträgt man mitarbeitergerecht neue Aufgaben?	44,4
■ Mitarbeiterorientierter Führungsstil und Führungsverhalten	37,8
■ Umgang mit privaten Problemen bei den Mitarbeitern, die sich auf das Arbeitsverhalten auswirken	37,8
■ Soziale Unterstützung der eigenen Mitarbeiter	20,0

und gesundheitsrelevante Prozesse in ihrem Verantwortungsbereich zuständig erklären. In einer Untersuchung konnten Steers und Mowday (1981) zeigen, dass Vorgesetzte dazu neigten, die Ursachen von Fehlzeiten weniger bei sich als bei den Mitarbeitern zu suchen. Diese Einstellung verstellt ihnen – so die Autoren der Studie – den Blick, eigene Handlungsmöglichkeiten zu erkennen und wirksam zu nutzen. In einer Führungskräftebefragung (Stadler/Spieß 2003) äußerten Vorgesetzte hohen Unterstützungsbedarf gerade bei den so genannten »weichen« Faktoren im Führungsalltag. Sie wünschen sich vor allem beim Umgang mit Konflikten und der mitarbeitergerechten Übertragung neuer Aufgaben Hilfestellung (siehe Tabelle 1).

Wichtig ist es daher, Führungskräften wesentliche Erkenntnisse zum Zusammenhang von Führungsverhalten und Gesundheit der Mitarbeiterinnen und Mitarbeiter zu vermitteln. Indes reichen Informationen über gesundheitsbezogene Zusammenhänge in aller Regel nicht aus, die Kenntnisse müssen um handlungsorientierte Umsetzungsstrategien ergänzt werden. Um Führungskräfte zu motivieren, sich stärker in dieser Sphäre zu engagieren, sollten ihnen eindringlich die negativen Folgen von hohen psychischen Belastungen auch und gerade für die zentralen betriebswirtschaftlichen Kenngrößen vor Augen geführt werden (aus Fluktuation und Fehlzeiten resultierende Kosten, ineffektive Arbeitsstrategien, suboptimale Arbeitsergebnisse). Im Folgenden werden wesentliche Elemente und Ansatzpunkte gesundheitsförderlichen Führens anhand eines Vier-Ebenen-Modells veranschaulicht und erläutert.

3. Ansatzpunkte gesundheitsförderlichen Führens

Das Modell (Abbildung 1; vgl. Spieß/Stadler 2007) unterscheidet vier Ebenen, wobei der Kern aus der ziel- und aufgabenorientierten Führung besteht. Diese richtet den Fokus auf den Mitarbeiter, seine Einbindung in betriebliche Entscheidungs- und Handlungsprozesse und die Berücksichtigung seiner Bedürfnisse und Interessen. Die gesundheitsgerechte Gestaltung von Arbeits- und Organisationsprozessen bildet einen weiteren Rahmen. Für alle Maßnahmen ist entscheidend, dass sie in eine gesundheitsförderliche Führungs- und Unternehmenskultur eingebettet sind.

Ziel- und aufgabenorientiert führen

Kernstück des Modells bildet die klassische Aufgabe von Führungskräften, die den gängigen Definitionen der Führungsliteratur entspricht. Demnach wird Führung als zielbezogene Einflussnahme verstanden,

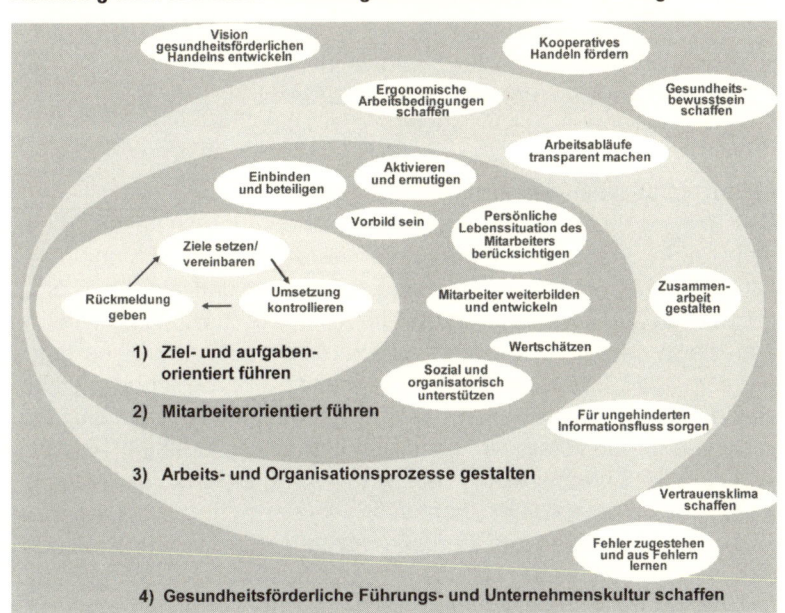

Abbildung 1: Ein Vier-Ebenen-Modell gesundheitsförderlicher Führung

Quelle: Stadler & Spieß, 2007

die sich kommunikativ und in Interaktion mit den Strukturen der Organisation, den Persönlichkeitsmerkmalen der Personen und situativen Aspekten vollzieht. Eine wichtige Aufgabe der Führung ist somit, dass Ziele gesetzt – bzw. besser noch vereinbart – werden.

Um dies erfolgreich umzusetzen, sind bestimmte Regeln zu berücksichtigen. So sollen die Ziele (heraus)fordern und nicht überfordern, überprüfbar, konkret und realistisch sein. Ebenso sollten die Arbeitsaufgaben und Rollen klar definiert werden, denn Rollenunklarheit ist in empirischen Studien als Belastungsfaktor identifiziert worden (Stadler/Spieß, 2003). Dabei sollten die Mitarbeiterinnen und Mitarbeiter immer eingebunden werden, da so eine höhere Akzeptanz bei ihnen erzeugt werden kann. Ebenso ist eine höhere Bindung an die Ziele wahrscheinlich. Die Umsetzung der Ziele muss jedoch auch kontrolliert und in der Folge rückgemeldet werden. Dies geschieht bevorzugt dadurch, dass sich die Führungskraft
- Zeit für den Mitarbeiter nimmt,
- ihn vor Ort aufsucht,
- Rückmeldung über die Arbeitsergebnisse in persönlichen Gesprächen gibt,
- positive Leistungen anerkennt,
- aber auch die Dauerleistung wertschätzt und
- konstruktive Kritik übt, wenn das Ziel nicht in dem gewünschten Umfang erreicht wurde.

Mitarbeiterorientiert führen und unterstützen
Das Besondere bei der mitarbeiterorientierten Führung besteht darin, dass der Mitarbeiter durch die Führungskraft eingebunden und beteiligt wird und als Person mit eigenen Bedürfnissen und Interessen ernst genommen wird. Es müssen dem Mitarbeiter Entscheidungsspielräume zugestanden werden, aber auch zeitliche und inhaltliche Freiheitsgrade bei der Arbeit. Ebenso sollte er in Planungs- und Entscheidungsprozesse miteinbezogen werden. Das Schaffen von Partizipationsmöglichkeiten für die Mitarbeiterinnen und Mitarbeiter sollte ein zentrales Anliegen der Führungskräfte sein. Arbeit über die Köpfe der Mitarbeiter hinweg zu organisieren, hat häufig Reaktanz (Trotzreaktionen) zur Folge. Dagegen führt die Berücksichtigung des Erfahrungswissens und der Bedürfnisse der Mitarbeiter dazu, dass Verantwortungsgefühl und Akzeptanz steigen, weil die Mitarbeiter auf die eigenen Arbeitsbedingungen Einfluss nehmen können. Sie wissen häufig selbst am bes-

ten, was sie an ihrer Arbeit belastet, und wie diesen Belastungen zu begegnen ist.
Es geht darum, dass der Mitarbeiter durch die Führungskraft aktiviert und ermutigt wird. Das geschieht z.b. dadurch, dass die Führungskraft
- Gefühle der Wertschätzung vermittelt,
- den Sinn der Arbeit erkennen lässt und
- durch Anreizsysteme motiviert.

Die Führungskraft sollte Vorbild sein für den Mitarbeiter. Das drückt sich für die gesundheitsorientierte Führung so aus, dass sie z.b. auf die eigene Gesundheit achtet und auf die Einhaltung von Pausen bei sich ebenso wie den eigenen Mitarbeitern dringt.

Um Über- bzw. Unterforderung vorzubeugen, sollen die Mitarbeiterinnen und Mitarbeiter gemäß ihren Leistungsvoraussetzungen und Qualifikationen eingesetzt werden. Gerade der direkte Vorgesetzte ist aufgrund seines ständigen Kontakts mit den Mitarbeitern am besten in der Lage, angemessene Arbeitsanforderungen zu entwickeln. Besteht die Gefahr der Überforderung, muss der Vorgesetzte die erforderlichen zusätzlichen Qualifizierungsschritte einleiten (oder aber die Aufgabenschwere/-fülle reduzieren). Führungskräfte, die die Qualifizierung ihrer Mitarbeiter zu ihrem Anliegen machen, Zeit und finanzielle Mittel zur Verfügung stellen, demonstrieren damit ihre Wertschätzung und machen ernst mit der Sicht auf den Mitarbeiter als wichtiges Potenzial für den wirtschaftlichen Erfolg eines Unternehmens. Im Einzelnen kann die Weiterentwicklung des Mitarbeiters durch folgende Maßnahmen erreicht werden:
- Förderung der fachlichen Qualifizierung, wenn Defizite bei der Aufgabenerledigung bestehen,
- Weiterentwicklung sozialer und methodischer Fähigkeiten,
- Verbessern des Stressmanagements,
- Befördern der persönlichen beruflichen Ziele der Mitarbeiter und
- Aufzeigen von Entwicklungsmöglichkeiten (z.B. in regelmäßigen Mitarbeitergesprächen).

Aus der Stressforschung (Oesterreich/Volpert 1999) ist bekannt, dass Ressourcen Merkmale der Arbeitssituation oder Person sind, die sich positiv auf die Mitarbeiterinnen und Mitarbeiter auswirken und ihnen helfen, mit Belastungen besser umzugehen. Um die Fähigkeiten der Mitarbeiter zur Stressprävention und zum Stressmanagement zu erhöhen, gilt es, betriebliche und außerbetriebliche Weiterbildungsmaßnahmen für die Mitarbeiter zu fördern. Die Teilnahme an Seminaren zur Erweiterung fachlicher Kompetenzen (z.b. EDV) und sozialer Fähigkeiten wie »Zeitmanagement«, »Gesprächsführung«, »Umgang mit Konflikten«, »Entspannungstechniken« kann dabei helfen, die individuellen Ressourcen zu erweitern.

Auch die soziale Unterstützung der Mitarbeiterinnen und Mitarbeiter bei der Aufgabenerledigung ist ein wichtiger Gesundheitsfaktor am Arbeitsplatz. So hat jeder schon an seinem Arbeitsplatz die Erfahrung gemacht, dass erst durch die Hilfe von anderen – Kollegen oder Vorgesetzten – eine Arbeitsaufgabe oder Probleme, die den eigenen Arbeitsbereich betrafen, besser gelöst werden konnten. In der Regel können Schwierigkeiten gemeinsam besser bewältigt werden. Die Unterstützung anderer hilft zudem dabei, Belastungen besser zu ertragen, da auch emotionale Unterstützung gewährt wird.

Diese gegenseitige Unterstützung kann helfen, Belastungen besser zu ertragen, mit den entsprechenden Auswirkungen auf das Betriebsklima. Mitarbeiter, die in schwierigen Arbeitssituationen nicht allein gelassen werden, Fehler zugeben können, bewerten erfahrungsgemäß die an sie gestellten Anforderungen als weniger »stressend«. All dies sollte die Führungskraft sozial und organisatorisch unterstützen, z.B. durch Tutorsysteme für neue Mitarbeiter und durch das Vorsehen von Zeitpuffern, z.B. bei der Übertragung neuer Aufgaben.

Dabei sollte immer auch die persönliche Lebenssituation des Mitarbeiters berücksichtigt werden. So wird er als Einzelfall und Individualschicksal wahrgenommen und nicht als Nummer in einem großen Betrieb behandelt. Gerade in kritischen Lebensphasen (wie Scheidung oder Tod eines nahen Angehörigen) können die beruflichen Anforderungen leicht zu Überforderungen werden. Wichtig ist hierbei, dass die Führungskraft frühzeitig um die kritischen Lebensereignisse weiß und kompensierende Maßnahmen ergreift (Aufgabenreduzierung, Unterstützung durch Kollegen bei der Aufgabenerledigung). Dies setzt indes voraus, dass die Führungskraft eine vertrauensvolle Beziehung zu seinen Mitarbeitern aufbaut, andernfalls wird er kaum über Schwierigkeiten privater Natur informiert werden. Das macht deutlich, dass die Führungsspanne, also die Anzahl der Mitarbeiter im unmittelbaren Verantwortungsbereich des Vorgesetzten, klein genug sein muss, um zu jedem Mitarbeiter einen persönlichen Kontakt aufbauen zu können.

Die beständige Kommunikation mit den eigenen Mitarbeiterinnen und Mitarbeitern ist auch deshalb nötig, um präventiv psychosoziale Fehlentwicklungen erkennen zu können, die im Kontext der Arbeitsanforderungen und der Zusammenarbeit in der Gruppe zu verorten sind. Dazu gehört z.B. das Erkennen der ersten Anzeichen von Burnout oder Mobbing bei Mitarbeitern. Wie aus Mobbing-Studien hinlänglich klar geworden ist, sind Verhalten und Strategien von Vorgesetzten entscheidend für das Entstehen von Mobbingprozessen und deren Verhindern gleichermaßen (Stadler/Spieß 2003).

Arbeits- und Organisationsprozesse gestalten
Die Gestaltung von Arbeits- und Organisationsprozessen ist ein weiterer wichtiger Meilenstein für eine gute Führungskultur. Dazu gehören die Gestaltung der Arbeitsbedingungen und organisationellen Abläufe, z.B. durch räumliche, klimatische und ergonomische Verbesserungen, oder die Schaffung von (Zeit-)Puffern. Gerade bei eher monotonen Arbeitsaufgaben ist es wichtig, sie so zu gestalten, dass sie inhaltlich weniger ermüdend sind und die Mitarbeiterinnen und Mitarbeiter komplexere Anforderungen (mit höheren Entscheidungsspielräumen) erfüllen können.

Ebenso gehört dazu, für Transparenz und Informationsfluss zu sorgen, z.B. dadurch, dass die Mitarbeiter umfassend über betriebliche Belange und Veränderungen informiert werden und somit die betrieblichen Abläufe für alle Beschäftigten transparent sind. Dadurch wird auch das allgemeine Vertrauensklima gefördert.

Ferner sollte die Teamarbeit und der Zusammenhalt in der Arbeitsgruppe gefördert werden, wobei auch ein wichtiger Aspekt ist, zu dieser zu qualifizieren, denn für einige Mitarbeiter kann diese Form der Arbeit ungewohnt sein. Dabei gilt es, Konflikte rechtzeitig zu erkennen und durch geeignete Maßnahmen der Eskalation von Konflikten entgegenzuwirken. Auch angemessene Belohnungssysteme sind hier wichtig.

Gesundheitsförderliche Führungs- und Unternehmenskultur schaffen
Die dargestellten Maßnahmen können ihre gesundheitsförderliche Wirkung erst dann in vollem Umfang entfalten, wenn die gesamte Führungs- und Unternehmenskultur einer Organisation darauf ausgerichtet ist. Es geht darum, eine gesundheitsförderliche Kultur zu schaffen, für die es selbstverständlich ist, dass die Mitarbeiter und Führungskräfte gesundheitsbewusst leben und arbeiten. Die Gestaltung der Zusammenarbeit kann nur erfolgreich sein, wenn dies im Rahmen einer allgemeinen kooperativen Unternehmenskultur erfolgt; hier ist die Entwicklung

einer gesundheitsförderlichen Vision hilfreich. Effektive Kooperation sollte sich aber nicht nur auf die Kundgabe in den Führungsgrundsätzen beziehen, sondern sie muss im Unternehmen auch aktiv gelebt werden, z.B. indem man sich gegenseitig unterstützt, Hilfen anbietet und auch annimmt. Dazu gehört auch, Fehler zuzugestehen, keine Schuldigen zu suchen und aus Fehlern zu lernen ebenso wie Systeme technisch »fehlertolerant« zu entwickeln.

Im Rahmen einer differenzierten Personalführung sollte auch auf die besonderen Bedürfnisse unterschiedlicher Zielgruppen geachtet werden: So müssen für ältere Arbeitnehmer andere gesundheitsrelevante Maßnahmen sowohl in ergonomischer als auch sozialer Sicht getroffen werden als für jüngeres Personal. Ebenso gilt es, die Bedürfnisse von Frauen mit Kindern zu berücksichtigen. Ein ausgeglichenes Verhältnis der Faktoren Arbeit, Familie und Freizeit ist für die Gesundheit und das Wohlbefinden der Mitarbeitenden und ihrer Familien von großer Bedeutung. Gerade familienfreundliche Arbeitszeit- und Teilzeitmodelle spielen hierbei eine wichtige Rolle.

4. Zusammenfassung

Die Forschungsergebnisse zu den negativen Auswirkungen eines mangelhaften Führungsstils bzw. eines entsprechenden Führungsverhaltens auf die Mitarbeiterinnen und Mitarbeiter zeigen, wie wichtig eine mitarbeitergerechte und gesundheitsförderliche Führung ist. Jedoch erklären sich viele Vorgesetzte nur in geringem Ausmaß für belastungs- und gesundheitsrelevante Prozesse in ihrem Verantwortungsbereich zuständig, häufig fehlt ihnen auch entsprechendes Wissen und Handlungsstrategien. Daher sind die gesundheitsbezogenen Kompetenzen von Führungskräften zu stärken. Das ausgeführte Modell zu gesundheits- und mitarbeiterorientiertem Führen setzt erste Akzente und gibt Hinweise, wie dies in der Praxis umzusetzen ist. Zur Vertiefung möchten wir auf die INQA-Broschüre »Mitarbeiterorientiertes Führen und soziale Unterstützung am Arbeitsplatz« verweisen, die aus dem Internet heruntergeladen werden kann (http://www.baua.de/nn_21604/de/Publikationen/Broschueren/A17,xv=vt.pdf).

Literatur

Cooper, C.L./Roden, J. (1985): Mental health and satisfaction amongst tax officers. Social Science & Medicine, 21 (7), S. 474-751

Hasselhorn, H.M. (2002): Betriebsärztliche Beschäftigung mit psychosozialen Fragestellungen, in: Harwerth, A.: Tagungsbericht der Arbeitsmedizinischen Herbsttagung 2002, VdBW. Stuttgart: Gentner Verlag, 2003, S. 45-50

Heckhausen, D. (2002): Einflussfaktoren auf Fehlzeiten und Maßnahmen dagegen. Organisationsberatung – Supervision – Clinical Management, 2, S. 109-120

Kleinbeck, U./Wegge, J. (1996): Fehlzeiten in Organisationen: Motivationspsychologische Aufsätze zur Ursachenanalyse und Vorschläge für die Gesundheitsförderung am Arbeitsplatz. Zeitschrift für Arbeits- und Organisationspsychologie 4, S. 161-172

Laschinger, H. K. S./Wong, C./McMahon, L./Kaufmann, C. (1999): Leader behavior impact on staff nurse empowerment, job tension, and work effectiveness. Journal of Nursing Administration 5, S. 28-39

Oesterreich, R./Volpert, W. (Hrsg.) (1999): Psychologie gesundheitsgerechter Arbeitsbedingungen. Bern: Huber

Rosenstiel, L.v./Molt, W./Rüttinger, B. (1995): Organisationspsychologie. Stuttgart, Berlin, Köln, Mainz: Kohlhammer

Schmidt, K.H. (1996): Wahrgenommenes Vorgesetztenverhalten, Fehlzeiten und Fluktuation. Zeitschrift für Arbeits- und Organisationspsychologie, 40. Jg. (N.F.14), 2, S. 54-62

Spieß, E./Stadler, P. (2007): Gesundheitsförderliches Führen – Defizite erkennen und Fehlbelastungen der Mitarbeiter reduzieren, in: A. Weber & G. Hörmann (Hrsg.), Psychosoziale Gesundheit im Beruf, Stuttgart: Gentner, S. 255-264

Stadler, P./Spieß, E. (2003): Psychosoziale Gefährdung am Arbeitsplatz. Optimierung der Beanspruchung durch die Entwicklung von Gestaltungskriterien bezüglich Führungsverhalten und soziale Unterstützung am Arbeitsplatz. Wirtschaftsverlag NW, Bremerhaven

Steers, R. M./Mowday, R. T. (1981): Employee turnover and post-decision accomodation processes. Research in Organizational Behavior, 3, S. 235-281

Strobel, G./v. Krause, J. (1997): Psychische Belastungen von Bauleitern. Bremerhaven: Verlag für Neue Wissenschaft

Lutz Packebusch
Führung als Element der psychischen Beanspruchung

Führung ist nur selten alleiniges Element der psychischen Gesamtbeanspruchung. Um dies besser einordnen zu können, werde ich zunächst einen Überblick über das Belastungs-Beanspruchungs-Modell geben. Anschließend wird der Anteil der Führung an der psychischen Beanspruchung näher eingegrenzt. Den Abschluss dieses Beitrages bildet ein Betriebsbeispiel.

Zwei Beispiele für psychische Beanspruchung aus der Führung

a) Herr Kurz arbeitet als Geselle in einer Firma für Lüftungstechnik. Seine Termine mit Kunden werden von Herrn Schmitz im Innendienst gemacht. Dieser nimmt keine Rücksicht auf die zu fahrenden Wege. Herr Kurz ärgert sich, wenn er zweimal nacheinander 20 km quer durch die Stadt fahren muss. Außerdem schleppt er noch den »Stress« mit dem letzten Kunden mit sich rum, dessen Auftrag er vom Kollegen Müller als Nachreparatur geerbt hat, die wiederum umfangreicher als gedacht ausgefallen ist. Beim Versuch, durch die Stadt Zeit herauszufahren, stößt er mit einem Kleinlaster zusammen und fällt drei Wochen wegen einer Knieverletzung aus.

b) Herr Schneider ist Straßenführer in einem Stahlwerk. Seine Arbeit im lauten Walzwerk ist in den letzten Jahren immer anspruchsvoller geworden. Aufgrund der Personalknappheit kann er seine Freischicht nicht zum Geburtstag seines Vaters nehmen. Das Walzprogramm wird mal wieder kurzfristig umgestellt. Infolge eines Fehlers im DV-Programm wird ein passender vorgeglühter Coil (aufgewickeltes Metallband/-draht) erst spät abgesetzt. Beim Anschweißen hat Herr Schneider wegen der unterschiedlichen Stärke der Coils einen zusätzlichen Steg anzusetzen. Seinen Puls spürt er deutlich im Hals. Beim Anfahren des Coils reißt die Naht. Am Abend hat er stechende Kopfschmerzen und das Gefühl, einen Ring um den Kopf zu haben.

Ein Modell für psychische Belastung und Beanspruchung

Die Bedeutung von psychischen Belastungen, Beanspruchungen und Stress ist in letzter Zeit in der persönlichen und öffentlichen Wahrnehmung gestiegen. Psychische Belastungen werden von einer immer größeren Zahl von Beschäftigten als Hauptbelastungsfaktoren ihrer Arbeit wahrgenommen. So ergab eine Befragung der Erwerbstätigen im Rahmen einer Untersuchung des Instituts für Arbeitsmarkt- und Berufsforschung (IAB) und des Bundesinstituts für Berufsbildung (BIBB), dass psychische Belastungen mittlerweile die stärksten Belastungsfaktoren aus Sicht der Beschäftigten darstellen. Eine EMNID-Befragung im Auftrag des Landes NRW unterstützt diese Aussage ebenfalls.

Gleichzeitig mit diesem Bedeutungswandel wird in deutschen und auf der europäischen Rechtsentwicklung basierenden Gesetzen, Verordnungen und Richtlinien (Arbeitsschutzgesetz, Bildschirmarbeitsverordnung, DIN und ISO-Normen) die Erfassung, Dokumentation und Beurteilung von psychischen Belastungen und/oder Beanspruchungen verlangt bzw. ein Qualitätsstandard für deren Erfassung festgelegt.

Nachfolgend sind Anlässe zur Analyse und die rechtlichen Grundlagen aufgeführt.

Anlässe zur Analyse	Rechtsgrundlagen
Gefährdungsanalyse Gefährdungsbewertung Gefährdungsdokumentation Sicherheitsunterweisung	Arbeitsschutzgesetz ArbSchG Bildschirmarbeitsverordnung BildSch ArbV
Initiative des Betriebsrates Betriebliche Gesundheitsförderung	BetrVG §87 Sozialgesetzbuch VII SGB VII

Was ist psychische Fehlbeanspruchung?

Im Betriebsalltag werden unterschiedliche Begriffe für psychische Belastungen genutzt. In der Umgangssprache werden die Begriffe Stress, Belastungen und Beanspruchungen für etwas Negatives verwendet. Die wesentlichen Begriffe sind in der Norm DIN/ISO 10075-1 international einheitlich festgelegt worden. Abbildung 1 zeigt die wesentlichen Begriffe im Überblick.

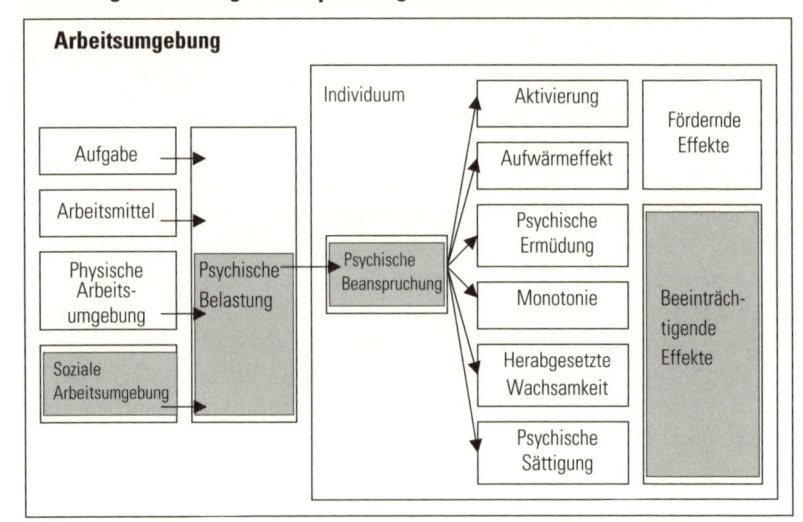

Abbildung 1: Belastungs-Beanspruchungsmodell nach DIN/ISO 10075

Unter *Belastung* wird die Gesamtheit aller erfassbaren Einflüsse verstanden, die von außen auf den Menschen zukommen und psychisch auf ihn einwirken.

Unter *Beanspruchung* wird die unmittelbare Auswirkung der psychischen Belastung im Individuum in Abhängigkeit von seinen jeweiligen überdauernden und augenblicklichen Voraussetzungen einschließlich der individuellen Bewältigungsstrategien verstanden.

Zentraler Bestandteil des Normkonzeptes ist also die Unterscheidung in Belastung und Beanspruchung. Sie finden in der Arbeitsumgebung unterschiedliche psychische und physische Belastungen aus

- der Aufgabe (unklare Anweisungen, Zeitvorgaben, Taktzeiten, Schichtarbeit)
- den Arbeitsmitteln (schwere handgeführte Maschinen, Vibrationen, flimmernde Bildschirme, Programme, Gewicht)
- dem physischen Arbeitsumfeld (Lärm, Informationsangebot, Temperatur, Infektionsgefahr) sowie
- der sozialen Arbeitsumgebung (Isolation, aggressive Kunden, ungerechte Führung)

vor. Diese führen in Abhängigkeit von den individuellen Handlungsvoraussetzungen zu unterschiedlichen Beanspruchungen. Die Handlungsvoraussetzungen des Individuums sind im Wesentlichen

Führung als Element der psychischen Beanspruchung

- der körperliche und geistige Zustand (Gesundheit, Körperkräfte) des Mitarbeiters,
- die Fähigkeiten, Fertigkeiten und Kenntnisse des Menschen (Ausbildungsstand, Trainiertheit) und
- die Motivation der Arbeitsperson.

Die Beanspruchung durch einen komplizierten Anlagenstillstand, von dem eine ganze Abteilung abhängt, ist für einen erfahrenen Energieanlagenelektroniker eine geringere als für einen Elektriker, der zum ersten Mal allein verantwortlich ist.

Der Erfahrene verfügt über die nötigen Kenntnisse und hat Vertrauen in seine eigenen Fertigkeiten. Unter Umständen begreift der Erfahrene die Störung als spannende Herausforderung und ist besonders engagiert, weil er diese verantwortungsvolle Arbeit bewältigen kann.

Unter den Begriff der psychischen Belastungen fallen *alle Belastungen* aus der Aufgabe, den Arbeitsmitteln, dem Arbeitsumfeld sowie der physischen und sozialen Arbeitsumgebung, die zu psychischen Beanspruchungen führen (also neben der Führung auch Lärm, Akkord, Schichtarbeit, schwierige Kunden, Umgang mit infektiösem Blut ...).

Welche Folgen haben psychische Beanspruchungen?

Belastungen im arbeitswissenschaftlichen (und Norm-)Sinn sind neutral und nicht negativ. Neutral heißt dabei, dass sie sowohl positive als auch negative Folgen haben können. Das gleiche gilt für psychische Beanspruchungen.

Bei den Folgen psychischer Beanspruchung müssen einige Besonderheiten beachtet werden. Beanspruchungsfolgen unterscheiden sich in Bezug auf die Zeitperspektive nach kurzfristigen (z.B. Ermüdung, Aktivierung) und langfristigen Folgen (psychische Erkrankungen, Qualifikationen). Sie können reversibel (z.B. Aktivierung) oder relativ stabil sein (z.B. Traumatisierung), unabhängig davon, ob sie zeitnah oder zeitversetzt zur Belastung auftreten.

Darüber hinaus stehen Beanspruchungsfolgen im Allgemeinen nicht oder nicht unmittelbar in einem Zusammenhang zu einer einzelnen Belastung.

Wie bei physischen Belastungen (Lärm, Hitze, Schadstoffe, Haltearbeit ...) auch, treten psychische Belastungen sehr häufig im Zusammenhang mit anderen physischen und psychischen Belastungsfaktoren

Bewertung	Positiv	Negativ
	Qualifizierung, Training	Erschöpfung, Sättigung
Zeitliche Dauer	Kurzfristig	Langfristig
	Aktivierung	Psychische Erkrankung
Beeinflussbarkeit	Leicht	Schwer
	Ermüdung	Traumatisierung
Eintreten	Unmittelbar	Später
	Wut über aggressiven Vorgesetzten	Kreislauferkrankung

auf. Dabei ergibt sich die Gesamtbelastung und die daraus resultierende Beanspruchung aus der Aufgabe (z.B. Kontrolltätigkeit, Kundenkontakt), den Arbeitsmitteln (z.B. Radarschirm, DV Programm) sowie der physischen Arbeitsumgebung (Lärm, Fahrbewegungen) und der sozialen Arbeitsumgebung (z.B. Führung, Kooperation).

Die Gesamtbeanspruchung resultiert also aus einem Belastungsgemisch, das bereits durch eine Zusatzbelastung zu einer Fehlbeanspruchung werden kann (siehe Abbildung 2).

Abbildung 2: Beanspruchungserhöhung durch verschiedene psychische Belastungen

Führung als Element der psychischen Beanspruchung 55

Beispiel:
Die als ungerecht empfundene Ablehnung einer Freischicht zum 65-jährigen Geburtstag des Vaters eines Stahlarbeiters führt trotz Lärm und Aufgabenschwierigkeit im halbvollen Becher links zu einem Gespräch mit dem Vorgesetzten über einen möglichen Kompromiss. Der Becher rechts ist zusätzlich mit Zeitdruck durch Umstellen des Walzprogramms und mit einem fehlerhaften DV-Programm, das zu Schwierigkeiten beim Finden der vorgeglühten Coils führt, gefüllt. Die Folge: Herzklopfen im Hals, Ärger über die Benachteiligung und eine fehlerhafte Schweißnaht, die beim Anfahren des Coils reißt.

Jede Fehlbeanspruchung kann wiederum unterschiedliche Beanspruchungsfolgen nach sich ziehen bzw. deren Entstehung begünstigen (siehe Abbildung 3). In unserem Beispiel entsteht unmittelbar Hektik, Überforderung und Qualitätsverlust. Langfristig, bei ständiger Wiederholung, besteht die Gefahr einer psychosomatischen Erkrankung.

Hohe Verantwortung, Zeitdruck sowie Überforderung durch die Arbeitsmenge sind nach einer Längsschnittuntersuchung, gefördert durch das Landesamt für Arbeitsschutz NRW 2005, die häufigsten Belastungsfaktoren aus Sicht der Beschäftigten. Sie nehmen in ihrer Bedeutung in den letzten zehn Jahren zu. Aus dieser Überlegung lassen sich Handlungsaufforderungen für die praktische Führungsarbeit herleiten. Es kommt darauf an, besonders gewichtige Belastungsfaktoren auszuschalten, um die resultierende Gesamtbeanspruchung zu vermindern.

Abbildung 3: Gleiche Belastung führt zu unterschiedlichen Beanspruchungsfolgen

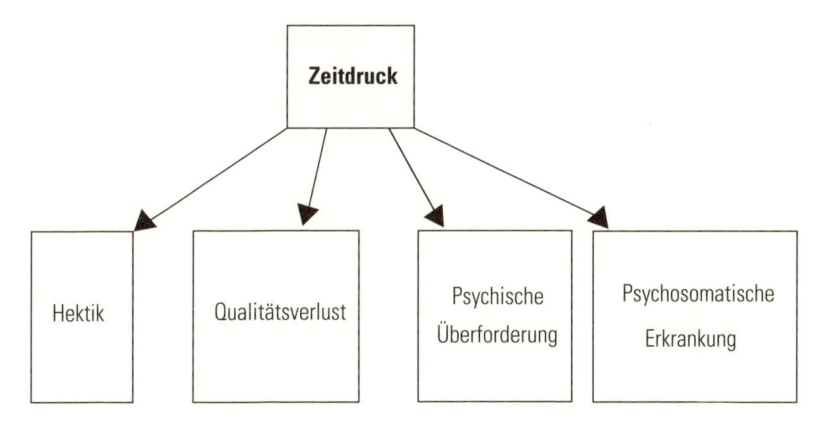

```
                    ┌─────────────┐
                    │  Zeitdruck  │
                    └─────────────┘
          ↙           ↓           ↓           ↘
    ┌────────┐  ┌──────────────┐  ┌──────────────┐  ┌──────────────────┐
    │ Hektik │  │Qualitätsverlust│ │  Psychische  │  │ Psychosomatische │
    │        │  │              │  │ Überforderung│  │   Erkrankung     │
    └────────┘  └──────────────┘  └──────────────┘  └──────────────────┘
```

Welchen Stellenwert haben psychische Belastungen aus der Führung im Rahmen des Belastungs-Beanspruchungs-Modells?

Die Auswirkungen von psychischer Belastung aus der Führung sind immer mit anderen Belastungsfaktoren verflochten. Dennoch lässt sich aus einigen Untersuchungen ihre relative Bedeutung abschätzen.

Tuomi u.a. (1997) haben Arbeits- und Lebensstilfaktoren, die mit einer Verbesserung der Arbeitsfähigkeit einhergehen, untersucht (siehe Tabelle 1). Diese Tabelle ist folgendermaßen zu lesen: Wenn jemand über zwölf Jahre eine überwiegend monotone repetitive Arbeit verrichtet und diese Belastung nicht vermindert wird, wird die daraus resultierende Arbeitsfähigkeit gleich eins gesetzt. Die Mitarbeiter, bei denen diese Tätigkeit vermindert wird, haben dann eine 2,1-mal höhere Chance, ihre Arbeitsfähigkeit zu verbessern. Der Faktor, der die Arbeitsfähigkeit am deutlichsten beeinflusst, ist die Zufriedenheit mit den Vorgesetzten.

Die gleichen Autoren haben auch untersucht, welche Arbeits- und Lebensstilfaktoren mit einer Verschlechterung der Arbeitsfähigkeit (um wenigstens 10 Punkte von 50 im Arbeitsbewältigungsindex ABI) einhergehen (s. Tabelle 2).

Diese Tabelle ist wieder ähnlich zu lesen wie Tabelle 1. Wenn jemand bei seiner Arbeit Wertschätzung genießt und diese im Untersuchungszeitraum von zwölf Jahren nicht vermindert wird, so wird das Risiko einer Verschlechterung der Arbeitsfähigkeit gleich eins gesetzt. Die Personen, bei denen die Wertschätzung vermindert wird, haben dann ein 2,4-faches Risiko, dass sich ihre Arbeitsfähigkeit verschlechtert. Die

Tabelle 1: Chancen durch Maßnahmen der Entlastung (Tuomi et al. 1997)

Variable	Odds Ratio
Repetitive, monotone Bewegungen – Nicht vermindert – Vermindert	1,0 *2,1*
Zufriedenheit mit dem Verhalten des Vorgesetzten – Nicht erhöht – Erhöht	1,0 *3,6*
Anstrengendes körperliches Training in der Freizeit – Nicht Vermehrt – Vermehrt	1,0 *1,8*

Tabelle 2: Risiken durch Unterlassung oder Verschlechterung (Tuomi et al. 1997)

Variable	Odds Ratio
Monotones Stehen an einem Platz – Nicht erhöht – Erhöht	 1,0 *1,7*
Zufriedenheit mit dem Arbeitsplatz – Nicht vermindert – Vermindert	 1,0 *1,6*
Möglichkeiten für Anerkennung / Wertschätzung bei der Arbeit – Nicht vermindert – Vermindert	 **1,0** **2,4**
Anstrengendes körperliches Training in der Freizeit – Nicht vermindert – Vermindert	 1,0 *1,8*

Auswirkung von Führung auf die Verbesserung beziehungsweise Verschlechterung der Arbeitsfähigkeit ist also größer als die Auswirkung von anstrengendem körperlichen Training.

Dies gilt nicht nur für das Handeln einzelner Führungskräfte, sondern auch für das Vorhandensein von Normen zum Arbeits- und Gesundheitsschutz im Betrieb. Zimolong u.a. haben diesen Zusammenhang zwischen Betriebsklima und Rückenbeschwerden untersucht. Muskel-Skelett-Erkrankungen nehmen in fast allen Berufsgruppen mit dem Alter deutlich zu. Wenn die Führungsnormen in einem Betrieb jedoch an der Gesundheit der Mitarbeiter orientiert sind, bilden sich keine Verschlechterungen bei den Rückenerkrankungen mit dem Alter heraus (siehe Abbildung 4).

Zusammenfassend lässt sich sagen, dass der Führung als psychischer Belastung eine zentrale Rolle im Beanspruchungsgeschehen zukommt.

Zur sicheren Identifizierung der Hauptbelastungsfaktoren in einem Arbeitssystem ist es nützlich, verschiedene (objektive und subjektive) Quellen unabhängig voneinander anzuzapfen. Neben einer durchgeführten Gefährdungsbeurteilung (per Fragebogen oder Systembeobachtung) können dies das Erfahrungswissen der Beschäftigten, die Vermutungen von Vorgesetzten und Betriebsräten sowie Erkrankungshäufigkeiten und Erklärungen der Arbeitsmediziner sein.

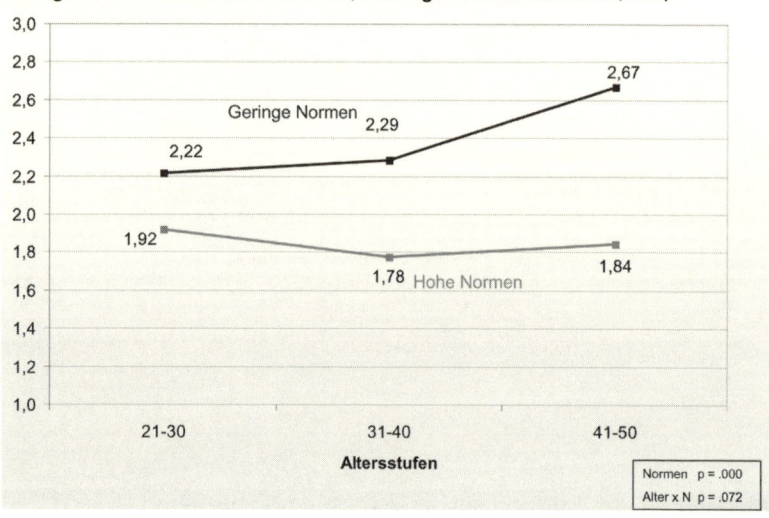

Abbildung 4: Rückenerkrankungen und Gesundheitsnormen
Häufigkeit von Rückenbeschwerden (Freiburger Beschwerdeliste, FBL)

[Liniendiagramm: Häufigkeit von Rückenbeschwerden nach Altersstufen (21-30, 31-40, 41-50). Geringe Normen: 2,22; 2,29; 2,67. Hohe Normen: 1,92; 1,78; 1,84. Normen p = .000; Alter x N p = .072]

Quelle: Zimolong u.a. 2001

Insgesamt kommt es darauf an, im Sinne der Abbildung 3 den Pegel im Belastungsgefäß zu senken, wobei der psychischen Belastung aus der Führung ein zentraler Stellenwert zukommt.

Beispiele für erfolgreichen Belastungsabbau

Erfolgreicher Belastungsabbau kann psychische Belastungen der Mitarbeiterinnen und Mitarbeiter oder der Führung reduzieren. Die Reduktion der Belastung der Führungskräfte und der Aufbau geeigneter Handlungsstrategien im Umgang mit Belastungen bei diesen kann gleichzeitig die Belastung der Mitarbeiter vermindern, da die »gestresste« Führung ein wesentlicher Stressor für die Beschäftigten sein kann.

Betriebsprojekt »Belastungsreduktion durch Neustrukturierung der Aufgabenbereiche und Delegation«

Das SHK-(Sanitär, Heizung, Klima)-Unternehmen wurde 1999 gegründet. Innerhalb von drei Jahren stieg die Mitarbeiterzahl von zwölf auf 20 Personen. In diesem Zeitraum wuchs die gesamte Betriebsorganisation

Führung als Element der psychischen Beanspruchung

nicht mit. Führungsaufgaben wie Baustellenplanung, Qualitätskontrolle, Materialbeschaffung, Einsatzplanung, Kalkulation, Verwaltungsaufgaben, Akquise und Angebotserstellung wurde ausschließlich durch die Geschäftsleitung wahrgenommen. Eine Delegation an die Mitarbeiter fand nicht statt. Die Führungskräfte befanden sich permanent unter Zeitdruck. Diese Arbeitsüberlastung hatte wiederum messbare Auswirkungen auf die Mitarbeiter und schlug sich in Unzufriedenheit aller mit den Arbeitsbedingungen und der Arbeitsorganisation nieder.

Nach ersten Gesprächen mit der Geschäftsleitung wurde vereinbart, dass die Betriebsorganisation durch eine Neustrukturierung der Aufgabenbereiche und die Delegation der Baustellenleitung an einen erfahrenen Mitarbeiter verbessert werden sollte.

Hierzu wurden die Aufgabenbereiche der Baustellenleitung und der notwendige Qualifikationsbedarf des Mitarbeiters zur Ausübung dieser Funktion erfasst. Die Tätigkeiten der Geschäftsführung wurden im Hinblick auf eine Neustrukturierung der Aufgabenbereiche analysiert, um stressrelevante Belastungen zu reduzieren und eine Verbesserung der Arbeitsprozesse zu erreichen.

Die Analyse ergab, dass die Arbeitsbelastung durch die vielen Teiltätigkeiten und Arbeitsunterbrechungen sehr hoch war. Viele dieser Einzeltätigkeiten könnten auf geeignete Mitarbeiter übertragen werden, um mehr Zeit für mitarbeiterorientierte Führungsaufgaben zu haben.

Die gemeinsam in einem Workshop entwickelten und anschließend im Betrieb umgesetzten Maßnahmen wie die Erstellung einer Checkliste zur Baustellenplanung, die Festlegung von festen Teams, die Einführung von Arbeitszetteln und anderen Maßnahmen strukturierten den Arbeitsprozess neu. Durch die Verbesserung der Arbeitsabläufe kam es zu weniger Störungen, die Aufgaben waren klarer, und die Abstimmungen untereinander zwischen den Mitarbeitern sowie zwischen Führungsebene und Mitarbeitern funktionierten besser.

Die Übertragung der Baustellenleitung an einen erfahrenen Mitarbeiter verlief aufgrund der gecoachten Übergabe und der damit verbundenen Qualifizierung reibungslos. Er fühlte sich weder über- noch unterfordert, seine Eigeninitiative und Eigenverantwortung wurden gestärkt. Durch die Einführung einer wöchentlichen Führungsteambesprechung können auftauchende Probleme, das weitere Vorgehen und neue Vorhaben besprochen und geplant werden.

Die Geschäftsleitung wurde durch die Delegation der Baustellenleitung stark entlastet und hat mehr zeitliche Kapazität für die Mitarbeiterführung, Akquisition und Angebotserstellung. Vor allem durch die stärkere partizipative Einbindung der Mitarbeiter (Teambesprechungen, Mitarbeitergespräche, Weiterbildungspläne) verbesserte sich das Betriebsklima erheblich. Dies hat Auswirkungen auf die Arbeitsqualität, die Zufriedenheit und Motivation der Mitarbeiter sowie deren wahrgenommene psychische Beanspruchung.

Fazit

Im Laufe des Beratungsprozesses haben sich viele positive Veränderungen ergeben. Sie sind einerseits durch die konsequente Umsetzung der Maßnahmen erreicht worden, andererseits durch eine Sensibilisierung der Unternehmen im Hinblick auf verschiedene Fragestellungen, die während des Coachingprozesses angestoßen wurden. Die partizipative, ganzheitliche, integrative und prozessorientierte Vorgehensweise bildete die Grundlage für eine erfolgreiche Belastungsreduktion im Kleinbetrieb. Neben Belastungen aus der Führungssituation sind auch verschiedene andere Belastungen gleichzeitig reduziert worden.

Literatur

DIN EN ISO 10075-1 (2000): Ergonomische Grundlagen bezüglich psychischer Arbeitsbelastung. Teil 1: Allgemeines und Begriffe; Berlin: Beuth.
IAB – BIBB: Repräsentative Erwerbstätigenbefragung. Arbeit- und Ökologie-Briefe; Nr. 8; 8; 1999.
Ministerium für Arbeit und Soziales, Qualifikation und Technologie des Landes NRW (Hrsg.) (2001): Arbeitswelt NRW 2000: Belastungsfaktoren – Bewältigungsformen – Arbeitszufriedenheit.
Packebusch, L./Weber, B. (1998): Altern im Handwerk – Anforderungen an die Personalentwicklung am Beispiel Dachdecker, Kfz- und SHK-Handwerk, in: H.-U. Klose/Ch. Ax (Hrsg.), Zukunft des Handwerks in einer alternden Gesellschaft. Forum Demographie und Politik, H. 11, Bonn, S. 101-113.
Packebusch, L. (2001): Personalarbeit im Sanitär-Heizung-Klima-Handwerk – Laufbahngestaltung im Handwerk als Beitrag zur Prävention, in: Wirtschaftspsychologie 2/2001,Heidelberg: R. v. Decker's Verlag, S. 65-71.
Packebusch, L./Weber, B. (2001a): Gesundheit und Laufbahngestaltung bei älteren Arbeitnehmern in Kleinbetrieben, in: R. Grieshaber/W. Schneider (Hrsg.), Prävention von arbeitsbedingten Gesundheitsgefahren und Erkran-

kungen, 7. Erfurter Tage. Leipzig: Monade Verlag, S. 149-158.

Packebusch, L./Weber, B. (2001b): Ohne Ältere geht's nicht! – Mit Älteren auch nicht? In: Handwerkskammer Hamburg (Hrsg.), Zukunftsfähige Konzepte für das Handwerk zur Bewältigung des demographischen Wandels. Broschürenreihe Demographie und Erwerbsarbeit. Stuttgart, S. 42-55. Als download unter: www.iap-institut.de (Veröffentlichungen).

Prümper, J./Hartmannsgruber, K./Frese, M. (1995): KFZA – Kurz-Fragebogen zur Arbeitsanalyse. Zeitschrift für Arbeits- und Organisationspsychologie, 39, S. 125-132.

Semmer, N./Zapf, D./Dunckel, H. (1999): Instrument zur stressbezogenen Tätigkeitsanalyse (ISTA), in: H. Dunckel (Hrsg.), Handbuch psychologischer Arbeitsanalyseverfahren. Zürich: vdf Hochschulverlag, S. 179-204.

Tuomi, K./J. Illmarinen et al.(1997): Aging, work, life style and work ability among Finnish municipal workers in 1981-1992, in: Scand. J. Work Environ. Health 23 (Suppl. 1), S. 58-63.

Ulich, E. (1998): Arbeitspsychologie, 4. Auflage, Zürich: vdf Verlag.

Zimolong, B./Stapp, M. (2001): Psychosoziale Gesundheitsförderung, in: B. Zimolong (Hrsg.), Management des Arbeits- und Gesundheitsschutzes – Die erfolgreichen Strategien der Unternehmen. Wiesbaden: Gabler, S. 141-169.

Matthias Becker/ Imke Ehlbeck/Jochen Prümper
Freundlichkeit und Respekt als Motor der Arbeitsfähigkeit – eine empirische Studie[1]

1. Einleitung

Freundlichkeit und Respekt gegenüber den Mitmenschen zahlt sich aus – so zumindest der einhellige Tenor international erfolgreicher Sachbücher wie »*Die Kunst, ein freundlicher Mensch zu sein*« von Stefan Einhorn (2007) oder »*The Power of Nice: Wie Sie die Welt mit Freundlichkeit erobern können*« von Linda Kaplan Thaler und Robin Koval (2008). Denn, so der schwedische Medizinprofessor Stefan Einhorn:

»*Ein freundlicher Mensch ist jemand, der ethisches Handeln verinnerlicht hat. Er hat stets seine Fürsorgepflicht gegenüber den Mitmenschen im Blick. [...] Und vor allem ist der freundliche Mensch alles andere als dumm. Er ist vielmehr sehr klug, denn er hat – bewusst oder unbewusst – verstanden, worum es wirklich geht: Was wir für andere tun, tun wir auch für uns selbst.*« (Einhorn 2007: 15)

Aber lässt sich diese Erkenntnis auf das Arbeitsleben übertragen? Die beiden amerikanischen Unternehmensberaterinnen Linda Kaplan Thaler und Robin Koval (2008) zumindest behaupten, anhand zahlreicher Beispiele belegen zu können, »*dass in Firmen, die für einen kooperativen Stil und Fair Play bekannt sind, weniger Fluktuation unter den Mitarbeitern herrscht, zudem ist die Produktivität höher*« (Kaplan Thaler/Koval 2008: vorderer Klappentext).

---

[1] Die vorliegende Studie entstand mit finanzieller Unterstützung des Europäischen Sozialfonds und des Landes NRW in dem Projekt »HAWAI4U« (Fördernummer: 99-V52A-7905; Projektpartner: bao GmbH – Büro für Arbeits- und Organisationspsychologie, Berlin und IQ Consult gGmbH, Düsseldorf) sowie in Kooperation mit Prof. Dr. Jochen Prümper, HTW Berlin – Wirtschafts- und Organisationspsychologie.

Freundlichkeit und Respekt als Motor der Arbeitsfähigkeit

Freundlicher und respektvoller Umgang von Vorgesetzten könnte sich also lohnen. Aber wie ist es eigentlich um den freundlichen und respektvollen Umgang von Vorgesetzten hierzulande bestellt? Sind Freundlichkeit und Respekt – was man ja wohlwollend annehmen möchte – vielleicht so selbstverständlich, dass sich diesbezüglich gar keine nennenswerten Unterschiede feststellen lassen? Und selbst wenn es sie gäbe, wirken sich diese Verhaltensunterschiede dann überhaupt wesentlich auf die Unternehmen und den in ihnen beschäftigten Menschen aus?

Diesen Fragen wollen wir uns in dem vorliegenden Beitrag nähern und dabei unser besonderes Augenmerk darauf legen, welche Bedeutung ein freundlicher und respektvoller Umgang von Vorgesetzten für die *Arbeitsfähigkeit* von Beschäftigten hat.

2. Arbeitsfähigkeit

Das Konzept der *Arbeitsfähigkeit* wurde in den 1980er Jahren in Finnland entwickelt. Nach Ilmarinen (1999) ist mit Arbeitsfähigkeit gemeint, dass Erwerbstätige zu einem bestimmten Zeitpunkt in der Lage sind, eine gestellte Aufgabe erfolgreich zu bewältigen. So beschreiben Ilmarinen und Tempel (2003) die Arbeitsfähigkeit einer Person als eine Wechselwirkung verschiedener Faktoren, zu denen neben *individuellen Voraussetzungen* (wie die physische und psychische Gesundheit, Kompetenzen, Einstellungen und Werte) auch *Merkmale der Arbeit* (wie die Arbeitsumgebung, die Anforderungen der Arbeit, die Arbeitsorganisation sowie das Arbeitsumfeld, inkl. Aspekte der Führung und des Managements) gehören.

Abbildung 1 veranschaulicht dieses Konzept als »Haus der Arbeitsfähigkeit«, in dem Führung im »3. Stock« als wesentlicher Aspekt der Arbeit verortet ist.

2.1 Erfassung der Arbeitsfähigkeit

Das Konzept der Arbeitsfähigkeit ist facettenreich – es beschreibt nicht nur die Arbeitsfähigkeit zum aktuellen Zeitpunkt, sondern auch die Arbeitsfähigkeit in Relation zu den Anforderungen der Arbeit. Zudem berücksichtigt es körperliche sowie psychische Beschwerden und die dadurch erlebten Arbeitseinschränkungen sowie die Anzahl an Fehltagen. Auch die von den Beschäftigten selbst prognostizierte Arbeits-

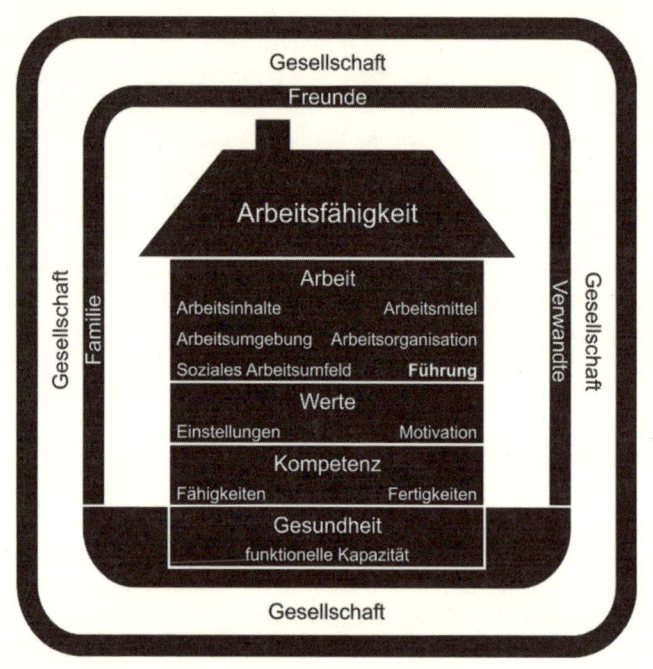

Abbildung 1: Das »Haus der Arbeitsfähigkeit«

```
                    Gesellschaft
                    Freunde
                 
              Arbeitsfähigkeit
         
                    Arbeit
    Arbeitsinhalte        Arbeitsmittel
    Arbeitsumgebung   Arbeitsorganisation
    Soziales Arbeitsumfeld    Führung
                    Werte
    Einstellungen            Motivation
                  Kompetenz
    Fähigkeiten              Fertigkeiten
                  Gesundheit
              funktionelle Kapazität

                  Gesellschaft
```
(Seitlich: Gesellschaft – Familie | Gesellschaft – Verwandte)

Quelle: eigene Darstellung, modifiziert nach Hasselhorn/Freude 2007: 10

fähigkeit und die Verfügbarkeit psychischer Leistungsreserven werden dazu gezählt.

2.2 WAI – Work Ability Index

Zur Messung dieses Konzeptes wurde in Finnland der »Work Ability Index« (WAI, dt. »Arbeitsbewältigungs-Index«, ABI) entwickelt (vgl. Tuomi/Ilmarinen/Jahkola/Katajarinne/Tulkki 2003). Der WAI bildet die verschiedenen Aspekte der Arbeitsfähigkeit in sieben Dimensionen mit insgesamt elf Fragen ab (vgl. Kasten 1), die einzeln beantwortet und anschließend zu einem WAI-Gesamtwert verechnet werden, der zwischen 7 und 49 Punkten liegen kann (zur entsprechenden Berechungsformel vgl. Tuomi/Ilmarinen/Jahkola/Katajarinne/Tulkki 2003).

Der so bestimmte »WAI-Wert« zeigt einem Beschäftigten, wie hoch die eigene Fähigkeit eingeschätzt wird, die bestehenden Arbeitsanforderungen zu bewältigen.

Freundlichkeit und Respekt als Motor der Arbeitsfähigkeit

Kasten 1: Die sieben Dimensionen der Arbeitsfähigkeit
(vgl. Hasselhorn/Freude 2007: 8)

WAI 1 **Derzeitige Arbeitsfähigkeit im Vergleich zu der besten, je erreichten Arbeitsfähigkeit**
Wenn Sie Ihre beste, je erreichte Arbeitsfähigkeit mit 10 Punkten bewerten: Wie viele Punkte würden Sie dann für Ihre derzeitige Arbeitsfähigkeit geben?

WAI 2 **Arbeitsfähigkeit in Relation zu den Arbeitsanforderungen**
Wie schätzen Sie Ihre derzeitige Arbeitsfähigkeit in Relation zu den körperlichen Arbeitsanforderungen ein?
Wie schätzen Sie Ihre derzeitige Arbeitsfähigkeit in Relation zu den psychischen Arbeitsanforderungen ein?

WAI 3 **Anzahl der aktuellen, vom Arzt diagnostizierten Krankheiten**
(Langversion = 50, Kurzversion = 13 Krankheiten / Krankheitsgruppen)

WAI 4 **Geschätzte Beeinträchtigung der Arbeitsleistung durch die Krankheiten**
Behindert Sie derzeit eine Erkrankung oder Verletzung bei der Arbeit?

WAI 5 **Krankenstand im vergangenen Jahr**
(Anzahl Tage)

WAI 6 **Einschätzung der eigenen Arbeitsfähigkeit in zwei Jahren**
Glauben Sie, dass Sie, ausgehend von Ihrem jetzigen Gesundheitszustand, Ihre derzeitige Arbeit auch in den nächsten zwei Jahren ausüben können?

WAI 7 **Psychische Leistungsreserven**
Haben Sie in der letzten Zeit Ihre täglichen Aufgaben mit Freude erledigt?
Waren Sie in letzter Zeit aktiv und rege?
Waren Sie in der letzten Zeit zuversichtlich, was die Zukunft betrifft?

Der erreichte Punktwert wird gemäß einer von den finnischen Forschern in den 1990er Jahren erarbeiteten Kategorisierung eingestuft. In Abhängigkeit von der zugewiesenen Kategorie kann das Ziel von einzuleitenden Maßnahmen abgelesen werden (vgl. Tabelle 1).

Tabelle 1: Kategorien des WAI und Ziel von Maßnahmen (vgl. Ilmarinen/Tempel 2002: 171)

Punkte/Index	Arbeitsfähigkeit	Ziel der Maßnahmen
7-27	schlecht	Arbeitsfähigkeit wiederherstellen
28-36	mäßig	Arbeitsfähigkeit verbessern
37-43	gut	Arbeitsfähigkeit unterstützen
44-49	sehr gut	Arbeitsfähigkeit erhalten

3. Führungsverhalten

»Führung«, so Lutz von Rosenstiel, Professor für Organisations- und Wirtschaftspsychologie, »ist unmittelbare, absichtliche und zielbezogene Einflussnahme« (von Rosenstiel 2001: 319). Im betrieblichen Kontext bedeutet dies, dass Beschäftigte von Vorgesetzten dazu bewegt werden sollen, bestimmte Ziele zu erreichen. *Führungsverhalten* ergibt sich dann aus der Art und Weise, wie sich eine Führungskraft gegenüber ihren Mitarbeiterinnen und Mitarbeitern in verschiedensten Situationen und Aufgabenbereichen verhält.

Nach Robert R. Blake und Jane S. Mouton (1964) lässt sich die Führung von Beschäftigten in die beiden Kernbereiche *Aufgabenorientierung* und *Mitarbeiterorientierung* unterteilen. Damit ist gemeint, dass die Aufgaben von Führungskräften zum einen darin liegen, die Effizienz und Produktivität der geführten Unternehmenseinheit zu gewährleisten. Dies geschieht einerseits über die Erledigung sachbezogener Aufgaben (z.B. Auftragsplanung, Akquisition etc.). Zum anderen gehören dazu aber auch Aufgaben, bei denen es darum geht, auf die Belange der Beschäftigten einzugehen (z.B. bei der Schichtdienstplanung, Urlaubsgewährung etc.). Allgemein ist damit gemeint, sich um die Mitarbeiterinnen und Mitarbeiter zu »kümmern«, ihnen freundliche Zuwendung und Respekt entgegenzubringen, was weit über bloße Höflichkeit hinausgeht. Der Führende kann auf diese Weise Fehlzeiten entgegenwirken und die Motivation der Beschäftigten erhalten und verbessern (vgl. Nieder 1998). Damit wird der wesentliche Einfluss der Mitarbeiterorientierung für den Erfolg der Führung und somit auch für die Effizienz der Unternehmenseinheit deutlich. Entsprechend beschreiben Blake und Mouton (1964) ein ausgewogenes Verhältnis von Aufgaben- und Mitarbeiterorientierung auf hohem Niveau als »bestes« Führungsverhalten. Jedoch ist vielen Führungskräften die Wichtigkeit der Mitarbeiterorientierung nicht bewusst bzw. wird ihnen nicht vermittelt. Oft liegt die Priorität zu sehr auf der Aufgabenorientierung (vgl. Nieder 2000).

3.1 Erfassung des Führungsverhaltens
In den 1950er Jahren stellten sich Forscher der University of Ohio die Frage, wie sich Führungsverhalten messen lässt (vgl. Fleishman/Harris 1962). Auf Grundlage dieser Studien wurde in den 1970er Jahren mit dem FVVB, dem »Fragebogen zur Vorgesetzten-Verhaltens-Beschreibung« von Fittkau-Garthe und Fittkau (1971) ein deutschsprachiges Messinstrument zur Erfassung des Führungsverhaltens entwickelt, welches sowohl Aspekte der Aufgaben- als auch der Mitarbeiterorientierung berücksichtigt.

3.2 FVVB – Fragebogen zur Vorgesetzen-Verhaltens-Beschreibung
Der FVVB dient der Erfassung und Beschreibung des Vorgesetztenverhaltens aus Beschäftigtensicht – weitgehend unabhängig von spezifischer Situation, Stellung in der Betriebshierarchie und Organisationsform – und eignet sich besonders zur Feststellung der Beziehungen zwischen Vorgesetztenverhalten und objektiven Kriterien, wie Kündigungsquote, Krankenstand, Konflikthäufigkeit.

Insgesamt besteht der FVVB aus fünf Faktoren,[2] von denen einer in zwölf Einzelaussagen (vgl. Kasten 2) unter der Überschrift *Freundliche Zuwendung/Respektierung* die Frage beantwortet: »Inwieweit verhält sich der Vorgesetzte seinen Mitarbeitern gegenüber freundlich zugewandt und respektiert sie?«

3.3 Zentrale Fragestellung
Studien des Medizinsoziologen Professor Johannes Siegrist zeigen, dass es einen Zusammenhang gibt zwischen Führungsverhalten und Gesundheit (Siegrist 1996). Längsschnittstudien der Arbeitsgruppe um Juhani Ilmarinen (vgl. z.B. Ilmarinen 2005; Ilmarinen/Tempel 2002) vom Institut für Arbeitsmedizin in Helsinki weisen darauf hin, dass dem Führungsverhalten ein großer Stellenwert für die Arbeitsfähigkeit zuzuschreiben ist. Der Medizinprofessor und Leiter des deutschen Netz-

---

[2] (1) Freundliche Zuwendung/Respektierung, (2) Mitreißende arbeitsstimulierende Aktivität, (3) Mitbestimmung und Beteiligung ermöglichend, (4) Kontrolle vs. Laissez-faire sowie (5) Kombinationsfaktor aus »freundliche Zuwendung« und »mitreißender arbeitsstimulierender Aktivität«.

> **Kasten 2: Einzelaussagen des Faktors »Freundliche Zuwendung/ Respektierung« (Fittkau-Garthe/Fittkau 1971)**
>
> - Mein Vorgesetzter kritisiert seine unterstellten Mitarbeiter auch in Gegenwart anderer.
> - Er behandelt seine unterstellten Mitarbeiter als gleichberechtigte Partner.
> - Er »schikaniert« den unterstellten Mitarbeiter, der einen Fehler macht.
> - In Gesprächen mit seinen unterstellten Mitarbeitern schafft er eine gelöste Stimmung, so dass sie sich frei und entspannt fühlen.
> - Treffen seine unterstellten Mitarbeiter selbstständig Entscheidungen, so fühlt er sich übergangen und ist verärgert.
> - Er ist freundlich, und man hat leicht Zugang zu ihm.
> - Seine Anweisungen gibt er in Befehlsform.
> - Persönlichen Ärger oder Ärger mit der Geschäftsleitung lässt er an seinen unterstellten Mitarbeitern aus.
> - Auch wenn er Fehler entdeckt, bleibt er freundlich.
> - Er versucht, seinen unterstellten Mitarbeitern das Gefühl zu geben, dass er der »Chef« ist und sie unter ihm stehen.
> - Der Umgangston mit seinen unterstellten Mitarbeitern verstößt gegen Takt und Höflichkeit.
> - Nach Auseinandersetzungen mit seinen unterstellten Mitarbeitern ist er nachtragend.

werkes zur Verbreitung des Arbeitsfähigkeitskonzeptes Hans-Martin Hasselhorn und Dr. Gabriele Freude von der BAuA – Bundesanstalt für Arbeitsschutz und Arbeitsmedizin schreiben hierzu (Hasselhorn/ Freude 2007):

»*Kaum etwas hat so großen Einfluss auf den Erhalt und die Förderung der Arbeitsfähigkeit der Beschäftigten wie gutes Führungsverhalten. Das jedenfalls ist der Grundtenor von finnischen Langzeituntersuchungen in den verschiedensten Produktionsbereichen.*« (23)

Diese Beobachtungen zum Einfluss des Führungsverhaltens auf die Arbeitsfähigkeit sollen im vorliegenden Beitrag spezifiziert und unter dem besonderen Gesichtspunkt der Freundlichen Zuwendung und Respektierung beleuchtet werden.

Zu diesem Zweck werden die beiden oben vorgestellten Instrumente, der WAI und der FVVB, eingesetzt. Konkret soll zum einen die bereits in der Einleitung angerissene Frage beantwortet werden, wie es eigentlich »hierzulande und heutzutage« um die freundliche Zuwendung und

Respektierung der Beschäftigten durch ihre Vorgesetzten bestellt ist. Zum anderen soll die oben diskutierte Hypothese überprüft werden, dass in der Gruppe der Beschäftigten, die eine eher hohe freundliche Zuwendung und Respektierung durch den Vorgesetzten erfahren, der Anteil der Beschäftigten mit sehr guter Arbeitsfähigkeit, signifikant größer ist als in der Gruppe mit eher geringer freundlicher Zuwendung und Respektierung.

4. Methode

Die vorliegende Studie wurde im Rahmen von Mitarbeiterbefragungen im Zeitraum von Januar 2006 bis Juni 2008 mittels Fragebögen an N = 989 Beschäftigten aus verschiedenen Branchen (insbesondere verarbeitendes Gewerbe/Bau, Handel- und Gastgewerbe, öffentlicher Dienst, Informations- und Kommunikationssektor, Dienstleistungsbereich) durchgeführt.

Abbildung 2: Verteilung der WAI-Gesamtwerte in der Stichprobe

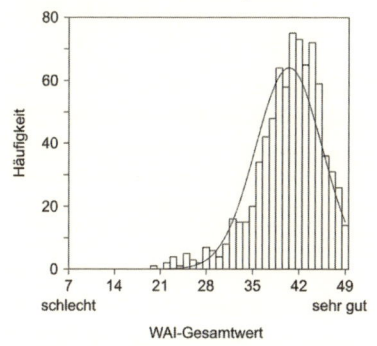

Der Gesamtmittelwert des Faktors »Freundliche Zuwendung/Respektierung« betrug M = 3,9 Punkte (vgl. Abb. 3)
Für statistisch Interessierte: MWAI = 40.47, SD = 5.02, Kurtosis = .74, Schiefe = -1.03; MFVVB = 3.94, SD = .85, Kurtosis = 1.33, Schiefe = -.96

An der Erhebung beteiligten sich 59,7% Männer und 40,3% Frauen. 32,6% der Befragten waren unter 30 Jahre alt, 22,0% waren zwischen 31 und 40 Jahren, weitere 29,8% zwischen 41 und 50 Jahren und 15,6% waren älter als 50 Jahre.

Die mittlere Arbeitsfähigkeit in der untersuchten Stichprobe betrug M = 40 WAI-Punkte[3] (vgl. Abbildung 2).

---

[3] In der vorliegenden Untersuchung wurde die Kurzform des WAI verwendet. Diese unterscheidet sich dahingehend von der Langform, dass die dritte Dimension »Anzahl der aktuellen, vom Arzt diagnostizierten Krankheiten« anstelle von 51 Krankheiten lediglich 14 Krankheitsgruppen, z.B. »Unfallverletzungen« oder »Erkrankungen des Muskel-Skelett-Systems« beinhaltet.

5. Ergebnisse

5.1 Das Ausmaß an freundlicher Zuwendung/Respektierung

Zur Bestimmung von »niedriger« und »hoher« freundlicher Zuwendung und Respektierung wurden im Sinne eines ausgewogenen Verhältnisses anhand des Skalenmittels zwei Gruppen gebildet (vgl. Abbildung 3). Danach berichten 16% der Befragten von einer tendenziell eher niedrigen und 84% von einer tendenziell eher hohen freundlichen Zuwendung und Respektierung. Dieses Ergebnis bedeutet für die Frage danach, wie es um die freundliche Zuwendung und Respektierung der Beschäftigten durch ihre Vorgesetzten bestellt ist, zweierlei: Erstens wird sichtbar, dass die Anzahl der Beschäftigten, die von hoher freundlicher Zuwendung und Respektierung durch ihren Vorgesetzten berichten, mit 84% deutlich größer ist als die, die von niedriger freundlicher Zuwendung und Respektierung berichten (16%).

Abbildung 3: Verteilung der FVVB-Gesamtwerte in der Stichprobe

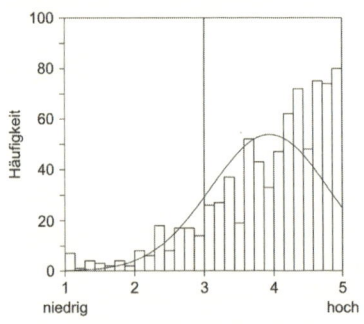

Zum anderen zeigt sich aber auch, dass es – über alle Beschäftigten betrachtet – große Unterschiede gibt; wie Abbildung 3 verdeutlicht, verteilen sich die Werte der Beurteilung über die gesamte Bandbreite der Skala.

Zusammengefasst bedeutet dies: Die Beschäftigten berichten insgesamt sehr unterschiedlich über den Grad der freundlichen Zuwendung und Respektierung, der ihnen entgegengebracht wird – der weitaus größere Anteil empfindet den Umgang des Vorgesetzten aber als eher freundlich zugewandt und respektvoll.

5.2 Freundliche Zuwendung/Respektierung und Arbeitsfähigkeit

Zur Beantwortung der Frage, welche Bedeutung ein freundlicher und respektvoller Umgang von Vorgesetzten für die Arbeitsfähigkeit von Beschäftigten hat, wird auf die Kategorisierung aus Tabelle 1 zurückgegriffen, in der eine Unterteilung in »schlechte«, »mäßige«, »gute« und »sehr gute« Arbeitsfähigkeit vorgestellt wurde.

Freundlichkeit und Respekt als Motor der Arbeitsfähigkeit

Abbildung 4: Freundliche Zuwendung/Respektierung und WAI-Gesamtwert

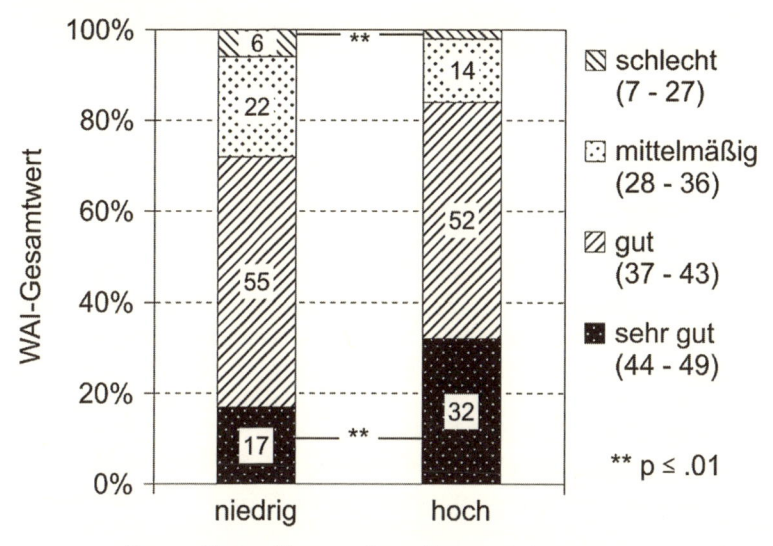

[Stacked bar chart showing WAI-Gesamtwert distribution:

- niedrig (Freundliche Zuwendung/Respektierung): schlecht 6%, mittelmäßig 22%, gut 55%, sehr gut 17%
- hoch: schlecht -, mittelmäßig 14%, gut 52%, sehr gut 32%

Legend:
- schlecht (7 - 27)
- mittelmäßig (28 - 36)
- gut (37 - 43)
- sehr gut (44 - 49)

** $p \leq .01$]

Die statistischen Analysen zeigen,[4] dass zwischen den beiden Beschäftigtengruppen hoch signifikante Unterschiede hinsichtlich der Arbeitsfähigkeit bestehen (vgl. Abbildung 4).

Abbildung 4 veranschaulicht, wie unterschiedlich sich der WAI-Gesamtwert über die beiden Beschäftigungsgruppen verteilt: In der Gruppe mit hoher freundlicher Zuwendung und Respektierung durch den Vorgesetzten ist der Anteil an Beschäftigten mit »sehr guter« Arbeitsfähigkeit fast doppelt so groß wie in der Gruppe mit niedriger freundlicher Zuwendung/Respektierung (32% vs. 17%).

---

[4] *Für statistisch Interessierte:* Zur Untersuchung des Zusammenhangs zwischen »Freundlicher Zuwendung/Respektierung« und »Arbeitsfähigkeit« kam folgendes Vorgehen zum Einsatz: Zunächst wurden generelle Häufigkeitsunterschiede zwischen den Gruppen hohe und niedrige Freundliche Zuwendung/ Respektierung untersucht (Mann-Whitney-U-Tests). Falls sich hier signifikante Ergebnisse zeigten, wurden im Anschluss zwischen den jeweiligen Unterkategorien Einzelvergleiche berechnet (Chi-Quadrat-Tests, Alpha-Fehler-Korrektur nach Bonferroni).

Auf der anderen Seite sind in der Gruppe, die von einer eher niedrigen freundlichen Zuwendung/Respektierung berichten, mit 6% signifikant mehr Beschäftigte, die eine »schlechte« Arbeitsfähigkeit aufweisen, und deren Arbeitsfähigkeit es damit zu verbessern gilt (vgl. Tabelle 1). Zum Vergleich: In der Gruppe derer, die von einer eher hohen freundlichen Zuwendung/Respektierung berichten, sind dies nur 2%.

6. Zusammenfassung, Diskussion und Ausblick

Die Ergebnisse zeigen, wie wichtig die Mitarbeiterorientierung der Vorgesetzten für die Arbeitsfähigkeit der Beschäftigten ist. In der hier untersuchten Stichprobe erleben fünf von sechs Beschäftigten ihren Vorgesetzten tendenziell als freundlich und respektvoll. Im Umkehrschluss bedeutet dies aber auch, dass jeder sechste Beschäftigte seine Führungskraft eher nicht als freundlich und respektvoll erlebt.

Des Weiteren zeigt sich: Bei den Beschäftigten, die ihre Führungskraft als eher freundlich und respektvoll beschreiben, ist der Anteil an Personen mit »sehr guter« Arbeitsfähigkeit fast doppelt so hoch wie in der Gruppe derer, die ihre Führungskraft als eher nicht freundlich und respektvoll erleben. Noch deutlicher fällt der Zusammenhang der Mitarbeiterorientierung bei der Betrachtung der »schlechten« Arbeitsfähigkeit auf: Bei den Beschäftigten, die ihre Führungskraft als eher unfreundlich und respektlos erleben, ist der Anteil an Personen mit »schlechter« Arbeitsfähigkeit dreimal so hoch wie in der Gruppe, die ihre Führungskraft als eher freundlich und respektvoll beschreibt.

Freundlicher und respektvoller Umgang von Vorgesetzten scheint sich also tatsächlich zu lohnen. Zumindest können die Ergebnisse dieser Studie den Schluss nahelegen, dass Veränderungen im Führungsverhalten ein hohes Potenzial aufweisen, die Arbeitsfähigkeit der Beschäftigten zu verbessern. Und Zusammenhänge zwischen Arbeitsfähigkeit und Produktivität sind hinlänglich bekannt (für einen Überblick vgl. Ilmarinen 2005: 132ff.).

6.1. Implikationen für die Wissenschaft

Diese Ergebnisse sollten durch weitere Forschungsarbeit vertieft werden. Auch andere Dimensionen des Führungsverhaltens müssen hinsichtlich ihres Einflusses auf die verschiedenen Facetten der Arbeitsfähigkeit von Beschäftigten Berücksichtigung finden. Ebenfalls sollten

Versuche unternommen werden, situative Variablen bei der Untersuchung von Führungsaspekten zu integrieren, etwa Merkmale der Organisation, der Aufgabe, der Geführten sowie der Person des Vorgesetzten. Ferner können als Längsschnitt angelegte Wirksamkeitsstudien zur Erklärung beitragen, wie sich in kontrollierten Untersuchungen die Ursache-Wirkungs-Beziehung zwischen freundlicher Zuwendung/Respektierung und Arbeitsfähigkeit darstellt und in welcher Weise sich die Einflussnahme auf das Führungsverhalten wiederum auf die Gesundheit von Beschäftigten auswirkt.

6.2 Implikationen für die Praxis

Es empfiehlt sich, freundliches und respektvolles Vorgesetztenverhalten in Unternehmensgrundsätze zu »Führung und Zusammenarbeit« einzubetten (vgl. z.B. Wunderer 2007). Ferner sollte bereits bei der Auswahl und Förderung von Führungsnachwuchskräften die Wichtigkeit dieser Verhaltensweisen Berücksichtigung finden (vgl. z.B. von Rosenstiel/Lang-von Wins/Sigl 1994).

Durch den Einsatz von Fragebögen wie dem FVVB von Fittkau-Garthe und Fittkau (1971) kann Führungsverhalten diagnostiziert und Führungskräfte dafür sensibilisiert werden, wie wichtig mitarbeiterorientiertes Führungsverhalten auch für die Arbeitsfähigkeit ihrer Beschäftigten ist. Darauf aufbauend können gezielte Trainings (z.B. nach Vroom/Yetton 1973) und Coachings (vgl. z.B. Jansen/Mäthner/Bachmann 2004; Rauen 2008) behilflich sein, das Führungsverhalten zu verbessern. Wiederholungsbefragungen geben Rückmeldung über die Auswirkung solcher Maßnahmen.

Literatur

Blake, Robert R./Mouton, Jane S. (1964): The Managerial Grid: The Key to Leadership Excellence. Houston: Gulf.
Einhorn, Stefan (2007): Die Kunst, ein freundlicher Mensch zu sein. Hamburg: Hoffmann und Campe.
Fittkau-Garthe, Heide/Fittkau, Bernd (1971): FVVB – Fragebogen zur Vorgesetzten-Verhaltens-Beschreibung. Göttingen: Hogrefe.
Fleishman, Edwin A./Harris, Edwin F. (1962): Patterns of leadership behavior related to employee grievances and turnover. Personnel Psychology, 15(2), S. 43-56.
Hasselhorn, Hans-Martin/Freude, Gabriele (2007): Der Work Ability Index –

Ein Leitfaden. Dortmund: BAuA.
Hasselhorn, Hans-Martin/Freude, Gabriele (2008): Why WAI? Der Work Ability Index im Einsatz für Arbeitsfähigkeit und Prävention – Erfahrungsberichte aus der Praxis. Dortmund: BAuA.
Ilmarinen, Juhani (2005): Towards a longer worklife! Ageing and the quality of worklife in the European Union. Helsinki: Finnish Institute of Occupational Health.
Ilmarinen, Juhani/Tempel, Jürgen (2002): Arbeitsfähigkeit 2010. Was können wir tun, damit Sie gesund bleiben? Hamburg: VSA.
Ilmarinen, Juhani/Tempel, Jürgen (2003): Erhaltung, Förderung und Entwicklung der Arbeitsfähigkeit – Konzepte und Forschungsergebnisse aus Finnland, in: Bernhard Badura/ Christian Vetter/Henner Schellschmidt (Hrsg.), Fehlzeiten-Report 2002. Demographischer Wandel: Herausforderung für die betriebliche Personal- und Gesundheitspolitik. Zahlen, Daten, Analysen aus allen Branchen der Wirtschaft. Berlin: Springer, S. 85-99.
Jansen, Anne/Mäthner, Eveline/Bachmann, Thomas (2004): Erfolgreiches Coaching. Wirkungsforschung im Coaching. Heidelberg: Asanger.
Kaplan Thaler, Linda/Koval, Robin (2008): The Power of Nice: Wie Sie die Welt mit Freundlichkeit erobern können. München: dtv.
Nieder, Peter (1998): Fehlzeiten wirksam reduzieren. Wiesbaden: Gabler.
Nieder, Peter (2000): Führung und Gesundheit. Die Rolle der Vorgesetzten im Gesundheitsmanagement, in: Uwe Brandenburg/Britta Susen/Peter Nieder (Hrsg.), Gesundheitsmanagement im Unternehmen. Grundlagen, Konzepte und Evaluation. Weinheim: Juventa, S. 149-161.
Rauen, Christopher (2008): Coaching (2. Aufl.). Göttingen: Hogrefe.
Siegrist, Johannes (1996): Soziale Krisen und Gesundheit. Eine Theorie der Gesundheitsförderung am Beispiel von Herz-Kreislauf-Risiken im Erwerbsleben. Hogrefe: Göttingen.
Tuomi, Kaija/Ilmarinen, Juhani/Jahkola, Antti/Katajarinne, Lea/Tulkki, Arto (2003): Arbeitsbewältigungsindex/Work Ability Index (Übersetzung der 2., revidierten Fassung). Bremerhaven: Wirtschaftsverlag NW.
von Rosenstiel, Lutz (2001): Führung. In: Heinz Schuler (Hrsg.), Lehrbuch der Personalpsychologie. Göttingen: Hogrefe, S. 317-347.
von Rosenstiel, Lutz/Lang-von Wins, Thomas/Sigl, Eduard (Hrsg.) (1994): Führungsnachwuchs finden und fördern. Stuttgart: Schäffer-Poeschel.
Vroom, Victor H./Yetton, Philip W. (1973): Leadership and decision making. Pittsburg, PA: University of Pittsburgh Press.
Wunderer, Rolf (2007): Führung und Zusammenarbeit: Eine unternehmerische Führungslehre. Köln: Luchterhand.

Bernhard Ohl
Führungskräfte und Gesundheitsförderung – ein Widerspruch?

1. Aufgaben und Funktionen von Führungskräften

Management und Führung werden in der Literatur meist als identische Begriffe verwendet, da Management die englisch-amerikanische Bezeichnung für Führung ist. Der bekannte Management-Kreislauf (Zielsetzung – Planung – Umsetzung – Organisation – Kontrolle) verdeutlicht, dass Führung eine nie endende Aufgabenbewältigung darstellt, da kein Zustand im Unternehmen auf Dauer ist und daher jeder Zustand wieder per se Führungsaufgaben durch neue Zielsetzungen beinhaltet. Der Aufgabenumfang der Führungsaktivitäten ist in Abbildung 1 durch die zur Verfügung stehenden Ressourcen der »5 M's« (Material, Maschinen, Methoden, Money und Menschen) geprägt. Der hier fett geschriebene Aufgabenbereich »Mensch« bekommt für die Führungskräfte im Unternehmen eine besondere Bedeutung, da die Mitarbeiterförderung im Sinne der Vorbildfunktion der Führungskräfte von prägender Bedeutung ist.

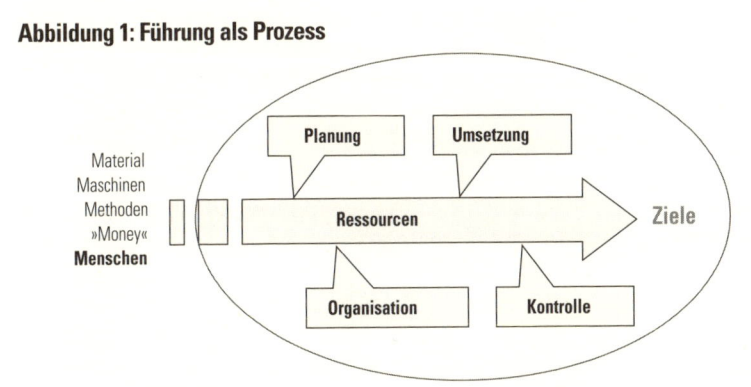

Abbildung 1: Führung als Prozess

Quelle: Eigene Darstellung

Die Zielerreichung durch Führung ist eine besonders sensibel zu erledigende Aufgabe. Es stehen den Führungskräften unterschiedlichste Führungsmittel zur Verfügung (Arbeitszuteilung, Beurteilung, Entgeltvariation, Entwicklung, Information, Kritik, Kommunikation, Kooperation, Motivation, Partizipation, Statusvergabe – eine beispielhafte, alphabetische Aufzählung), die mit verschiedenen Führungsprinzipien (Zielvereinbarung, Delegation, gegenseitige Information, Eigenkontrolle, Konfliktlösung, Mitarbeiterförderung, Entscheidung – eine nicht wertende Aufzählung) durch den Führungsstil der Führungskraft (gruppenbezogene und individualbezogene Führungsstile, wie z.b. integrierender, anspornender, fördernder, sachorientierter, personenorientierter, autoritärer, kooperativer Führungsstil – eine nicht wertende und unvollständige Aufzählung) und die eingesetzte Führungstechnik (alle »Management by ...«-Konzepte) zu einem Erfolg für das Unternehmen führend kombiniert werden sollen.

Anders betrachtet: Die Aktivitäten einer Führungskraft sollen sozialverträglich zu einem wirtschaftlichen Erfolg für das Unternehmen führen.

Der Erfolg eines Unternehmens hängt – so sind viele Wissenschaftler und Praktiker überzeugt – in besonderem Maße von der richtigen Auswahl, Entwicklung, dem sinnvollen Einsatz und der transparenten und gerechten Entlohnung seiner Mitarbeiterinnen und Mitarbeiter ab – die Schlüsselrolle hierbei übernehmen die Führungskräfte, die durch die in Abbildung 2 dargestellten Eigenschaften für die Ausschöpfung der »human resources« Verantwortung tragen.

Leider sind nicht alle Führungskräfte davon überzeugt, dass vor allem mit dem »Human Resource Management« (HRM) die Möglichkeiten gegeben werden, die Potenziale der Mitarbeiter so auszunutzen, dass der größtmögliche Erfolg für das Unternehmen entsteht. Betrachtet man aber die immer schneller sich entwickelnden technisch-wirtschaftlichen Fortschritte in jeder Branche, so sind Verschiebungen, Erweiterungen und/oder Erhöhungen von Arbeitsanforderungen die Folge. Der Wandel der Anforderungen fällt nicht nur dann ins Auge, wenn große Zeiträume zum Vergleich der Arbeitsbedingungen herangezogen werden, sondern sie erscheinen schon oftmals in Zeitabschnitten von einem Jahr evident. Betriebliche Aus- und Weiterbildung wird somit zu einer dringenden und zwingenden Notwendigkeit, will das Unternehmen nicht den Entwicklungen hinterher hinken oder die passende Qualifikation auf dem externen Arbeitsmarkt erstehen, was erwiesenermaßen teurer ist.

Abbildung 2: Eigenschaften von Führungskräften

Führungskräfte
- haben fachliches Know-how
- haben soziale Kompetenzen
- sind Verstärker
- haben Multiplikatoren-Funktionen
- führen soziale Dialoge mit den Mitarbeitern
- tragen Verantwortung
- haben eine Schlüsselfunktion
- haben Vorbildfunktionen

⇒ Σ **Schlüssel zum wirtschaftlichen Erfolg**

Quelle: Eigene Darstellung

Die sozialen Kompetenzen, die eine Führungskraft haben muss, sind mit entscheidend für den Erfolg des Unternehmens – sowohl kurzfristig als auch, und besonders, auf lange Sicht. Dies ist oftmals Führungskräften nicht bewusst.

2. Auswirkungen der Aktivitäten der Führungskräfte

Neben dem fachlichen Know-how der Führungskräfte, das vorausgesetzt werden kann, muss bei einer erfolgreichen Führungskraft die Erkenntnis vorhanden sein, dass im HRM der Schlüssel zum Erfolg liegt. Da Führungskräfte Vorbildfunktion haben und Verstärker sind, ist ein gelebtes – und nicht nur per Ratio diktiertes – Verhalten in dem Sinne notwendig, dass Mitarbeiterinnen und Mitarbeiter nicht als – buchhalterisch formuliert – »Kostenfaktor«, sondern als »Vermögensanlage« angesehen werden, deren Wert es einzel- und gesamtwirtschaftlich nicht nur zu erhalten, sondern auch zu mehren gilt. Auf die Mitarbeiter positiv wirkende Führungskräfte lassen bei diesen fördernde und fordernde, motivierende und zufriedenstellende Verhaltensmuster entstehen.

Abbildung 3: Auswirkungsmöglichkeiten durch Führungskräfteverhalten

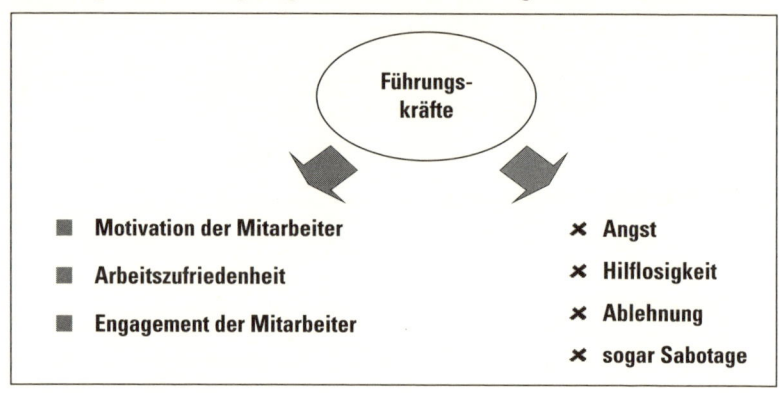

```
                    Führungs-
                     kräfte

■ Motivation der Mitarbeiter        ✘ Angst
■ Arbeitszufriedenheit              ✘ Hilflosigkeit
■ Engagement der Mitarbeiter        ✘ Ablehnung
                                    ✘ sogar Sabotage
```

Quelle: Eigene Darstellung

Werden die Potenziale der Mitarbeiter durch schlechte Führungskräfte nicht gefördert und werden aktuelle und zukünftige Leistungsfähigkeiten ignoriert, so entstehen schnell sich verstärkende Negativwirkungen, die über Ärger und Verbitterung, über Hilflosigkeit und Angst zu Ablehnung, »innerer Kündigung« und sogar bis hin zur Sabotage reichen können. Sind starke negative Auswirkungen schon eingetreten, ist es sehr schwer bis unmöglich, positiv – im Sinne des Unternehmens – zu handeln. Meist wird nicht die Ursache (schlechte Führungskraft), sondern die Auswirkung (negativ eingestellte[r] Mitarbeiter) »beseitigt« (Abbildung 3).

Mitarbeiterinnen und Mitarbeiter in einem Unternehmen lassen sich auch nach ihrem Humanpotenzial gruppieren. Wird die Portfoliotechnik zur Darstellung von Mitarbeitergruppen herangezogen (vgl. Abbildung 4), so kann der überwiegende Teil der Mitarbeiter bekräftigt, gefördert und aufgebaut werden, sodass seine Arbeit zum steigenden Erfolg für das Unternehmen beitragen kann. Lediglich der Mitarbeiter bzw. die Mitarbeiterin der Gruppe »Abbauen« (geringe aktuelle Leistungsfähigkeit und geringes zukünftiges Potenzial) sollte entweder zu einem angepassten Arbeitsplatz wechseln oder es sollten andere sozialverträgliche Maßnahmen ergriffen werden.

Die Nachwuchskraft (2) – aktuell mit geringer Leistungsfähigkeit – kann gezielt aufgebaut, in die Unternehmenspraxis eingeführt und durch entsprechende Maßnahmen (job enlargement z.B.) gefördert werden.

Abbildung 4: Humanpotenzialportfolio für Mitarbeiterinnen und Mitarbeiter

Human-Resources-Portfolio für Mitarbeiter

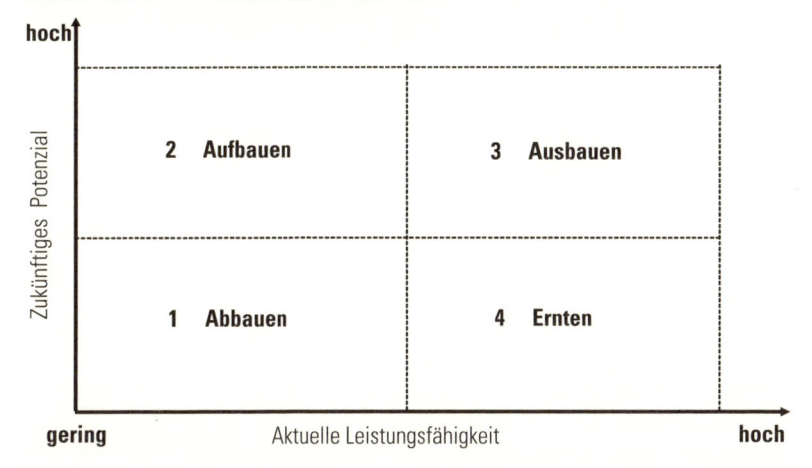

```
hoch ↑
         |----------------------|----------------------|
         |                      |                      |
         |    2  Aufbauen       |    3  Ausbauen       |
Zukünftiges                    |                      |
Potenzial|----------------------|----------------------|
         |                      |                      |
         |    1  Abbauen        |    4  Ernten         |
         |                      |                      |
         |----------------------|----------------------|→
      gering      Aktuelle Leistungsfähigkeit        hoch
```

Quelle: Fopp 1982, in: Staehle 1999: 747

Eine Fachkraft (4) hingegen bietet dem Unternehmen die Möglichkeit, die Fähigkeiten des Mitarbeiters voll auszunutzen und eventuell durch Weiterbildungsmaßnahmen, auch bei geänderten technisch-wirtschaftlichen Situationen auf dem Markt, den Mitarbeiter weiterhin einsetzen zu können. Das Humanpotenzial dieser Mitarbeiter soll ausgeschöpft und werden und kann durch geringe Investitionen erhalten und gefestigt werden.

Die Spitzenkraft (3) besitzt im Vergleich zur Fachkraft (4) ein hohes zukünftiges Potenzial. Daher ist die Spitzenkraft im Sinne von job rotation mit möglichst viel Erfahrungshintergrund auszubauen, und es sollten – motivierend – Beförderungen eingeplant werden. Technologische Änderungen besitzen kein abschreckendes Potenzial; sie fordern die Spitzenkraft und ermöglichen es dem Unternehmen, geänderten Situationen flexibel und schnell entgegenzutreten.

Dies setzt allerdings voraus, dass die Mitarbeiterinnen und Mitarbeiter gesund sind – sowohl im physischen als aber auch (und ganz besonders) im psychischen Sinne!

3. Das Projekt SIGEPO

Die Republik Polen wurde neben anderen Ländern am 1.5.2004 Mitgliedstaat der Europäischen Union (EU). Dabei handelt es sich um die größte Erweiterung der Gemeinschaft seit ihrer Gründung.

Das Projekt SIGEPO des deutschen Bundesministeriums für Wirtschaft und Arbeit (BMWA, jetzt Bundesministerium für Arbeit und Soziales, BMAS) – Umsetzung des Sicherheits- und Gesundheitsschutzes am Arbeitsplatz über den betrieblichen sozialen Dialog in der Metall-Branche im EU-Beitrittsland Polen – hatte eine Laufzeit vom 27.5.2003 bis zum 31.5.2005 und sollte die polnischen Sozialpartner bei der betrieblichen Umsetzung der Standards auf dem Gebiet »Gesundheit und Sicherheit am Arbeitsplatz« unterstützen. Dafür musste ein intensiver sozialer Dialog zwischen den deutschen und polnischen Sozialpartnern geführt werden. Die Zusammenarbeit geschah zwischen dem koordinierenden DGB Bundesvorstand, dem durchführenden DGB Bildungswerk, der IG Metall und den polnischen Akteuren des Werkes Volkswagen Motor Polkowice, der Betriebskommission NSZZ »Solidarnosc«, den Zulieferfirmen Schnellecke und Hörmann sowie der Werksleitung und dem Betriebsrat des Volkswagenwerks Salzgitter. Dabei sollten die polnischen Akteure mit dem von der EU geforderten Fachwissen, den Methodenkenntnissen und Sozialkompetenzen für den Arbeits- und Gesundheitsschutz vertraut und handlungsfähig gemacht werden. Beschäftigte, *Führungskräfte*, Mitglieder der Betriebskommissionen, Arbeitsinspektoren, Betriebsratsmitglieder, Betriebsärzte, Sicherheitsfachkräfte – sie alle wurden eingebunden.

Den Führungskräften fiel in der Anfangsphase des Projektes eine besonders tragende Rolle zu, da sie als Verstärker und Motivatoren in den beteiligten Unternehmen fungieren mussten. Außerdem sollten sie befähigt werden, Multiplikatorenfunktionen wahrzunehmen, um so die geforderten Standards zu erreichen und weiterzugeben.

4. Beispiel: Führungskräfte im Projekt SIGEPO

Die vier in Abbildung 5 dargestellten und in Abschnitt 2 erläuterten Mitarbeitertypen sind in jedem Unternehmen vertreten – bei manchen gut geführten Unternehmen fehlt Gott sei Dank der Typ 1. Die Aufgabe für die Führungskräfte, die in das Projekt SIGEPO mit eingebunden

Führungskräfte und Gesundheitsförderung – ein Widerspruch?

waren, bestand hauptsächlich in der Motivation der unterstellten Mitarbeiterinnen und Mitarbeiter, sich aktiv bei dem komplexen Thema der Abstimmung vorhandener Gesetze, Bestimmungen und Vorschriften in Polen mit den Standards der EU auf dem Gebiet der »Gesundheit und Sicherheit am Arbeitsplatz« zu beteiligen. Die Führungskräfte waren also in ihrer Funktion als Leitbildträger gefragt, um die Organisationskultur zu stärken: Durch ihre sozialen Kompetenzen, durch die Rolle als Multiplikator und Verstärker und durch den sozialen Dialog mit den Mitarbeitern mussten sie Identität und Sinnstruktur vorleben, um als Leitperson zu fungieren (vgl. Gonschorrek/Pepels 2004: 50ff.).

Hierbei ist natürlich zu beachten, dass Führungskräfte unterschiedlichste Persönlichkeitstypen sein können. Entscheidend aber ist, dass es eine Kongruenz zwischen Persönlichkeitseigenschaften und der Arbeits(um)welt einer Person gibt. Befindet sich die Persönlichkeit einer Führungskraft im Einklang mit seiner Tätigkeit, so sind Zufriedenheit bei der Person, Glaubhaftigkeit im Handeln und Überzeugungsfähigkeit durch gelebte Vorbildfunktion die Folge.

Abbildung 5: Persönlichkeitstypen und mögliche Relationen

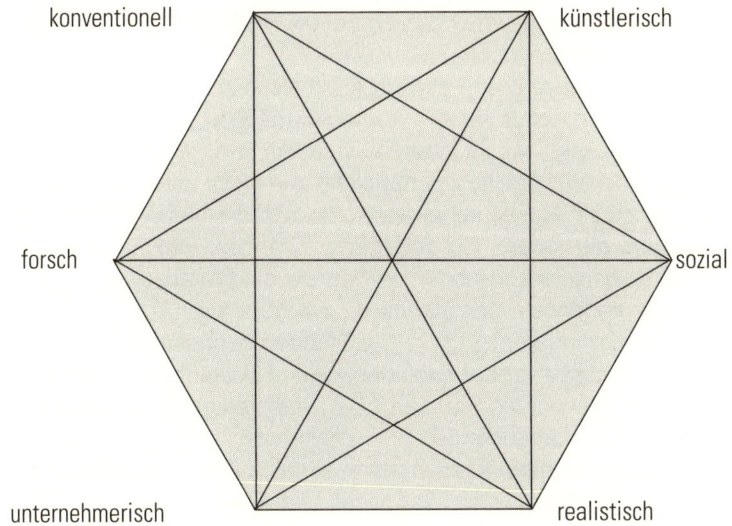

Quelle: Nach Robbins 2001: 133

Es erscheint selbstverständlich, dass eine künstlerisch veranlagte Führungskraft mit konventionellen oder Realitätssinn fordernden Arbeitstätigkeiten schlecht mit diesen Bedingungen zurechtkommt und dass sich eine unternehmerisch denkende Führungskraft auf einem unternehmerisch fordernden Arbeitsplatz in Kongruenz befindet.

Für die Führungskräfte, die in das Projekt SIGEPO eingebunden waren, ergab sich also die Situation, dass sicherlich unterschiedlichste Persönlichkeitstypen von Führungskräften ihre unterstellten Mitarbeiterinnen und Mitarbeiter zum persönlichen Engagement im Rahmen des Projektes motivieren sollten. Gemessen werden sollte das Ergebnis ihres Engagements an folgenden Fragestellungen:

- Wie engagiert und motiviert sind die beteiligten Mitarbeiter im Projekt?
- Wie ist der gegenseitige Respekt (Mitarbeiter untereinander und Mitarbeiter zu Führungskraft) ausgeprägt?
- Wie groß ist die Identifikation der Mitarbeiter mit dem Unternehmen?
- Wie wird die Führungskraft von den Mitarbeitern beurteilt?
- Glauben die Mitarbeiter an langfristige Perspektiven im Unternehmen?
- Wie wird das Betriebsklima beurteilt?

Auf einige dieser exemplarischen Fragestellungen wird im Abschnitt 5 näher eingegangen.

Was aber wurde von den Führungskräften im Rahmen des Projektes SIGEPO erwartet, damit sie ihre Aufgaben mit Erfolg erfüllen?

Zunächst mussten sie ihr Wissen einsetzen, um Schwachstellen zu erkennen, Ideen zur Abhilfe zu entwickeln und diese Ideen auch umzusetzen und somit Abhilfe schaffen. So ist z.B. die Notwendigkeit des Wissens über die von der EU geforderten Standards im Gesundheitswesen als selbstverständlich für die Führungskräfte anzusehen. Nicht nur das Vorhandensein der Standards, sondern auch die dezidierten Inhalte müssen verinnerlicht sein. Die Standards müssen also als Wissen verinnerlicht sein, um zu erkennen, ob und in welchem Umfang das Wissen über und von den Standards bei unterstellten Mitarbeiterinnen und Mitarbeitern vorhanden ist. Sind Wissenslücken erkennbar, dann muss Abhilfe geschaffen werden, denn ein Mitarbeiter verhält sich nur so, wie er es vorgegeben und vorgelebt bekommt.

Im Rahmen des Projektes waren weiterhin die in Abbildung 6 dargestellten Aufgaben von den Führungskräften zu erledigen.

Führungskräfte und Gesundheitsförderung – ein Widerspruch?

Besondere Bedeutung kamen hierbei Aufgaben im Rahmen des Sozialkapitals zu, da diese die Basis schaffen mussten, um gelebte Vorbildfunktion zu realisieren. Als Leitpersonen werden vor allem anerkannt:
1. emotionale (informelle) Führungskräfte,
2. anerkannte Fachleute und
3. Personen, die aufgrund positiver Eigenschaften oder Handlungsweisen nachahmenswürdig sind.

Das Wirken einer Führungskraft mit Leitbildfunktion wird eine nachhaltige Denk- und Handlungsänderung bei den Mitarbeiterinnen und Mitarbeitern hervorrufen. Das Vertrauen in eine Leitperson muss so intensiv werden, dass ein identifikationsbasiertes Vertrauen aufgebaut werden kann. Diese Vertrauensstufe besagt, dass beide Seiten (Führungskraft und Mitarbeiter) gegenseitig ihre Absichten verstehen, nachvollziehen können und die Wünsche des Gegenübers respektieren (und nicht nur tolerieren).

In der Praxis allerdings ist im Arbeitsleben diese identifikationsbasierte Vertrauensebene, die früher aus langjähriger respektvoller Zusam-

Abbildung 6: Aufgaben der Führungskräfte bei SIGEPO

SIGEPO

Einbindung der Führungskräfte im Projekt SIGEPO

4   Aufgaben im Projekt SIGEPO

- Einsetzen des Sozialkapitals:
  - soziale Beziehungen pflegen
  - verbindliche Verhaltensregeln
  - gegenseitiges Vertrauen

- Ziele erreichen:
  - ökonomischer Erfolg
  - Zukunftssicherung
  - geringe Fehlzeiten
  - niedrige Fluktuation

- Engagement im Projekt:
  - Standards kennen lernen
  - Standards mental umsetzen
  - auf Einhaltung achten
  - Beratungsbedarf ermitteln

Polkowice, 09.12.2003   Folie Nr. 5/10

Quelle: Eigene Darstellung

menarbeit entstanden ist, heute fast nicht mehr anzutreffen. Diese Vertrauensebene ist meist substituiert durch ein wissensbasiertes Vertrauen, bei der Mitarbeiter das Verhalten ihrer Vorgesetzten »berechnen« können. Dies ist dann der Fall, wenn ihnen ausreichend Informationen zuteil wurden, die eine Berechenbarkeit und Glaubwürdigkeit der Führungskraft zulassen. Dieses Wissen wird im Laufe der Zeit bei den Mitarbeitern angelegt und zeigt, wie wichtig für die Führungskräfte die Vorbildfunktion ist. Interessant erscheint in diesem Zusammenhang folgende Feststellung von Robbins: »Wissensbasiertes Vertrauen wird durch inkonsistentes Verhalten nicht unbedingt zerstört. Dies ist eine interessante Feststellung. Wenn Sie sich offenkundige Verstöße Ihres Gegenübers hinreichend erklären können, nehmen Sie sie vielleicht hin, vergeben ihm und führen die Beziehung fort. Eine entsprechende Inkonsistenz in einer Beziehung, die auf Abschreckung basiert, würde das Vertrauen wahrscheinlich unwiderruflich zerstören.« (Robbins 2001: 397) Werden in den Bereichen, für die die Führungskräfte verantwortlich sind, schlechte Werte für Betriebsklima, für das Verhältnis zum Vorgesetzten oder für mentale Ressourcen und Befindlichkeiten festgestellt, so kann in Übereinstimmung mit der Erkenntnis von Robbins behauptet werden, dass der Vorgesetzte weniger auf ein wissensbasiertes Vertrauen denn auf Abschreckung setzt. In einem solchen Fall regiert die Angst vor Vergeltungsmaßnahmen im Falle eines Vertrauensbruchs – die Mitarbeiterinnen und Mitarbeiter befürchten negative Konsequenzen für den Fall, dass sie ihren Verpflichtungen nicht im Sinne des Vorgesetzten nachgekommen sind. Diese »Vertrauensbasis« funktioniert, solange die Konsequenzen für Fehlverhalten absehbar sind und auch nur diese Konsequenzen verwirklicht werden.

In einer Fragebogenaktion wurden in allen drei am Projekt SIGEPO beteiligten Unternehmen die Mitarbeiter gebeten, ihre Einschätzungen zu unterschiedlichsten Fragekomplexen mitzuteilen. Der Fragebogen umfasste insgesamt 30 unterschiedlich tief differenzierende Fragen zu den Bereichen »Belastungen«, »Unfälle« und »Arbeitsfähigkeit«.

Für die Erhebung ergaben sich die in Abbildung 7 aufgeführten Rücklaufquoten. Aufgrund des relativ kurzen Befragungszeitraums und des Schichtsystems konnten nicht alle Beschäftigten erreicht werden; deshalb kann nur von einer Teilerhebung gesprochen werden. Die Ergebnisse sind insgesamt repräsentativ, dennoch mit einer gewissen Vorsicht zu behandeln, da für Interpretationen auf Unternehmensebene die Repräsentativität fehlt.

Führungskräfte und Gesundheitsförderung – ein Widerspruch?

Abbildung 7: Rücklaufquoten der Fragebogenaktion

Betrieb	Beschäftigte	ausgeteilte Fragebögen	verwertbare Fragebögen	Beteiligung in %
A	1.011	756	354	35
B	88	131	58	66
C	190	113	29	15

Quelle: Eigene Darstellung

5. Einige Daten aus dem Projekt

Im Abschnitt 4 wurden einige Fragen aufgeworfen, die als Indikator für ein gutes Engagement und die Anerkennung als Leitperson dienen sollten. Als ein Indikator für Zufriedenheit bei der Leitperson, Glaubhaftigkeit im Handeln und Überzeugungsfähigkeit durch gelebte Vorbildfunktion kann auch der Glaube der Mitarbeiterinnen und Mitarbeiter an eine langfristige Perspektive im Unternehmen angesehen werden, zumal wenn die wirtschaftliche Situation der Unternehmen zu keiner Besorgnis Anlass gibt.

Die Frage nach der Perspektive im Unternehmen lautete: »Warst Du in letzter Zeit zuversichtlich, was die Zukunft betrifft?« (Abbildung 8)

Berücksichtigt man bei der Interpretation dieser Fragestellung, dass hier bei einem Zulieferbetrieb eine »Negativwertung« vorgenommen wurde (5% niemals; 38% [!] eher selten; 32% manchmal; 16% [!] eher häufig; 7% [!] meistens), so erkennt man schnell, dass oft Nennungen mit extremer Ausprägung (vgl. z.B. Abbildung 10) das eigentlich positive Gesamtbild negativ beeinflussen. Die eigentlich sehr wichtige Frage nach der direkten Meinung über den Vorgesetzten spiegelt einerseits die Anerkennung als Leitperson mit dem akzeptierten Vertrauen der Mitarbeiterinnen und Mitarbeiter in die Führungsfähigkeiten des Vorgesetzten wider, andererseits wird aber auch die gelebte Vorbildfunktion der Führungskraft beurteilt, die den Rückschluss auf Souveränität bei der Erledigung seiner Führungsaufgaben erlaubt.

Die Frage nach der Beurteilung der Führungskräfte durch die Mitarbeiter lautete: »Wie zufrieden bist Du mit Deinen Vorgesetzten?« (Abbildung 9)

Das Resultat der Auswertung war eher ernüchternd: Ein Prozentanteil von 36 (!) war zu Beginn des Projektes mit den Führungskräften entwe-

Abbildung 8: Verteilung der Zukunfts-Zuversicht (Gesamtheit)

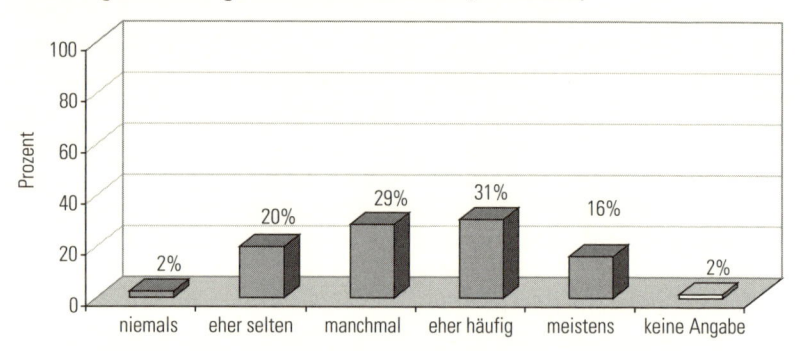

Balkendiagramm (Prozent):
- niemals: 2%
- eher selten: 20%
- manchmal: 29%
- eher häufig: 31%
- meistens: 16%
- keine Angabe: 2%

Abbildung 9: Verteilung der Zufriedenheit mit dem Vorgesetzten (Gesamtheit)

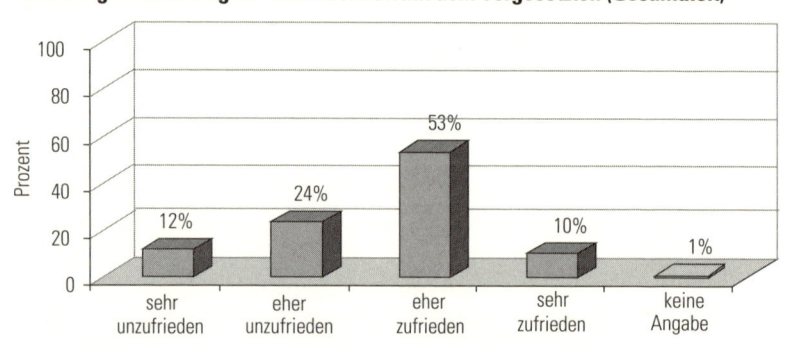

Balkendiagramm (Prozent):
- sehr unzufrieden: 12%
- eher unzufrieden: 24%
- eher zufrieden: 53%
- sehr zufrieden: 10%
- keine Angabe: 1%

Abbildung 10: Verteilung der Zufriedenheit mit dem Vorgesetzten (*ein* Unternehmen)

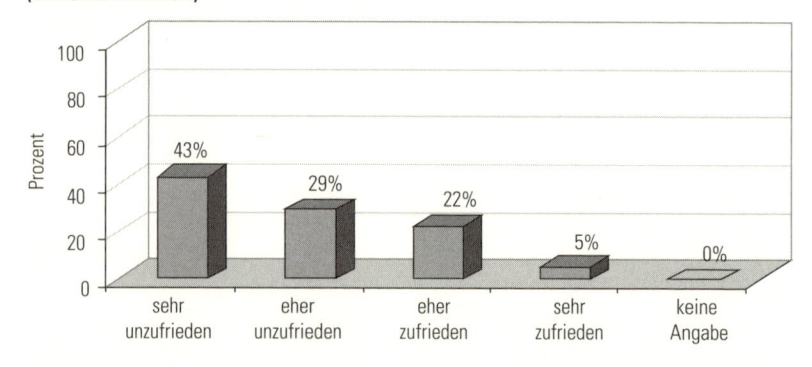

Balkendiagramm (Prozent):
- sehr unzufrieden: 43%
- eher unzufrieden: 29%
- eher zufrieden: 22%
- sehr zufrieden: 5%
- keine Angabe: 0%

Quelle (Abbildung 8-10): Eigene Darstellung

Führungskräfte und Gesundheitsförderung – ein Widerspruch?

der eher unzufrieden (24%) oder sogar sehr unzufrieden (12%) – dies ist ein erschreckendes Ergebnis, das den Führungskräften ein schlechtes Zeugnis ausstellt. Bestätigt wird dies mit der nur 10%igen Zustimmung (sehr zufrieden) der Führungskraft als Leitperson und Vorbild.

Sicherlich darf daraus geschlossen werden, dass bei einem nicht unerheblichen Teil der Führungskräfte nicht das wissensbasierte Vertrauen zwischen Mitarbeitern und Vorgesetztem vorliegt, sondern dass das Prinzip der Abschreckung als Vertrauensbasis eingesetzt wird. Der geforderte Respekt zwischen Leitperson und Mitarbeitern kann wahrscheinlich bei den Führungskräften nicht aufgebaut und gepflegt werden. Diese ungünstige Ausprägung der Verteilung der Zufriedenheit mit den Vorgesetzten musste näher analysiert werden. Werden die einzelnen beteiligten Unternehmen betrachtet, so ergeben sich für ein »schwarzes Schaf« erschreckende Werte, die das Bild der Gesamtheit natürlich negativ beeinflussen: 72% (!!) sind in einem Zulieferbetrieb mit ihren Vorgesetzten nicht zufrieden: 43% (!!) sehr unzufrieden und 29% (!!) eher unzufrieden (Abbildung 10). Dies ist eine »vernichtende Beurteilung« der Qualität der Führungskräfte. Dieser Protest gegen den Stil der Vorgesetzten ist eindeutig, er verschlechtert damit auch den Gesamteindruck, denn bei Einzeluntersuchungen stellte sich doch heraus, dass innerhalb anderer Unternehmen Werte von bis zu 71% der Zufriedenheit mit dem Vorgesetzten (60% eher zufrieden und 11% sehr zufrieden) erreicht worden sind.

Der Rückschluss auf dennoch verbesserungswürdige Verhaltensstrukturen der Vorgesetzten wird durch die Analyse des Betriebsklimas bestätigt. Die Frage »Wie zufrieden bist Du mit dem Betriebsklima?« wurde wie in Abbildung 11 dargestellt beantwortet. Auch hier ist eine erstaunlich hohe Zahl (30%) mit dem Betriebsklima nicht so zufrieden, wie es eigentlich in einem erfolgreichen Unternehmen sein sollte. Eine gewisse Parallelität zu der Zufriedenheitsverteilung bei der Beurteilung der Vorgesetzten ist unverkennbar. Wird auch hier, wie schon bei der Beurteilung der Vorgesetzten geschehen, hinterfragt, ob wieder ein Unternehmen herausragend schlechte Beurteilungswerte aufweist und somit die Gesamtaussage negativ belastet, so zeigt sich, dass diesmal sogar zwei Unternehmen nicht so günstig beurteilt werden (Abbildung 12).

56,89% bzw. 51,72% mit einer »sehr unzufrieden« und »eher unzufrieden«-Beurteilung lassen Rückschlüsse zu, die nicht alleine die Führungskräfte betreffen, sondern auch die Stimmung der Mitarbeiterinnen

Abbildung 11: Verteilung der Zufriedenheit mit dem Betriebsklima (Gesamtheit)

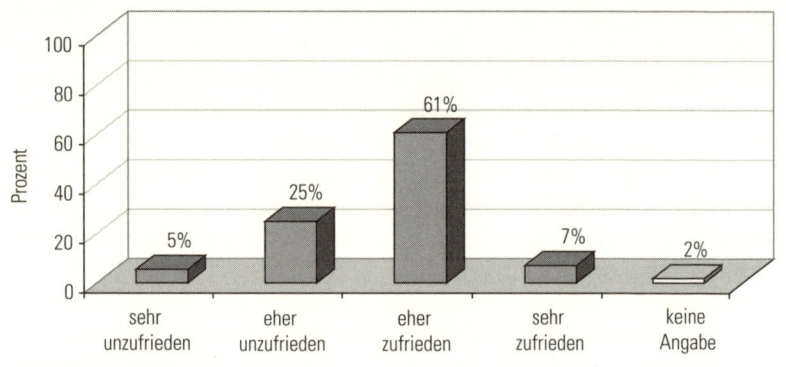

- sehr unzufrieden: 5%
- eher unzufrieden: 25%
- eher zufrieden: 61%
- sehr zufrieden: 7%
- keine Angabe: 2%

Quelle: Eigene Darstellung

Abbildung 12: Werte der Zufriedenheit mit dem Betriebsklima

	Gesamt			A			B			C		
	ni	hi (%)	Hi (%)	ni	hi (%)	Hi (%)	ni	hi (%)	Hi (%)	ni	hi (%)	Hi (%)
sehr unzufrieden	24	5,44	5,44	13	3,67	3,67	8	**13,79**	13,79	3	**10,34**	10,34
eher unzufrieden	110	24,94	30,39	73	20,62	24,29	25	**43,10**	56,90	12	**41,38**	51,72
eher zufrieden	268	60,77	91,16	235	**66,38**	90,68	22	37,93	94,83	11	37,93	89,66
sehr zufrieden	31	7,03	98,19	29	**8,19**	98,87	1	1,72	96,55	1	3,45	93,10
keine Angabe	8	1,81	100	4	1,13	100	2	3,45	100	2	6,90	100
Summe	441	100		354	100		58	100		29	100	

Quelle: Eigene Darstellung

und Mitarbeiter untereinander anbelangen. Was aber die eigentlichen Ursachen für solch schlechte Werte sind, das entzieht sich der Analysemöglichkeit.

Als Kurzresümee kann festgehalten werden, dass insgesamt eine nicht positiv einzuschätzende Lage der Führungskräfte im Verhältnis zu

Führungskräfte und Gesundheitsförderung – ein Widerspruch? 89

ihren Mitarbeitern vorhanden war, die es – zumindest in einem Zulieferbetrieb – schwer realisierbar erscheinen ließ, eine reibungslose und dauerhafte Unterstützung bei den Aufgaben im Rahmen des Projektes SIGEPO zu erhalten. Das nicht vorhandene Sozialkapital an dieser Stelle ließ auch schnell erkennen, dass eine Vorbildfunktion der Vorgesetzten nicht gegeben war und die Basis des »Vertrauens« Abschreckung war, was auch hohe Fluktuationsraten belegen. Es erwies sich also, dass die durch die Interpretation der gewonnenen Daten vermutete Situation »Führungskraft – Mitarbeiter« sich auch bestätigte. Besonders intensiv waren bei dieser einen Zulieferfirma die Kräfte aufseiten der Vorgesetzten, die eine Mitarbeit nur widerwillig, manchmal sogar boykottierend betrieben. Erst gegen Ende des Projektes konnte (durch permanentes intensives Einwirken während der gesamten Projektlaufzeit auf die Führungskräfte) eine Wandlung in der Stimmung erzeugt werden. Dennoch blieb das Engagement danach lediglich in einem »normalen« Rahmen. Es konnte aber innerhalb der Anlaufzeit des Projektes der überwiegende Teil der Führungskräfte davon überzeugt werden, dass ihr Engagement von entscheidender Bedeutung für die erfolgreiche Umsetzung der Aufgaben im Rahmen des Projektes SIGEPO sei. Der erfolgreiche Verlauf des Projektes bestätigt auch indirekt die Wirkung einer Führungskraft mit Leitbildfunktion, die eine nachhaltige Denk- und Handlungsänderung bei den Mitarbeitern auslösen kann.

6. Gesundheitsförderung – eine Führungsaufgabe

Wissen ist in unterschiedlichster Ausprägungsform bei den Führungskräften und Mitarbeitern vorhanden. Neben dem Mitarbeiterpotenzial wird heute Information als die wichtigste Ressource in einem Unternehmen angesehen. Mitarbeiterinnen und Mitarbeiter bringen implizites Wissen mit, erfahren strukturiertes Wissen und können unstrukturiertes Wissen in die Informationsinfrastruktur einbringen. Daher ist die Informationsinfrastruktur als eine zentrale und mit hoher Priorität versehene Aufgabe des Managements zu sehen. Aufgabenfelder einer Informationsinfrastruktur sind u.a., für das Unternehmen Wissen zu strukturieren und zugänglich zu machen. Dabei muss Wissen organisatorisch aufbereitet werden; eine Technologie, die entsprechend effektiv eingesetzt werden kann, muss allen Mitarbeitern zur Verfügung stehen, und eine Informationsinfrastruktur (in der Abbildung 13 als Ellipse darge-

Abbildung 13: Informationsinfrastruktur eines Unternehmens

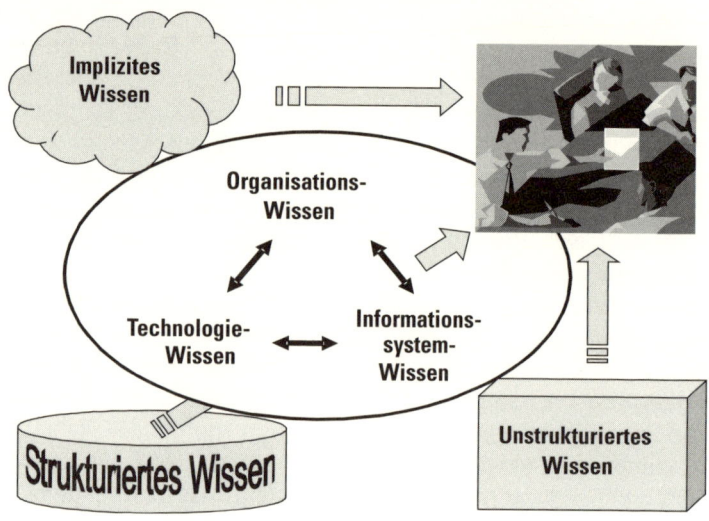

Quelle: Eigene Darstellung

stellt) muss existieren, die sowohl das strukturierte Wissen als auch implizites Wissen und unstrukturiertes Wissen in strukturiertes Wissen überführen und den Mitarbeitern zur Verfügung stellen kann. Die Informationsinfrastruktur ist entscheidend für die Qualität der Information und für das Wachsen des Wissensstandes eines Unternehmens, sie muss daher vollständig sein.

In Abbildung 13 ist die traurige Realität in den meisten Unternehmen dargestellt: Die Informationsstruktur ist überwiegend technisch-organisatorisch orientiert und auf das strukturierte Wissen reduziert. Gesundheitsförderung als eine Möglichkeit der Steigerung des Unternehmenswertes anzusehen und einzusetzen, ist überwiegend – wenn überhaupt – als unstrukturiertes Wissen bei Führungskräften vorhanden.

Führungskräfte aber spielen eine entscheidende Rolle in der wissensorientierten Informationsinfrastruktur, soll der Wissensstand des Unternehmens nicht stagnieren. In allen unternehmensinternen Projekten muss ein wissensorientierter Führungsprozess das Wissen, das in den einzelnen Aufgabenfeldern des Unternehmens erworben worden ist, erfassen und mit geeigneten Maßnahmen in die Informationsinfrastruktur einbringen. Dazu gehören auch Wissen und Erkennt-

Abbildung 14: Schutz- und Förderungsaspekte der Gesundheitsförderung

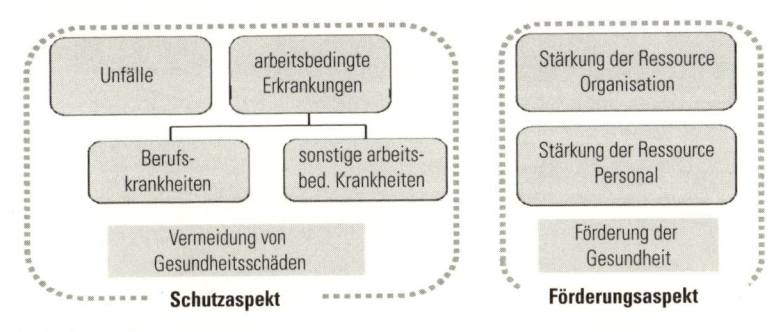

```
┌─────────────────────────────────────┐   ┌─────────────────────────────────┐
│   Unfälle      arbeitsbedingte      │   │   Stärkung der Ressource        │
│                Erkrankungen         │   │   Organisation                  │
│                                     │   │                                 │
│   Berufs-      sonstige arbeits-    │   │   Stärkung der Ressource        │
│   krankheiten  bed. Krankheiten     │   │   Personal                      │
│                                     │   │                                 │
│       Vermeidung von                │   │       Förderung der             │
│       Gesundheitsschäden            │   │       Gesundheit                │
└─────────────────────────────────────┘   └─────────────────────────────────┘
           Schutzaspekt                              Förderungsaspekt
```

Quelle: Eigene Darstellung

nisse auf dem Gebiet der Gesundheitsförderung (Abbildung 14). Für jede Führungskraft muss klar sein, dass es nicht nur darauf ankommt, Schäden bei Mitarbeiterinnen und Mitarbeitern zu vermeiden und nur den Schutzaspekt intensiv zu betreiben, sondern dass es ebenso, und sogar verstärkt, darauf ankommt, die Mitarbeiter in einer gesunden Organisation zu fördern. Im Mittelpunkt der Anstrengungen muss der Mensch stehen und nicht die effizienten und effektiven Prozessabläufe im Unternehmen. Wird die »Ressource Personal« des Unternehmens unter dem Förderungsaspekt im Zusammenspiel mit der mitarbeiterorientierten Organisation und der Förderung der Gesundheit des Mitarbeiters ebenso intensiv vorangetrieben wie bisher die Förderung der blanken Gewinnmaximierung – oftmals auf Kosten der Gesundheit der Mitarbeiter –, so braucht man sich um die Zukunft des Unternehmens, das dies als strategisches Ziel vorgibt, keine Sorgen zu machen. Hierbei allerdings spielt, wie schon häufig ausgeführt, die Führungskraft im Unternehmen die entscheidende Rolle für das Gelingen einer solchen Vorgabe.

7. Resümee

Führungskräften fällt eine besondere Rolle im Unternehmen zu, die oftmals ihr Handeln nicht leichter macht: Sie befinden sich zwischen der Geschäftsführung und den Mitarbeiterinnen und Mitarbeitern in einem besonderen Spannungsfeld. Um diesem Druck der »Sandwichposition« Stand zu halten, wurden und werden verschiedenste Methoden des Managens mit unterschiedlichstem Erfolg angewendet. Eine Führungskraft muss aber, will sie auf Dauer bestehen, eine Managementmethode wählen, die bei den Mitarbeitern zu einer Akzeptanz führt und von den Vorgesetzten gebilligt wird. Oftmals versuchen dabei Führungskräfte den ihrer Meinung nach besten Weg des geringsten Widerstandes zu gehen. Dabei wird aber von ihnen meist übersehen, dass sie sowohl Vorgesetzter als auch Mitarbeiter sind. Gesundheitsförderung im Unternehmen durchzusetzen, kommt somit letztendlich auch den Führungskräften zugute, die dann sowohl den Schutzaspekt als auch den Förderungsaspekt der Gesundheitsförderung nutzen können.

Daher muss Führungskräften klar gemacht werden, dass die Informationsinfrastruktur um den Ansatz der Gesundheitsförderung zu erweitern ist und welcher Anspruch damit verbunden ist. Dies muss in das tägliche Denken Einzug halten. Die oftmals traurige Realität ist Grund genug, Gesundheitsförderung, und nicht nur präventive Krankheitsvermeidung in den Köpfen der Führungskräfte dauerhaft zu implementieren. Ein diesbezüglicher Ansatz wurde durch den »1. Gesundheitsgipfel 2008: Prävention und Gesundheitsförderung« geleistet. Dieser Ansatz muss ausgeweitet und vertieft werden.

Dabei ist von entscheidender Bedeutung, dass die Führungskräfte nicht einer Weisung wegen plötzlich Gesundheitsförderung im Unternehmen betreiben, sondern dass sie aus innerer Überzeugung Gesundheitsförderung im Unternehmen leben, vorleben, organisatorisch manifestieren und in die Informationsinfrastruktur eines Unternehmens mit aufnehmen.

Literatur

Europäische Stiftung zur Verbesserung der Lebens- und Arbeitsbedingungen (Hrsg.) (2003): Working conditions in candidate countries and the European Union, Dublin
Gonschorrek, U./Pepels, W. (2004): Ganzheitliches Management, Berlin
Robbins, St. P. (2001): Organisation der Unternehmung, München
Staehle, W.H. (1999): Management: Eine verhaltenswissenschaftliche Perspektive, München
www.osteuropa-sigepo.de

Führung und Gesundheit
in der Praxis

Heinrich Geißler
Gesunde Dialoge für Führungskräfte: Von den Gesund(et)en lernen

Einleitung

Ein Szenario der üblichen Art: Fast alle Mitarbeiterinnen und Mitarbeiter sind anwesend und niemand sieht sie. – Das ist die übliche Sicht auf Belegschaften in Unternehmen. Gesehen wird, wer *nicht* anwesend ist.

Ein gesünderes Szenario: Fast alle Mitarbeiterinnen und Mitarbeiter sind da. Sie werden gesehen, anerkannt und mit allen wird geredet. – So könnte es sein, wenn »Anerkennender Erfahrungsaustausch«[1] im Rahmen einer umfassenden Gesprächsstrategie »gesunde Dialoge« praktiziert wird. Das lenkt den Blick weg von der mangelnden Produktivität der Abwesenden hin zur Produktivität der Anwesenden, insbesondere der Gesundeten und Gesunden, die (fast) immer zur Arbeit erscheinen.

---

[1] Drei Hamburger Verkehrsunternehmen entschlossen sich im Januar 2000 zu dem gemeinsamen Gesundheitsförderungsprojekt »Von den Gesund(et)en lernen«. Die Initiatorinnen und Initiatoren sind Gudrun Rinninsland (Betriebshofmanagerin Hamburger Hochbahn/Langenfelde), Holger Schlünkes (Prokurist Pinneberger Verkehrsgesellschaft/PVG), Torsten Bökenheide (ehemals Personalmanager Verkehrsbetriebe Hamburg-Holstein/VHH, dann Betriebshofmanager Hamburger Hochbahn/Wandsbek) und Heinrich Geißler und Brigitta Geißler-Gruber. Die Erfahrungen dieses Projektes, wissenschaftliche Grundlagen und die Weiterentwicklung sind in einem gemeinsamen Buch der oben genannten Initiatoren unter dem Titel »Der Anerkennende Erfahrungsaustausch« beschrieben. Erfahrungen mit dem Anerkennenden Erfahrungsaustausch und anderen Gesunden Dialogen beschreibt die Publikation »Faktor Anerkennung«.

Die Fehlzeiten-Falle

Der Fehlzeiten-Fokus belebt den Beratungsmarkt mit vielfältigen Instrumenten, entsprechenden Ausbildungen und Trainings und noch mehr Versprechungen. Allein der Fehlzeitenfokus führt leicht in die *Fehlzeitenfalle*. Die kleine Minderheit der Abwesenden im Blick, werden diejenigen geflissentlich übersehen, die eigentlich am sichtbarsten sind: die Anwesenden. Aber gerade von diesen wäre zu lernen:
- Warum sind sie (fast) immer anwesend?
- Wie und warum kommen sie mit gesundheitlichen Belastungen besser zurecht?
- Welche Stärken sehen sie in ihrem Unternehmen und in ihren Arbeitsbedingungen?
- Was kann krank machen, welche Schwächen sehen die Anwesenden?

Von den Gesund(et)en lernen – Vision und Modell

Ebenso wie Fehlzeitengespräche eine einseitige Orientierung auf eine betriebliche Minderheit darstellen, ist auch »Anerkennender Erfahrungsaustausch« eine einseitige Beschäftigung: allerdings mit Gesund(et)en und damit mit einer betrieblichen Mehrheit. Kann man von Gesund(et)en lernen und wenn ja, warum, und was sollte man von gesunden und ehemals langzeiterkrankten Mitarbeiterinnen und Mitarbeitern lernen? Diese drei Fragen wollen wir im Folgenden beantworten.

Wir stellen dazu vier Thesen an den Anfang, die mit den Erfahrungen einer Mitarbeiterin, einer operativen Führungskraft, eines Betriebsrates und eines Managers abgeglichen werden. Unsere Folgerung daraus haben wir in der Vision »Von den Gesund(et)en lernen« zusammengefasst.

Thesen:
- Führungskräfte kennen ihre Abwesenden besser als ihre Anwesenden.
- Gespräche mit Mitarbeiterinnen und Mitarbeitern konzentrieren sich vor allem auf die Schwächen der Beschäftigten und die Schwächen des Unternehmens. Die Stärken des Unternehmens werden meist nicht in systematischer Weise erhoben.

- Personalakten enthalten zu wenig Informationen über Stärken der Mitarbeiterinnen und Mitarbeiter, insbesondere über Stärken, die über die unmittelbaren Arbeitsaufgaben bzw. Tätigkeitsfelder hinausgehen.
- Führungskräfte führen gerne (auch) positive Gespräche. Ihren Arbeitsalltag dominieren bislang problembezogene Gespräche. Diese werden ausführlich trainiert wie Beurteilungsgespräche oder Fehlzeiten- und/oder Rückkehrgespräche.

Erfahrungen:
Eine Mitarbeiterin: »Ich bin seit zehn Jahren im Unternehmen. Ich bewerbe mich jetzt innerbetrieblich, aber die werden mich nicht kennen, weil ich war jeden Tag da.« (Interview Mai 2000)

Eine operative Führungskraft mit Personalverantwortung: »In unseren Personalakten sind eigentlich nur Probleme aufgelistet, außer die seltenen Fälle, dass Kundinnen und Kunden einzelne Mitarbeiterinnen oder Mitarbeiter loben. Stärken der Personen fehlen meist: Sowohl die betrieblichen als auch die außerbetrieblichen.« (Aussage im Rahmen eines Führungskräfte-Trainings zum Anerkennenden Erfahrungsaustausch, Juli 2001)

Ein Betriebsrat: »Wir haben seit fünf Jahren so genannte Präventionsgespräche. An der Fehlzeitenrate hat das bisher nichts geändert. Ich habe jetzt mit dem Unternehmen eine Betriebsvereinbarung abgeschlossen, in der die Anerkennung derjenigen festgeschrieben ist, die unsere Leistungsträgerinnen und Leistungsträger im Unternehmen sind. Wir haben jetzt mit der Ausbildung der Teamleiterinnen und Teamleiter für den Anerkennenden Erfahrungsaustausch begonnen. Die Stärken- und Schwächenliste bezüglich des Unternehmens, die wir von den Teamleitern nach den ersten drei Seminaren haben, bietet bereits jetzt schon mehr Ansatzpunkte für Kommunikation und Maßnahmen als das, was wir von den fünf Jahren Präventionsgesprächen hatten.« (Dezember 2002)

Ein Manager: »Führungskräfte empfinden es durchaus als sehr angenehm, wenn sie nicht nur ›böse‹ Fehlzeitengespräche führen müssen, sondern – schlauerweise am Freitag Nachmittag – mit angenehmen, gesund(et)en Kollegen die Arbeitswoche ausklingen lassen. Dann fühlen sie sich selbst besser damit, auch weil sie ein Bewusstsein dafür entwickeln – fast als ›Abfallprodukt‹ –, dass sie so eine Mehrheit im Auge haben. Dann glauben sie wieder an eine Kraft im Unternehmen. Führungskräfte unterschiedlicher Bereiche, wie z.B. Produktion, Verwaltung oder Werkstatt, ›entdecken‹ automatisch ein gemeinsames, diesmal angenehmes Thema, es redet sich auch viel fröhlicher darüber und man ist stolz, wenn einem ein schönes ›Anerkennungsding‹ geglückt ist.« (Juli 2002)

Modell

Alle Mitarbeiterinnen und Mitarbeiter haben einen juristischen und einen psychologischen Arbeitsvertrag abgeschlossen. Letzterer beschreibt eine mehr oder weniger starke Unternehmens-Bindung im Sinne des gegenseitigen Gebens und Nehmens aufgrund (nicht) erfüllter Erwartungen, die auf meist ungeschriebenen Vereinbarungen beruhen.[2]

Abbildung 1: Belegschafts-Typologie

Anwesenheit	eher nicht geschlossen	◄ Psychologischer Arbeitsvertrag ►	eher sehr gut geschlossen
hoch	Un-Stabile mit mittleren, unregelmäßigen Fehlzeiten		Gesunde und Gesundete mit relativ wenigen oder gar keinen Fehlzeiten über einen längeren Zeitraum
niedrig	Zyklisch »ungerechtfertigt« Abwesende		Gesundheitlich Gefährdete und (Langzeit-)Erkrankte

Quelle: Eigene Darstellung

[2] Ausführliche Erläuterungen zum psychologischen Arbeitsvertrag finden sich im folgenden Beitrag von Heinrich Geißler.

Unter den beiden Gesichtspunkten »psychologischer Arbeitsvertrag« und »Anwesenheit im Unternehmen« haben wir Belegschaften theoretisch unterteilt : Die Kriterien sind in diesem Falle hohe und niedere Anwesenheit und starker bzw. kein psychologischer Arbeitsvertrag. Damit lassen sich vier idealtypische Belegschafts-Gruppen charakterisieren, wie die Abbildung 1 zeigt.

Diese vier Belegschaftsgruppen lassen sich noch detaillierter beschreiben, wobei auch diese Beschreibungen idealtypisch sind und einzelne Mitarbeiterinnen und Mitarbeiter nicht immer ganz klar einer

Abbildung 2: Gruppen-Charakteristik

Gruppen	Charakteristika
Gesunde & Gesundete mit sehr hoher Anwesenheitsquote	■ Hochmotiviert, *prinzipiell positive Einstellung* zum Unternehmen ■ Hohe Verbundenheit mit der Arbeits-Aufgabe ■ Sinnhafte Beziehung zur Arbeit ■ Meist angemessener Umgang mit Ärger und Stress ■ Hohes Wohlbefinden und starkes Gesundfühlen auch bei bestehenden Grunderkrankungen ■ Ausgeprägte Arbeitsethik (evtl. auch aufgrund von finanziellem Druck)
Gesunde mit unterschiedlich hoher Anwesenheit	■ *Keine prinzipiell positive Entscheidung* für das Unternehmen/die Tätigkeit und damit positiv wie negativ beeinflussbar; Unsicherheiten (Reagieren auf Gerüchte) ■ Zusätzlich mögliche Hinweise auf: – unangemessenen Umgang mit Stress und Ärger – private Probleme – beginnende Gesundheitsgefährdung
Gesunde mit regelmäßiger und/oder »grundloser« Abwesenheit	*Regelmäßige Abwesenheit* als Ausgleich für vorgeblich vorenthaltene Leistungen: Diese Gruppe hat (fast) keinen psychologischen Arbeitsvertrag geschlossen: ■ »Geben« und »Nehmen« sind unausgewogen – Gefühl der Übervorteilung durch das Unternehmen ■ Ursachen im Unternehmen durch bewussten Bruch des psychologischen Arbeitsvertrages
Gesundheitsgefährdete, Langzeiterkrankte und Kranke	*Arbeitsbedingte* (mit durchaus beachtlichen Branchenunterschieden) *und nicht arbeitsbedingte Gesundheitsstörungen* führen zu Abwesenheiten

Quelle: Eigene Darstellung

dieser vier Gruppen zuzuordnen sind, beispielsweise Unentschiedene mit sehr hoher Anwesenheit oder Kranke mit einem eher schlechten psychologischen Arbeitsvertrag. Eine Klarheit zur Unterscheidung wird im laufenden Gesprächsprozess immer besser möglich, auch durch ein höheres Wissen über die Mitarbeiterinnen und Mitarbeiter. Abbildung 2 listet die Charakteristik der einzelnen Gruppen auf.

Gesprächspraxis neu denken

Üblicherweise liegt das Hauptaugenmerk operativer Führungskräfte aus sehr praktischen, problemlösenden Erwägungen auf den beiden Gruppen, die durch niedrigere Anwesenheit gekennzeichnet sind, das heißt auf den aus Krankheits- oder anderen Gründen Abwesenden. Diese stellen jedoch immer Minderheiten in Unternehmen dar.

Damit fällt eine systematische Beschäftigung mit den beiden anderen und größeren Gruppen weg, wenn man von Mitarbeiter-Gesprächen beispielsweise im Rahmen von Führung durch Zielvereinbarung absieht.

In unserer umfassenden Strategie »Gesunde Gespräche mit allen«, deren Kern der Anerkennende Erfahrungsaustausch ist, kann für alle vier Gesprächsorientierungen dargestellt werden, wie individuelle und kollektive Wirkungsebenen festzumachen sind (Abbildung 3). Alle Gespräche wirken.

Die gesunden und gesundeten Mitarbeiterinnen und Mitarbeiter können Beraterinnen und Berater des Unternehmens im Hinblick auf ihre positiven Arbeitsbeziehungen und offensichtlich funktionierenden individuellen Gesundheitsmodelle sein. Die Gesunden und Gesundeten wissen die Antworten auf wichtige Fragen des Managements:
- Wo liegen die Stärken des Unternehmens aus der Sicht der Leistungsträgerinnen und -träger?
- Welchen Sinn sehen meine Mitarbeiterinnen und Mitarbeiter in der Arbeit, in der Herstellung der Produkte und Dienstleistungen des Unternehmens?
- Welche Schwächen in der Organisation sehen meine Leistungsträgerinnen und -träger?
- Wie kommen Veränderungen in den Arbeitsbedingungen und Arbeitsabläufen bei meinen Leistungsträgerinnen und -trägern an?

Spätestens dann, wenn die demografischen Veränderungen einen Mangel an notwendigen neuen Mitarbeiterinnen und Mitarbeitern gebracht

Abbildung 3: Wirkungsebenen der Gesprächsorientierung

Gesprächs-orientierung	Wirkungsebene	
	Individuum	Gruppe, Team, Abteilung, ... Unternehmen
Anerkennender Erfahrungsaustausch	■ echte Wertschätzung des/der Gesprächspartners/in und ■ weitere Unterstützung der vorhandenen Ressourcen	■ Maßnahmen zur Stärkung von Stärken ■ Abbau von Schwächen ■ Frühhinweise auf die Auswirkung neuer Arbeitsbedingungen auf besonders Motivierte ■ Lernen von den positiven Arbeitsbeziehungen, die die Gesund(et)en haben ■ Lernen aus den vielen individuellen und gelungenen Gesundheitsmodellen
Stabilisierung	■ Kritische Wertschätzung und ■ Förderung der Stärken ■ Hinweise auf individuelle Überlastungssymptome, z.B. »Früher war ich jeden Tag in der Arbeit, aber heute werden mir die Wochenenden zu kurz für die Erholung«	Die Unentschiedenen können wichtige Hinweise auf die Wirkung von ■ schlecht kommunizierten Neuerungen oder ■ von Gerüchten oder Stimmungen geben, denen ■ (kommunikativ) gegengesteuert werden kann
Fehlzeiten	■ Klarheit über die Gegenseitigkeit von Verträgen/Vereinbarungen schaffen; ■ Evtl. auch Hinweis auf individuelle Überforderungen, z.B.: »wenn ich nicht immer wieder zuhause bleibe, verschlimmert sich meine Krankheit noch mehr«	■ Hinweise auf mögliche Fehlhandlungen des Unternehmens, insbesondere wenn sie Bedeutung über den individuellen Fall hinaus haben/eine grundsätzliche Bedeutung haben
Arbeitsbewältigung	Individuelle Wertschätzung durch (vorübergehende oder ständige) Anpassung der Arbeitsbedingungen an veränderte körperliche und/oder psychische Möglichkeiten	Hinweise auf ■ Entlastungsnotwendigkeit und ■ Belastungsschwerpunkte im Unternehmen

Quelle: Eigene Darstellung

haben, wird die entscheidende Frage für die Unternehmen sein: Welche Stärken sehen meine Beschäftigten und wie kann ich mit diesem Wissen auch besser und nachhaltiger neue Beschäftigte gewinnen?

Gesundheitsfördernde Führung

Auch die Frage »Was ist Gesundheit?« erlaubt keine einfache Antwort. Gesundheit ist vielschichtig und nicht mit dem Hinweis auf Fehlen von Krankheit und körperlichen Beschwerden hinreichend definiert. Der Ressourcenansatz der Gesundheitswissenschaft wirft ein neues Licht auf gesundheitswirksame Faktoren. Der Mensch bewertet und bewältigt die Umwelteinflüsse je nach deren Ausmaß und Schwere und gleichzeitig nach seinen verfügbaren und nutzbaren inneren Ressourcen wie Erfahrungen, Fertigkeiten und körperlich-psychisches Vermögen sowie nach seinen äußeren Ressourcen wie soziale Unterstützung oder Handlungsspielraum. Das Befinden und die Leistungsfähigkeit der Menschen spiegelt demnach eine gelungene oder unausgeglichene Balance zwischen Arbeits- und Lebensanforderungen und verschiedenen Gesundheitsquellen (Ressourcen) wieder. Es entsteht also Gesundheit auch im Kopf – so das nachdenkliche Resümee eines Teilnehmers an einem Führungskräfteseminar. Damit ist nicht nur gemeint, dass – was man schon immer ahnte – es auf die innere Einstellung des Menschen ankommt. Die schützenden inneren Haltungen entstehen im Lebenslauf und verändern sich durch bedeutsame Lebensereignisse.

Die äußeren Gesundheitsquellen wirken auf zweifache Weise auf die Gesunderhaltung und Leistungsfähigkeit der Personen: Auf der einen Seite wirken sie direkt wie ein Puffer und lassen Umweltanforderungen leichter bewältigen, oder sie wirken indirekt, indem die inneren Ressourcen durch positive Erfahrungen gestärkt werden, weil man den Situationen gewachsen ist. Diese Erkenntnisse machen es möglich, dass Führungskräfte die Gesundheit der Mitarbeiterinnen und Mitarbeiter fördern können.

Sofern sich die Vorstellung von betrieblicher Gesundheitsförderung nicht nur in unterschiedlichen Wellness-Programmen erschöpft, ruht betriebliche Gesundheitsförderung auf drei Säulen:
a) Gesundheitsangebote im Unternehmen
b) Gesundheitsfördernde Arbeitsgestaltung und

c) Gesundheitsfördernde Führung und gesundheitsförderndes Management.

Gesundheitsfördernde Führung ist wohl die Krönung oder vielleicht auch das Fundament für betriebliche Gesundheitsförderung. Dieser Baustein ist mit den vorher genannten verzahnt: Auf der einen Seite lässt erst die Führungsentscheidung Gesundheitsangebote und gesundheitsfördernde Arbeitsgestaltung zu. Darüber hinaus hat jede im Unternehmen getroffene Entscheidung – Arbeitsräume, Arbeitsstoffe, Arbeitsorganisation, Arbeitsinhalte usw. – Einfluss auf die Gesundheitsrahmenbedingungen der Menschen.

Weiter bestimmt Führung bzw. Management die betriebliche Beziehungskultur. Das Führungsverhalten hat Auswirkungen auf Motivation und Leistungsbereitschaft, Arbeitszufriedenheit und Befinden der Mitarbeiterinnen und Mitarbeiter. Das entscheidende Instrument neben den Entscheidungsqualitäten der Führungskräfte ist das Gespräch bzw. die Kommunikation.

Oftmals werden Maßnahmen zur Senkung des Krankenstandes gesetzt. Diese sind im Einzelnen unterschiedlich, letztlich zielt Führung auf eines der zwei bzw. auf beide idealtypischen Wege ab: a) Den korrektiven Weg im Zusammenhang mit (verstärkter) Kontrolle von Krankenstand, dessen vorrangige Instrumente aus dem »Anwesenheits-Verbesserungs-Prozess« mit krankheitsbezogenen Mitarbeitergesprächen stammen. Und b) den präventiven Weg, der sich der Erhaltung und Förderung von Gesundheit und Arbeitsfähigkeit durch verschiedene Formen der Mitarbeiter-Einbindung widmet.

Der Befund, dass sich Führungsverhalten auf die betrieblichen Fehlzeiten auswirkt, wird nicht überraschen. Es ist plausibel, zumindest motivationsbedingte Fehlzeiten auf ein gestörtes Betriebsklima oder eine beeinträchtigte Beziehung zwischen der oder dem unmittelbaren Vorgesetzten und der Mitarbeiterin oder dem Mitarbeiter zurückzuführen. Hierbei ist zu beachten: Je größer der Betrieb ist, desto höher sind die Fehlzeiten. Mit zunehmender Größe des Betriebes steigt die Anonymität des einzelnen Beschäftigten, und der persönliche Kontakt zum Vorgesetzten und der Unternehmensleitung reduziert sich. In kleineren Arbeitseinheiten stellt sich leichter ein Zusammengehörigkeitsgefühl oder ein Vertrauensverhältnis zum Vorgesetzten ein. Die Identifikation mit dem Unternehmen wächst durch das Gefühl des Eingebunden-Seins in das Unternehmen, wenn ausreichend (informelle) horizontale und vertikale Kommunikation möglich ist. Das Unternehmen erscheint dann eher als

Gesunde Dialoge für Führungskräfte: Von den Gesund(et)en lernen 103

durch Personen gesteuert und nicht anonym durch formale – unberechenbare – Strukturen. Kann dies der bestimmende Grund für Schwächen des Betriebsklimas und der Führungskultur sein? Wir denken, dass es weniger eine Frage der Größe des Betriebes oder der unmittelbaren Führungsspanne ist, sondern dass der Schlüssel in den Führungsqualitäten und der Führungsintensität liegt.

Als Minimalforderung an Führung stellt sich die Frage »Wie können Führungskräfte – mindestens – motivationsbedingte Gesundheit stiften«, wenn sie schon für motivationsbedingte Fehlzeiten »zur Rechenschaft« gezogen werden? Die Einflussdimensionen sind:

- Das Menschenbild der Führungskräfte, das Wirklichkeit wird.
- Ein glaubhaftes Instrument für teilnehmend-kooperatives Vorgesetztenverhalten, das in der Gesundheitswissenschaft schon als eine organisationale Gesundheitsressource erkannt ist.
- Das Bewahren und Entwickeln von Ressourcen der Arbeit, die gesund(et)e Mitarbeiterinnen und Mitarbeiter nicht missen wollen.

Das Instrument des Anerkennenden Erfahrungsaustauschs kann dabei ein Instrument gesundheitsfördernder – und nicht nur krankheitsverhütender – Führung werden. Es soll Wirkung erzielen bei der Stabilisierung von gesund(et)en Mitarbeiterinnen und Mitarbeitern und nicht zuletzt auch zum Wohlbefinden der Führungskräfte beitragen.

Anerkennung, Arbeit und Gesundheit

Übereinstimmend wird von einem tiefgehenden Wandel der Gegenwartsgesellschaften gesprochen. Dieser Wandel findet seinen Ausdruck auch in der Erosion der Normalarbeits-Verhältnisse mit der Zunahme von so genannten Patchwork-Biografien – Selbständigkeit, Werkverträge, (Teilzeit-)Anstellungen wechseln sich ab – und von prekären Arbeitsverhältnissen mit befristeten Arbeitsverträgen oder mit Teilzeitarbeit oder Formen der kapazitätsorientierten Beschäftigung. Hinzu kommen aktuell auch noch verstärkte Verunsicherungen der Beschäftigten im Rahmen der Finanzkrise.

Die (Zer-)Störung auch der gesundheitlichen Integrität durch Arbeitslosigkeit (Negt 2002) kann indirekt als Hinweis auf die (ungleichen) sozialen Bedingungen von Krankheit und Gesundheit verstanden werden: Seit den 1980er Jahren untersucht der Düsseldorfer Medizinsoziologe Johannes Siegrist die gesundheitlichen Folgen von beruflichen Anerkennungskrisen bei gleichzeitig hoher Verausgabungsbereitschaft: Dies führt zu Schädigungen des Herz-Kreislauf-Systems.

Das finnische Institut für Arbeitsmedizin/Finnish Institute of Occupational Health (FIOH) hat in elfjährigen Längsschnitt-Studien nachweisen können, dass für ältere Mitarbeiterinnen und Mitarbeiter – Frauen über 45 und Männer über 50 Jahre – das Vorgesetzten-Verhalten den stärksten Einflussfaktor auf die Arbeitsfähigkeit darstellt. Personen, bei denen sich die Anerkennung durch die Vorgesetzten verbessert, haben eine 3,6-fach erhöhte Chance, ihre Arbeitsfähigkeit zu verbessern. Umgekehrt gilt dies auch: Diejenigen, bei denen »Anerkennung und Wertschätzung am Arbeitsplatz vermindert werden, (haben) ein 2,4-fach höheres Risiko« (Ilmarinen) der Verschlechterung ihrer Arbeitsfähigkeit. Damit ist die Anerkennung von älteren Mitarbeiterinnen und Mitarbeitern und damit auch die systematische Beschäftigung mit ihnen ein wichtiger Faktor für Produktivität und Wettbewerbsfähigkeit.

Wir greifen diejenigen Aspekte gesundheitsfördernder Führung – auf Basis der Erforschung der Anerkennungskrisen durch Siegrist und seine Forschungsgruppe – heraus, die für unser Konzept des Anerkennenden Erfahrungsaustauschs, also die Beziehung zwischen Mitarbeitern und Führung, weiterführend sind: Die Studien der Siegrist-Gruppe haben nachgewiesen, dass nicht erfüllte Belohnungserwartungen und entsprechende Erfahrungen bei hoher Verausgabungsbereitschaft die Herz-Kreislauf-Gesundheit direkt beeinträchtigen: »Erinnert sei (...) nochmals an den Nachweis eines Zusammenhanges zwischen erwarteter, jedoch nicht erfolgter Reziprozität von Hilfeleistung und Höhe der Blutgerinnung bei Industriemeistern (...) oder an die Bedeutung der Variable ›fehlende kollegiale Anerkennung‹ bei der Abschätzung des Risikos starken Rauchens.« (Siegrist: 275f.)

Die Bedeutung der Anerkennungskrisen auch für andere Beschwerdebilder als Herz-Kreislauf-Beschwerden konnte – in Zusammenarbeit mit R. Peter und J. Siegrist – in eigenen Studien nachgewiesen werden. Es zeigten sich bei Beschäftigten eines großen Unternehmens des öffentlichen Personennahverkehrs in den in Abbildung 4 dargestellten Berufsgruppen ein erhöhtes Maß an »häufigen Beschwerden«, wenn hohe Verausgabungsbereitschaft und fehlende Anerkennung gegeben waren (Abbildung 4).

Nach der »beruflichen Distanzierungs-Unfähigkeit« hat die begrenzte berufliche Statuskontrolle – der blockierte soziale Aufstieg oder die Arbeitsplatzunsicherheit – die stärksten negativen Auswirkungen auf

Abbildung 4: Häufige Beschwerden und Anerkennungskrisen

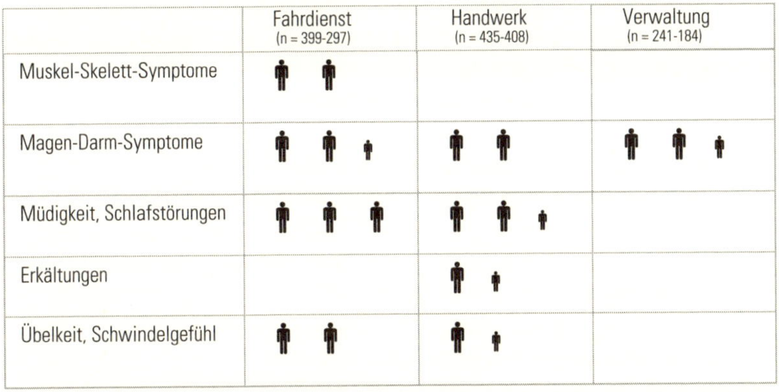

	Fahrdienst (n = 399-297)	Handwerk (n = 435-408)	Verwaltung (n = 241-184)
Muskel-Skelett-Symptome	♂ ♂		
Magen-Darm-Symptome	♂ ♂ ♂	♂ ♂	♂ ♂ ♂
Müdigkeit, Schlafstörungen	♂ ♂ ♂	♂ ♂ ♂	
Erkältungen		♂ ♂	
Übelkeit, Schwindelgefühl	♂ ♂	♂ ♂	

Lesebeispiel: Wenn beispielsweise Fahrerinnen oder Fahrer eine hohe Verausgabungsbereitschaft haben und gleichzeitig fehlende Anerkennung empfinden, dann berichten sie doppelt bis dreifach öfter über häufige Gesundheitsbeschwerden als Personen mit Anerkennung und durchschnittlicher Verausgabungsbereitschaft. Weiße Kästchen bedeuten, dass die Aussagen nicht als statistisch bedeutsam eingestuft werden konnten. Diese Übersicht zeigt, dass die Anerkennungskrisen mit einer 1,6- bis mehr als 3-fach erhöhten Nennung von häufigen Beschwerden in den fünf Symptombereichen zusammenhängen.

Quelle: nach Peter et al. 1998: 180

Herz-Kreislauf-Gesundheit bis hin zu tödlichen und nicht-tödlichen Herzinfarkt- und Schlaganfall-Ereignissen bei Industriearbeitern: Siegrist weist nach, dass das relative Risiko eines vorzeitigen Herzinfarktes »zwischen 3,4- und 4,5-fach bei jenen Industriearbeiten erhöht« ist, die einen unsicheren Status oder Arbeitsplatzunsicherheit erleben. In diesem Untersuchungsergebnis sind medizinische und verhaltensgebundene Risikofaktoren bereits nicht mehr enthalten.

Maßnahmen in diesem Bereich sind besonders schwierig, weil Beschäftigungssicherheit immer weiter abnimmt und Orientierungen alleine am »Shareholder-Value« diese Tendenz noch verschärfen werden. Gleichwohl stellt die Unsicherheit ein enormes Gesundheitsrisiko dar.

Aus diesen Forschungsergebnissen zu psychosozialen Belastungserfahrungen lassen sich neben entsprechenden Trainings für gesundheitsfördernde Führung – so Siegrist – auch Maßnahmen der Organisationsentwicklung ableiten, insbesondere die Förderung eines innerbetrieblichen »Achtungsmarktes«, der gerade auch eine Erhöhung der Leistungstransparenz gegenüber den Vorgesetzten beinhalten sollte: »Insbesondere in großen Abteilungen werden Vorgesetzte nur über negative Vorfälle von Untergebenen unterrichtet; positive Leistungen werden in der vertikalen Linie selten thematisiert; damit sind auch Chancen einer gehaltvollen, weil informierten und individualisierten Rückmeldung durch Vorgesetzte begrenzt.«

Die sieben Schritte zum Anerkennenden Erfahrungsaustausch

Das Modell des Anerkennenden Erfahrungsaustausches besticht durch seine Einfachheit. Dennoch ist die Einführung und die Umsetzung des Modells eine sensible Phase. Auf der einen Seite sind die operativen Führungskräfte für dieses Vorgehen zu gewinnen. Sie haben Zeit und Engagement einzubringen, um Glaubwürdigkeit und Nachhaltigkeit zu gewährleisten. Auf der anderen Seite sind die Mitarbeiterinnen und Mitarbeiter über Ziel und Vorgehen aufzuklären. Die Einführung lässt sich mit sieben Schritten kurz beschreiben:
1. Der Beschluss für das gemeinsame Vorgehen zwischen Unternehmensleitung und Betriebs-/Personalrat ist das Fundament.
2. Die betriebliche Kommunikationskampagne startet vor der Umsetzung und begleitet das Mitarbeitergesprächsmodell »Anerkennender Erfahrungsaustausch«. Wesentliches Ziel ist die umfassende Information der Mitarbeiterinnen und Mitarbeiter über Vorhaben und Erkenntnisse.
3. Die Ermächtigung und Befähigung der operativen Führungskräfte ermöglicht ein gemeinsam verabredetes, fundiertes und systematisches Vorgehen.
4. Die Pilotphase des Anerkennenden Erfahrungsaustauschs wird vom Management beschlossen: Nach den Führungskräfte-Workshops steht die große Mehrheit der operativen Führungskräfte in Startposition. Zweifellos bleibt auch eine Gruppe der Zweifler an dieser Gesprächsstrategie. Gerade aus dieser Konstellation heraus ist es notwendig, dass das Management das Startzeichen gibt und eine Zwischenetappe festlegt.
5. Die erste Stärken- und Schwächeneinschätzung aus Sicht der gesunden und gesundeten Mitarbeiterinnen und Mitarbeiter ist die Nagelprobe für die über das Mitarbeitergespräch hinausreichende Wirkung des Anerkennenden Erfahrungsaustauschs. Nach der Pilotphase ist es sinnvoll, eine Bewertung des Gesprächsstrategie durchzuführen.

Vielleicht ist ein erfahrungsgeleitetes Re-Design von Gesprächsthemen, Zielgruppe, Gesprächsnotiz, Auswertung und Schlussfolgerungsphase notwendig.
6. Rückmeldung an die Belegschaft und die Weiterführung des Anerkennenden Erfahrungsaustauschs als betriebliches Monitoring bzw. Wahrnehmungssystem.
7. Wirksamkeitsüberprüfung. Nicht nur Führungskräfte sind daran interessiert, dass die Handlungen, die sie setzen, Wirkung zeigen und Erfolge zeitigen. Auch die Mitarbeiterinnen und Mitarbeiter und insbesondere die Gesprächspartnerinnen und -partner werden diese Wirksamkeitsüberprüfung auf ihre Art und Weise machen.

Positive Effekte gesunder Dialoge

Die Gesund(et)en – eine bisher unerkannte Wirtschaftskraft im Mittelpunkt

Wir plädieren für eine 95-%-Ergänzung der durchschnittlichen 5-%-Fehlzeiten-Orientierung: Also raus aus der Fehlzeitenfalle, hin zu einer Orientierung über die Fehlzeiten hinaus. Hin zu einer Strategie, die das Selbstverständnis des Unternehmens erhöht, weil operative Führung das Ohr an den Leistungsträgerinnen und -trägern hat, die sehr verlässlich Auskunft über Stärken des Unternehmens und Ressourcen in der Arbeit geben können.

Darüber hinaus bilden Gesund(et)e auch ein Frühwarnsystem für Auswirkungen veränderter Arbeitsbedingungen, d.h. hier kann profundes Erfahrungswissen abgeschöpft werden, ohne jeweils aufwendig »nachmessen«, nachfragen, nachforschen zu müssen. Wettbewerbsfähigkeit ist sichergestellt, wenn Mehrheiten wirklich gefragt sind und werden. Dann sind die Gesund(et)en wirklich eine Wirtschaftskraft.

Nachhaltige Gesundheitsförderung in Zeiten raschen Wandels

Die Unternehmen sind unter Druck. Nicht zuletzt auch aufgrund der verkürzten »Halbwertszeit« des modernen Managers. Wir sind also immer wieder darauf verwiesen, uns der »Realität des Wandels« zuzuwenden. Anerkennender Erfahrungsaustausch ist gerade in Zeiten des (ständigen) Wandels und der sich oft selbst überholenden Organisationsreformen eine Chance für die offensive Bewältigung der schmerzhaften und immer auch chancenreichen Veränderungen. In diesem Sinne soll keine »rosarote Brille« aufgesetzt werden, die den Blick der Führungskraft ausschließlich auf das Gute, Positive und Schöne (ab)lenkt. Anerkennender Erfahrungsaustausch ist eine sinnvolle und sinnstiftende Alternative zu den krankmachenden Monologen der Angstinszenierung – ohne Zukunftsängste zu verleugnen – und des Krank-Redens – ohne Krankheitsursachen zu übersehen. Der Anerkennende Erfahrungsaustausch ist die Option für einen dauerhaften und gesundheitsfördernden Dialog zwischen Führung und Mitarbeiterinnen und Mitarbeitern, damit ein Katalysator für gesundheitsfördernde Führung im Unternehmen.

Nachhaltige Gesundheitsförderung im Gesamtsystem »Unternehmen«
Aus den Ausführungen lässt sich ableiten, dass der Anerkennende Erfahrungsaustausch wesentliche gesundheitswirksame Ressourcen und Stärken zutage fördert und damit Grundlagen für alle betrieblichen Akteure schafft: Für Mitarbeiterinnen und Mitarbeiter, für operative Führungskräfte, für das Management, aber auch für die Akteure des Arbeits- und Gesundheitsschutzes. Neben den – meist bekannten – harten Fakten bekommen sie Hinweise auf weiche, gesundheitsfördernde Faktoren wie Vorgesetztenverhalten, Unternehmenskultur, Arbeitsbedingungen, die Freude auslösen, gelungene Projekte und Kooperationen anstoßen usw. Diese sollten weiter gefördert und nach Möglichkeit ausgebaut werden. Soweit die Stärkenliste.

Die Schwächenliste ist dann sozusagen der Veränderungsauftrag aus der Sicht von – oft noch ungesehenen – Mehrheiten. Die umfassende Bearbeitung dieser Schwächenliste könnte selbst ein gelungenes Kooperationsprojekt von Mitarbeiterinnen und Mitarbeitern, Führung und Präventions-Expertinnen und -Experten sein. Das zu erwartende Ergebnis wäre höhere Wettbewerbsfähigkeit durch Beseitigung von Produktivitäts-Hemmnissen, die niemand besser kennt als die Experten vor Ort: die (meist) anwesenden Mitarbeiterinnen und Mitarbeiter.

Fazit

Führungskräfte können Gesundheit, Wohlbefinden und Arbeitsfähigkeit ihrer Beschäftigten nachhaltig fördern: durch den Aufbau und die Pflege wertschätzender, anerkennender Beziehungen. Soweit die wissenschaftlich geprüfte Theorie. – »Aber was bedeutet das praktisch, im Betriebsalltag? Wie machen das Führungskräfte?« Die Antwort auf diese Fragen war die Konzeptionierung der Gesunden Dialoge.»Wer fragt, der führt«, ist der Grundsatz, nach dem Führungskräfte systematisch und strukturiert anerkennende Dialoge mit ihren Beschäftigten führen. Im Anerkennenden Erfahrungsaustausch, dem Dialog mit Mehrheiten, haben die Gesund(et)en die Rolle der internen Beraterinnen und Berater der Führungskräfte zu den Themen Arbeit, Arbeitsfähigkeit, Gesundheit und Wohlbefinden. –»Und woran genau merken es die Beschäftigten?« Die durchgängige Erfahrung ist, es verändert sich etwas: angefangen von neuen Sichtweisen auf Gesund(et)e bis hin zu spürbaren Maßnahmen für Belegschaftsgruppen und auch Einzelne. Hinweise der Gesund(et)en auf Stärken und Schwächen werden ernst genommen. Soweit kurzfristige Ergebnisse. Nachhaltigkeit sichert die Integration der Gesunden Dialoge in Management-, Werte- oder umfassende Kommunikationssysteme, kurz: der Übergang vom endlichen Projekt zum dauerhaften Prozess.

Literatur

Antonovsky, Aaron (1997): Salutogenese. Zur Entmystifizierung der Gesundheit. Dt. erweiterte Herausgabe von A. Franke. Tübingen: dgvt

Conway, Neil/Rob. B. Briner (2002): A daily diary study of affective responses to psychological contract breach and exceeded promises, in: Journal of Organizational Behaviour, 23, S. 287-302

Ducki, Antje (2000): Diagnose gesundheitsförderlicher Arbeit: eine Gesamtstrategie zur betrieblichen Gesundheitsanalyse. Zürich (= vdf, Hochschulverlag an der ETH; Mensch, Technik, Organisation Bd. 25)

Geißler-Gruber, B./Geißler, H. (2000): Von den Gesund(et)en lernen. Verkehrsunternehmen nutzen praktische Erfahrungen von Busfahrern, in: Der Nahverkehr, 10, 2000, S. 56-60

Geißler, Heinrich (2003): Der Arbeitsbewältigungs-Index – ein Instrument der Kooperation der präventiven Akteure, in: 12. Workshop Psychologie der Arbeitssicherheit und Gesundheit. 26.-28. Mai, Dresden, Abstract CD-ROM

Geißler, Heinrich/Bökenheide, Torsten/Schlünkes, Holger/Geißler-Gruber, Brigitta (2007): Faktor Anerkennung. Betriebliche Erfahrungen mit wertschätzenden Dialogen. Das Praxisbuch. Frankfurt a.M./New York

Geißler, Heinrich/Bökenheide, Torsten/Geißler-Gruber, Brigitta/Schlünkes, Holger/ Rinninsland, Gudrun (2007): Der Anerkennende Erfahrungsaustausch. Das neue Instrument für die Führung. Frankfurt a.M./New York

Holtgrewe, Ursula/Voswinkel, Stephan/Wagner, Gabriele (Hrsg.) (2000): Anerkennung und Arbeit. Konstanz: UVK
Honneth, Axel (1992): Kampf um Anerkennung. Zur moralischen Grammatik sozialer Konflikte. Frankfurt/M.
Ilmarinen, Juhani (1995): Arbeitsfähigkeit und Alter. 10 Jahre Längsschnittstudie in verschiedenen Berufsgruppen, in: Betriebliche Gesundheitsförderung für älterwerdende Arbeitnehmer. Hrsg. von Karazman/Geißler/Kloimüller/Winker. Hamburg, S. 15-33
Ilmarinen, Juhani/Tempel, Jürgen (2002): Arbeitsfähigkeit 2010. Hrsg. von Marianne Giesert. Hamburg: VSA
Leitner, Konrad: Kriterien und Befunde zu gesundheitsgerechter Arbeit – Was schädigt, was fördert die Gesundheit? In: Psychologie gesundheitsgerechter Arbeitsbedingungen. Hrsg. von Rainer Oesterreich/Walter Volpert, Bern 1999
Negt, Oskar (2002): Arbeit und menschliche Würde. 2. Aufl., Göttingen: Steidl
Peter, R./Geißler, H./Siegrist, J. (1998): Associations of effort-reward imbalance at work and reported symptoms in different groups of male and female public transport workers. In: stress medicine, vol. 14, S. 175-182
Richter, Peter (1992): Kompetenz im höheren Lebensalter – Arbeitsinhalt und Alterspläne. In: Psychosozial, Heft 4
Rimann, Martin/Udris, Ivars (1993): Belastungen und Gesundheitsressourcen im Berufs- und Privatbereich. Eine quantitative Studie (Forschungsprojekt »Salute«: Personale und organisationale Ressourcen der Salutogenese, Bericht Nr. 3). Institut für Arbeitspsychologie, Eidgenössische Technische Hochschule, Zürich
Rimann, Martin/Udris, Ivars (1998): »Kohärenzerleben« (Sense of Coherence): Zentraler Bestandteil von Gesundheit oder Gesundheitsressource? In: Schüffel, Wolfram/Brucks, Ursula/Johnen, Rolf (Hrsg.): Handbuch der Salutogenese: Konzept und Praxis. Wiesbaden, Ullstein Medical, S. 351-364
Rodler, Christa/Kirchler, Erich (2002): Führung in Organisationen. Arbeits- und Organisationspsychologie 2. Wien: WUV Universitätsverlag
Rousseau, Denise M. (1995): Psychological Contracts in Organizations. Understanding Written and Unwritten Agreements. London/New Delhi 1995
Rousseau, Denise M. (2000): Psychological Contract Inventory. Technical Report. Pittsburgh (download: http://www.andrew.cmu.edu/user/rousseau/0_reports/reports.html)
Sennett, Richard (2000): Arbeit und soziale Inklusion. In: Geschichte und Zukunft der Arbeit. Hrsg. von Jürgen Kocka/Claus Offe. Frankfurt: Campus, S. 431-446
Siegrist, Johannes (1996): Soziale Krisen und Gesundheit. Eine Theorie der Gesundheitsförderung am Beispiel von Herz-Kreislauf-Risiken im Erwerbsleben. Göttingen/Bern/Toronto/Seattle: Hans Huber

Ulich, Eberhard (1994): Arbeitspsychologie. 3. überarbeitete und erweiterte Auflage, Stuttgart: Schäffer-Poeschel

Volkholz, Volker (2002): Die »demographische Falle« – ihre Ursachen und Wirkungen auf Wirtschaft und Betrieb. Zitiert nach: Ilmarinen, Juhani/Tempel, Jürgen: Arbeitsfähigkeit 2010. Hrsg. von Marianne Giesert. Hamburg: VSA, S. 140

Voswinkel, Stephan (2001): Anerkennung und Reputation. Die Dramaturgie industrieller Beziehungen. Mit einer Fallstudie zum »Bündnis für Arbeit«. Konstanz: UVK

Heinrich Geißler
Ein ungeschriebener Vertrag wirkt: der psychologische Arbeitsvertrag

Allen bekannt und schriftlich fixiert ist der juristische Arbeitsvertrag. Neben diesem besteht aber auch ein so genannter psychologischer Arbeitsvertrag. Denise Rousseau (1995) hat diesen psychologischen Arbeitsvertrag jahrelang untersucht. Sie beschreibt ihn als »die individuellen Anschauungen/Überzeugungen (beliefs), bezüglich des wechselseitigen Gebens und Nehmens zwischen Individuum und Organisation, geprägt von der Organisation. Psychologische Arbeitsverträge haben die Kraft selbst erfüllender Prophezeiungen: Sie gestalten Zukunft.« (Rousseau, S. 9).

Dieser (meist) ungeschriebene psychologische Arbeitsvertrag kann übererfüllt oder verletzt werden. Übererfüllungen könnten beispielsweise Trainings oder Ausbildungen sein, die vom Unternehmen ohne vorherige mündliche oder schriftliche Vereinbarung gewährt werden oder – wie wir es in einem deutschen Dienstleistungsunternehmen kennen gelernt haben – Angebote zum Projektmanagement für Arbeiter, ohne dass das für die ausgeübte Tätigkeit der Arbeiter erforderlich gewesen wäre. Neben hoher Zufriedenheit wurden im Rahmen dieser Projektmanagement-Ausbildung einige kreative, unerwartete und für das Unternehmen nutzbringende Vorschläge und Ideen entwickelt.

Meist häufiger als Übererfüllung ist die Verletzung des psychologischen Arbeitsvertrages zu beobachten. Die fünf häufigsten Vertrags-Verletzungen sind die in Abbildung 1 genannten.

Conway und Briner (2002) haben in ihren Studien zum psychologischen Arbeitsvertrag mithilfe von Tagebüchern und Fragebögen die Konsequenzen von Verletzungen oder von Übererfüllungen des psychologischen Arbeitsvertrages für das Befinden der Mitarbeiterinnen und Mitarbeiter untersucht. Drei interessante Ergebnisse bzw. Hinweise sind der Untersuchung zu entnehmen (Conway/Briner 2002: 296ff.):

- Gebrochene psychologische Arbeitsverträge wirken sich negativ auf die alltägliche Befindlichkeit aus und werden eher als Treuebruch

Abbildung 1: Vertragsverletzungen

Typ der Vertragsverletzung	Kurzbeschreibung	Häufigkeit in %	Beispiele aus Interviews
Training und Entwicklung	Kein Training oder Training nicht wie versprochen	65	»Ein Verkaufstraining war als integraler Teil des Marketingtrainings versprochen, wurde aber nie durchgeführt.«
Vergütungen	Weniger Geld, Bonus, Vergünstigungen als versprochen	61	»Spezifische Vergütungen wurden versprochen: Sie wurden mir entweder nicht gewährt oder ich musste darum kämpfen.«
Beförderung und Entwicklung	Beförderung oder Entwicklungsplan nicht wie versprochen	59	»Trotz hervorragender Leistungs-Kennzahlen wurde ich im ersten Jahr nicht – wie versprochen – befördert.«
Arbeitsaufgabe, -inhalt (nature of job)	Falsche Beschreibung der Aufgaben oder der Abteilung	40	»Ich sollte venture capital Projekte machen – ich musste aber hauptsächlich Reden für den Vorstand schreiben.«
Arbeitsplatzsicherheit	Versprechen bezüglich der Position oder der erwartbaren Sicherheit nicht gehalten	37	»Das Unternehmen hat uns versprochen, dass niemand aus dem Trainingsprogramm seinen Arbeitsplatz verlieren würde – dass wir alle ›sicher‹ wären, bis wir einen festen Arbeitsplatz haben (und dafür haben wir einen geringeren Lohn akzeptiert). Aber die Firma hat nach und nach vier Personen aus dem Trainingsprogramm entlassen.«

Quelle: Rousseau 1995: 116f.

(»betrayal«) denn als Kränkung (»hurt«) empfunden, insbesondere wenn die nicht erfüllten Versprechen als bedeutsam für die Beziehung zum Unternehmen angesehen werden.
- Über die Erwartungen erfüllte psychologische Arbeitsverträge korrelieren mit einem erhöhten Selbstwert-Gefühl.
- Conway und Briner haben für weitere Untersuchungen die Vermutung, dass der Bruch des psychologischen Arbeitsvertrages eher zu Unmut («resentment«) und Vorwurf («blame«) und damit zu aktiven

Abbildung 2: Ursachen für die Verletzung des psychologischen Arbeitsvertrages

Versehen	Die Vertragspartnerinnen und -partner können und wollen den Vertrag erfüllen	Gut gemeinte, aber unterschiedliche Interpretationen
Zerrüttung	Ein/e Vertragspartner/in will, aber kann den Vertrag nicht erfüllen	Unfähigkeit zur Vertragserfüllung
Bruch	Ein/e Vertragspartner/in könnte, aber will den Vertrag nicht erfüllen	Unwilligkeit zur Vertragserfüllung

Reaktionen und weniger zu Enttäuschung (»frustration«), also eher passiven Reaktionen führt. Damit würde sich auch als eine aktive Reaktion auf den Vertragsbruch »Absentismus« ableiten lassen.

Die Verletzung des psychologischen Arbeitsvertrages kann allerdings unterschiedliche Ursachen haben und verschiedene Formen annehmen. Rousseau unterscheidet drei Formen – das Versehen, die Zerrüttung und den Bruch (siehe Abbildung 2).

Da diese drei Formen der Vertragsverletzung von beiden Vertragsparteien ausgehen können, stellen sich vielfältige Fragen nach den Ursachen, wie beispielsweise:

- Ist die Vertragsverletzung durch das Unternehmen verursacht? Sind die Ursachen, die am Unternehmen liegen, durch das Unternehmen beeinfluss- und korrigierbar?
- Will der Arbeitgeber etwas verändern und falls ja, trifft er mit dieser Veränderung Mehrheiten oder löst er möglicherweise ein Minderheitenproblem, das dann von der Mehrheit als nachteilig empfunden wird?
- Kann das Unternehmen etwas verändern? Lässt der Markt, das Umfeld, die konkrete Organisation der Arbeit ... Veränderungen zu?
- Oder geht die Verletzung des psychologischen Arbeitsvertrages von der MitarbeiterIn aus? Ist die Ursache Nicht-Wollen oder Nicht-Können? Deutet sich eine gesundheitliche Gefährdung an – will der/die Mitarbeiter/in signalisieren, dass er/sie überfordert ist?

Alle drei Formen der Verletzung des psychologischen Arbeitsvertrages erfordern Kommunikation. Der Bruch könnte zumindest verständlich(er) werden, Versehen und möglicherweise auch Zerrüttung wären so zu korrigieren, wie die folgende Erfahrung zeigt.

Ein ungeschriebener Vertrag wirkt: der psychologische Arbeitsvertrag

In einem Interview im Rahmen eines Projektes »Von den Gesund(et)en lernen«[1] wurde die Bedeutung der Kommunikation deutlich. Der Interviewpartner, der in 16 Berufsjahren keine Fehlzeiten hatte, war über eine neue Rentenregelung enttäuscht und dachte erstmals laut an eine »Auszeit«. Es stellte sich allerdings heraus, dass er die neue Rentenregelung missverstanden hatte. So zeigte sich die *Bedeutung der Kommunikation* im zweifacher Hinsicht: Durch den Hinweis des »Gesunden« wurde sein Missverständnis, also das Missverständnis eines Leistungsträgers, deutlich und damit auch ein mögliches Missverständnispotenzial für das gesamte Unternehmen. Das Unternehmen konnte in der Folge sowohl individuell als auch für die gesamte Belegschaft den Inhalt der neuen Rentenregelung verständlich kommunizieren. – Ein Beispiel für eine »heilbare« Verletzung des psychologischen Arbeitsvertrages, ein »Versehen«, das aufgeklärt werden konnte.

Im Unterschied zum »Versehen« ist die »Zerrüttung« meist eine endgültige Verletzung des psychologischen Arbeitsvertrages. Auch dazu ein Beispiel aus einem Industrie-Unternehmen: Einer Führungskraft, die als Quereinsteigerin von einem Mitbewerber abgeworben wurde, wurden die Mitarbeit in einer informellen Arbeitsgruppe zu strategischen Fragen und in absehbarer Zeit Aufstiegsmöglichkeiten und eine Erweiterung ihres Betätigungsfeldes versprochen – auch im Sinne horizontaler Karriere. Die Arbeitsgruppe trat zwar zusammen, war aber eher pragmatisch mit dem Alltagsgeschäft beschäftigt. Dies hat den psychologischen Arbeitsvertrag aus Sicht der Quereinsteigerin noch nicht entscheidend beeinflusst; erst eine umfassende Neuorganisation führte letztlich zur »Zerrüttung«: Durch Einziehung einer neuen Hierarchiestufe im Unternehmensorganigramm und deren Besetzung mit einer anderen kompetenten Person wurde der psychologische Arbeitsvertrag nachhaltig gestört. Dabei war der zuständige Bereichsmanager mehr oder weniger gezwungen, diese andere Person in die neu geschaffene Position zu bringen, wollte gleichzeitig jedoch noch die Quereinsteigerin im Unternehmen halten. – Es hat sich hier also die Konstellation des Wollens, aber nicht Könnens ergeben.

Wenn Wünsche der Mitarbeiterinnen und Mitarbeiter unerfüllbar sein sollten, etwa weil die Maschinen oder die chemischen Prozesse rund um die Uhr laufen müssen und kein 2-Schicht-Betrieb möglich

---

[1] Siehe dazu genauer den vorangehenden Beitrag von Heinrich Geißler in diesem Band.

ist, so hat Führung darüber Klarheit herzustellen und – aus Fürsorge – gesundheitsförderliche Unterstützung anzubieten. Diese kann im Bereich der Verhaltensprävention liegen, etwa Stressbewältigungsprogramme, und/oder Maßnahmen der Verhältnisprävention, also die Veränderung der Arbeitsbedingungen umfassen, beispielsweise erleichterte Dienste für Ältere mit weniger Nachtschichten. Möglicherweise liegt aber auch mangelnde Eignung des Mitarbeiters oder der Mitarbeiterin für die konkrete Tätigkeit vor, sodass entweder Qualifizierungsmaßnahmen ergriffen werden oder in beiderseitigem Interesse die Arbeitsbeziehung beendet wird.

Der Bruch des psychologischen Arbeitsvertrages kann, wie oben beschrieben, von jeder Seite ausgehen. Die Frage ist, wo liegen die Ursachen? In einem Schichtbetrieb – so das Ergebnis eines Gespräches über Fehlzeiten – konnte man nach langjähriger Betriebszugehörigkeit regelmäßig am Sonntag frei haben. Im Rahmen einer Neuorganisation ist 1997 ein Antrag eines älteren Mitarbeiters verloren gegangen und jüngere sind mittlerweile in den Genuss der Befreiung von Sonntagsdiensten gekommen. Der ältere Mitarbeiter empfindet, dass ihm nicht geglaubt wird, dass er bereits 1997 seinen Antrag abgegeben hat und reagiert individuell: mit jährlich zwei bis drei Wochen zusätzlichem Krankenstand wegen Rückenschmerzen. Die Kosten allein für die Lohnfortzahlung belaufen sich für das Unternehmen für den Zeitraum 1997 bis 2003 auf mehr als 25.000 Euro. Erst ein Gespräch im Rahmen einer umfassenden, auf Gesundheit und Wohlbefinden orientierenden Gesprächsstrategie hat diesen »Fall« aufgedeckt und mittlerweile eine Arbeitserleichterung für diesen älteren Schichtarbeiter erreicht.

Das oben beschriebene Beispiel zeigt, dass der psychologische Arbeitsvertrag auch einem Wandel unterworfen ist: Mit den persönlichen Bedürfnissen oder mit gesundheitlichen Beschwerden ändern sich die Bewertungen des Vertrages. Auch dies macht deutlich, dass nur eine kontinuierliche Auseinandersetzung mit der Sicht der Mitarbeiterinnen und Mitarbeiter auf Stärken und Schwächen des Unternehmens diese sich ändernden Werte und Bewertungen erfassen kann. – Das folgende Beispiel dreht sich wiederum um Schichtarbeit und Überforderung älterer Mitarbeiterinnen und Mitarbeiter: Im Rahmen einer Mitarbeiter-Befragung in der chemischen Industrie wurde die Überforderung der älteren Nacht-/Schichtarbeiterinnen und -arbeiter deutlich: Über zehn Prozent der älteren Arbeiter waren für eine Reduktion der Nacht-/Schichtarbeit und entsprechende finanzielle Einbußen. Weitere 50%

wollten eine Reduktion der Nacht-/Schichtarbeit, »wenn das Angebot stimmt«, also mit etwas geringeren Einbußen. Sowohl das Management als auch der Betriebsrat waren völlig überrascht, dass für etwa zwei Drittel der älteren Nacht-/Schichtarbeiter ein mäßiger bis anteilsmäßiger Lohnverzicht denkbar war. Das Beispiel macht damit deutlich, dass Führung erst Klarheit herstellen kann, wenn sie Klarheit hat. Im Falle des Gesundheitsförderungsprojektes in der chemischen Industrie war diese Klarheit bezüglich der Bedürfnisse der älteren Nacht-/Schichtarbeiterinnen und -arbeiter nicht gegeben, weder im Management noch bei den Betriebsräten.

Wenn dieser Wertewandel nicht begleitet und mit den Mitarbeiterinnen und Mitarbeitern reflektiert wird, kann es – wie die Reaktion auf die subjektiv als »Verweigerung« des freien Sonntags durch das Unternehmen wahrgenommene Verletzung des psychologischen Arbeitsvertrages oder der Wandel der Bedeutung der Lohnhöhe bei belasteten älteren Nacht-/Schichtarbeitern zeigen – zu unterschiedlichen Formen der Leistungsverweigerung kommen, wie vor allem
- innere Kündigung, also Abwesenheit bei Anwesenheit und/oder
- zyklische Abwesenheit (»Blaumachen«) und/oder
- Verzicht auf das Einbringen von Verbesserungsvorschlägen
- keine Bereitschaft zu Mehrleistung
- Dienst nach Vorschrift.

Diese Verhaltensweisen und auch erhöhte Fluktuation, als eine weitere Folge mangelnder bzw. fehlender Motivation, führen zu enorm überhöhten Personalkosten. Doch diese Phänomene sind höchstens die zweitbeste »Lösung« für ein Problem, das seine Ursachen auch in einer Verletzung des psychologischen Arbeitsvertrages durch das Unternehmen haben kann und häufig auch hat. – Es geht also um eine *umfassende Kommunikationsstrategie* im Unternehmen, die vor allem den Formen der Verletzung des psychologischen Arbeitsvertrages durch Versehen oder Zerrüttung auf die Spur kommt. Darüber hinaus deckt eine umfassende Gesprächsstrategie im Unternehmen nicht nur Schwächen auf, sondern gerade auch die Stärken: Die gesund(et)en Leistungsträgerinnen und -träger werden jedoch (zu) selten gefragt.

In den Seminaren zum Anerkennenden Erfahrungsaustausch haben operative Führungskräfte folgende Themenschwerpunkte genannt, wenn wir sie gefragt haben, wie eine »hohe Verbundenheit der Mitarbeiterinnen und Mitarbeiter mit dem Unternehmen zu erreichen bzw. zu erhalten« ist (siehe Abbildung 3).

Abbildung 3: Verbundenheit mit dem Unternehmen

Themenschwerpunkte	Häufigkeit Nennung in %	Thematik (nachträgliche Cluster)
Anerkennung und Lob	11,6	Führungsverhalten
Vorgesetzte als Vorbilder	9,5	Führungsverhalten
MA ernst nehmen	7,4	Führungsverhalten
Informationsfluss	7,4	Führungsverhalten
Regelmäßiger Gedankenaustausch	1,1	Führungsverhalten
Gemeinsames Feiern	1,1	Führungsverhalten
Hilfestellung bei privaten Problemen	1,1	Führungsverhalten
Mitspracherecht bei Umstrukturierung	16,8	Rahmenbedingung des Unternehmens
Gute Ausbildung der Führungskräfte	9,6	Rahmenbedingung des Unternehmens
Gesundheitsförderung	8,4	Rahmenbedingung des Unternehmens
Ausgewogenes Geben und Nehmen	7,4	Rahmenbedingung des Unternehmens
Mehr Entscheidungsspielraum für operative Führungskräfte	6,3	Rahmenbedingung des Unternehmens
Arbeitsplatzsicherheit	5,3	Rahmenbedingung des Unternehmens
Wohlbefinden am Arbeitsplatz	4,2	Rahmenbedingung des Unternehmens
Rahmen für Qualitätsarbeit geben	3,2	Rahmenbedingung des Unternehmens

Die Auswertung der Themenschwerpunkte der operativen Führungskräfte zeigt, dass
- fast 40% der oben genannten Themen dem Führungsverhalten,
- weitere gut 15% den Rahmenbedingungen, die das Unternehmen bezüglich der Qualifizierung und Handlungsspielräume der Führungskräfte bietet, und
- mehr als 45% den Rahmenbedingungen, die das Unternehmen den Mitarbeiterinnen und Mitarbeitern bietet,

zuzurechnen sind.
Unter einem anderen Gesichtspunkt ausgewertet zeigt sich, dass die beiden Themenkomplexe Mitspracherecht/Entscheidungsspielraum und Informationsfluss/Gedankenaustausch/gemeinsam Feiern knapp ein Drittel der Nennungen ausgemacht haben. Dies reflektiert spontan die auch wissenschaftlich nachweisbare Bedeutung, die die Faktoren Par-

Ein ungeschriebener Vertrag wirkt: der psychologische Arbeitsvertrag

Abbildung 4: Viel Partizipation und Kommunikation (Angaben in %)

	Partizipationsmöglichkeiten		Kommunikationsmöglichkeiten	
	wenige	viele	wenige	viele
Vertrauen hoch	39,8	60,2	39,2	60,8%
Loyalität hoch	40,2	59,8	45,0	55,0%

Lesebeispiel: Von denjenigen, deren Vertrauen in das Unternehmen hoch ist, hatten 60,2 bzw. 60,8% viele Partizipations- bzw. Kommunikationsmöglichkeiten. Eine vergleichbare Tendenz zeigte sich auch bei denjenigen mit hoher Loyalität. Eine entgegengesetzte Tendenz zeigten geringes Vertrauen und geringe Loyalität (siehe Abbildung 5).

Abbildung 5: Geringe Partizipation und Kommunikation (Angaben in %)

	Partizipationsmöglichkeiten		Kommunikationsmöglichkeiten	
	wenige	viele	wenige	viele
Vertrauen gering	57,6	42,4	68,1	31,9
Loyalität gering	63,3	36,7	65,6	34,4

tizipations- und Kommunikationsmöglichkeiten für Vertrauen und Loyalität zum Unternehmen und damit für den »impliziten Arbeitsvertrag« – ein dem psychologischen Arbeitsvertrag vergleichbares Konstrukt – haben, wie Benz (2002) erhoben hat (siehe Abbildung 4).

Die Frage ist nur – und jede zehnte Führungskraft hat in unseren Seminaren zum Anerkennenden Erfahrungsaustausch (Geissler et al.: 2007) mit Gesunden/Anwesenden das Thema Ausbildung genannt –, ob die Führungskräfte auch entsprechend über diese eben beschriebenen Zusammenhänge oder die von Arbeit und Gesundheit und insbesondere über ihre eigene gesund erhaltende oder krankmachende Rolle im Unternehmen unterrichtet sind.

(Ständige) Neuverhandlung von psychologischen Arbeitsverträgen im Dialog

»Der psychologische Arbeitsvertrag ist neu auszuhandeln und die gegenseitigen zukunftsbezogenen ›geheimen‹ Erwartungen, Interessen und Ziele in ein neues Gleichgewicht zu bringen« (Kobi: 117), so die wesentliche Schlussfolgerung von Kobi bezüglich der oben genannten Auswirkungen der so genannten Globalisierung. Vor diesen hat Kotthoff bezüglich der Anerkennungsverhältnisse gewarnt. Der Betrieb sei, »wie manche Unternehmer sagen, keine Caritas« (...), aber dennoch »auf Anerkennungsbeziehungen angewiesen«: »Denn wenn der Betrieb sich der Welt der Moral und der Anerkennung verschließt, hat er ein Kontrollproblem, das seinen Fortbestand unterminiert. Die Folgen wären nämlich Protest und die Aufkündigung von Engagement, Motivation und Mitarbeit und die Bildung einer Gegenkultur.« (Kotthoff 2000: 34) Letztere Auswirkung von fehlender Anerkennung bezeichnet Voswinkel (2005) als »voice«, wenn »die betriebliche Lebenswelt, das direkte Arbeitsumfeld als alternative Anerkennungsarena der Beschäftigten an Bedeutung gewinnt« (Kropf 2005: 218, Fußnote 285). Das Gegenteil von »voice« wäre – nach Voswinkel – »exit«, also die innere Kündigung, der Rückzug.

Beide Reaktionen – Gegenkultur oder Rückzug – sind für Unternehmen die zweitbeste Lösung für das Anerkennungsproblem unter Bedingungen der »Subjektivierung«, der »Vermarktlichung«, der »indirekten Steuerung«: »Unternehmen, die den ›ganzen Menschen‹ einfordern, tragen deshalb – nicht zuletzt aus Eigeninteresse – eine gewisse Verantwortung dafür, dass die Mitarbeiter diese besonderen Ressourcen im Rahmen eines dialogischen Identitätsbildungsprozesses fortwährend weiterentwickeln können. Weil Identitätsbildung, wie die soziologische Diskussion gezeigt hat, auf der Grundlage von Anerkennungsbeziehungen verläuft, muss aus der Selbstverwirklichungsthese zweifelsohne eine Reflexion der unternehmensinternen Anerkennungsstrukturen folgen.« (Kropf 2005: 229)

Literatur

Benz, Matthias (2002): Das Management des Ungeschriebenen – Wie Sie mit Partizipation und Kommunikation Arbeitsbeziehungen verbessern können, in: Frey, Bruno/Osterloh, Margit (Hrsg.), Managing Motivation. Wie Sie die neue Motivationsforschung für Ihr Unternehmen nutzen können. 2. Aufl., München, S. 215-239

Conway, N./R.B. Briner (2002): A daily diary study of affective responses to psychological contract violation and exceeded promises, in: Journal of Organizational Behavior 23, S. 287-302

Frey, Bruno/Osterloh, Margit (Hrsg.) (2002): Managing Motivation. Wie Sie die neue Motivationsforschung für Ihr Unternehmen nutzen können. 2.

Aufl., München
Geissler, Heinrich/Bökenheide, Torsten/Geissler-Gruber, Brigitta/Schlünkes, Holger (2007): Faktor Anerkennung. Betriebliche Erfahrungen mit wertschätzenden Dialogen. Frankfurt a.M./New York
Holtgrewe, Ursula/Voswinkel, Stephan/Wagner, Gabriele (Hrsg.) (2000): Anerkennung und Arbeit. Konstanz
Kobi, Jean Marcel (2006): Personalrisiken und psychologischer Arbeitsvertrag. Die Berücksichtigung eines wesentlichen Werttreibers im Risikomanagement, in: Zeitschrift für Risk, Fraud & Governance (ZRFG) 3,S. 113-117
Kotthoff, Hermann (2000): Anerkennung und sozialer Austausch. Die soziale Konstruktion von Betriebsbürgerschaft, in: Holtgrewe, Ursula/Voswinkel, Stephan/Wagner, Gabriele (Hrsg.), Anerkennung und Arbeit, Konstanz: UVK, S. 27-36
Kropf, Julia (2005): Flexibilisierung – Subjektivierung – Anerkennung. Auswirkungen von Flexibilisierungmaßnahmen auf die Anerkennungsbeziehungen in Unternehmen. München: Biblion
Rousseau, Denise M. (1995): Psychological Contracts in Organizations. Understanding Written and Unwritten Agreements. London/New Delhi
Voswinkel, Stephan (2005): Reziprozität und Anerkennung in Arbeitsbeziehungen, in: Adloff, Frank/Mau, Steffen (Hrsg.), Vom Geben und Nehmen. Zur Soziologie der Reziprozität. Frankfurt a.M./New York: Campus, S. 237-256

Reinhard R. Lenz/ Katja Bakarinow-Busse
Führen in der Praxis

Einschlägige Befragungen zeigen, dass »Gute Führung« eine unübersehbare Bedingung für die Beurteilung »Guter Arbeit« ist.
- Was aber ist »Gute Führung«, wie funktioniert sie, und wie kann »Gute Führung« gelernt werden?
- Was wird von unterschiedlichen Menschen, in unterschiedlichen Situationen, zu unterschiedlichen Zeiten als »Gute Führung« erlebt?

Theoretisches Wissen über Führungsverhalten ist die erlernbare Klaviatur. Um Harmonien zu erzeugen, müssen aus der Summe von Berufs- und Lebenserfahrungen die passenden Register gezogen werden. Damit das gelingt, bedarf es eines Einfühlungsvermögens für die Befindlichkeiten von Mitarbeitern, eines Gefühls für situative Notwendigkeit und eines Gespürs für den passenden Zeitraum.
- Ein Zirkuspferd ist zu brillanten Kunststücken zu bewegen, wenn es die Führungsleine nicht spürt.
- Bei Katastropheneinsätzen, in der Notfallmedizin, wird die Einzelmeinung außer Kraft gesetzt, Befehl und Gehorsam müssen funktionieren.

Die Veränderungsbereitschaft der eigenen Rolle setzt die (Selbst-)Erkenntnis voraus,
- dass die eigene Führungskompetenz verbesserungswürdig/-fähig ist,
- dass durch Verändern der eigenen Führung exzellentere Ergebnisse zu erzielen sind,
- dass sich durch »Gute Führung« eigene Belastungen reduzieren lassen.

Wird einer Führungskraft bedeutet, dass der Führungsstil nicht ausreichend ist, liegt darin immer unterschwellige Kritik an der Person. Wenn derartige Defizite zudem von Personen angesprochen werden, die selbst nicht in Linienverantwortung stehen, bedarf die Ansprache noch höherer Sensibilität, um Veränderungsbereitschaft zu erzeugen.

Führen in der Praxis

Es muss damit gerechnet werden, dass selbst die schönste Umschreibung Widerstand hervorruft. Die Chance auf Akzeptanz steigt, wenn freundschaftliche Beziehungen oder gute Kollegialität, Vertrautheit und gegenseitiger Respekt die Grundlage solcher Empfehlungen sind.

Bedingungen guter Führung

Gute Arbeit zeichnet sich vor allem dadurch aus, dass Mitarbeiterinnen und Mitarbeiter einen ausreichenden eigenen Entscheidungsspielraum besitzen, unterstützende soziale Beziehungen am Arbeitsplatz, Einfluss- und Entwicklungsmöglichkeiten auf ihre Arbeitssituation haben und nicht zuletzt: ihre Arbeit als sinnvoll empfinden können. (Gute Arbeit im Büro?!, INQA- Befragung: »Was ist gute Arbeit? Anforderungen aus Sicht der Erwerbstätigen« [2004])

Gerade Führungskräfte in der unteren und mittleren Managementebene haben dabei mit vielen Rollenanforderungen zu kämpfen. Sie sind einerseits Garanten für Erfolg, andererseits haben sie eine Sandwich-Position, in der sie sowohl die Interessen und Wünsche der Team- oder Gruppenkolleginnen und -kollegen vertreten sollen als auch die Interessen und Forderungen der Geschäftsführung/Betriebsleitung vermitteln bzw. durchsetzen müssen.

Die internationale Tätigkeit der Konzerne sowie die diversen europäischen Gleichstellungsrichtlinien und Gesetze zwingen außerdem dazu, die Leitlinien des Diversity-Managements zu beachten und Gruppen auch unter diesen konzeptionellen Aspekten von Führung anzuleiten und weiterzuentwickeln. Diese Komplexität zwingt Führungskräfte immer wieder dazu, sich mit ihrem Führungsstil auseinanderzusetzen. Sie sind diejenigen, die am meisten dazu beitragen (können), dass Mitarbeitende sich am Arbeitsplatz wohlfühlen und damit gute Arbeit leisten. Für einen guten Führungsstil sind u.a. zwei Anteile wesentlich: 1. Eine regelmäßige Selbstreflektion; 2. Fachwissen zu Kommunikation und Auswirkungen von Führungsverhalten. Daraus ergeben sich auch die Schwerpunkte der Anlässe, aus denen heraus Führungskräfte den Wunsch nach Fort- und Weiterbildung haben oder ins Coaching kommen:

- Sie sind bereits Führungskraft und erhalten kritische Rückmeldungen in den Personalgesprächen zum Führungsstil und/oder Führungsverhalten;

- sie erhalten immer mehr Führungsaufgaben aufgrund von betrieblichen Umstrukturierungen und sehen sich nur unzureichend vorbereitet auf die Anforderungen;
- sie haben einen eigenen Anspruch, sich persönlich weiterzuentwickeln und Lernerfahrungen zu nutzen, oder merken, dass irgendwas »aus dem Ruder läuft«;
- der selbst empfundene Leidensdruck hat ein Maß erreicht, das zur Suche nach Lösungsperspektiven zwingt;
- sie haben den Wunsch, die eigenen Aufstiegschancen zu verbessern und selbst als Führungskraft tätig zu werden.

Die Mechanismen der Welt (Globalisierung, Kalter Krieg), der Wirtschaft (Krise, Europa) und des Zusammenlebens (Single, Demografie) befinden sich in einem ständigen Fluss. Menschen empfinden, dass die Fließgeschwindigkeit zunimmt. Damit ändern sich auch die Bedürfnisse der beteiligten Akteure (z.B.: Hang zu Individualismus, Multitasking). Führungsstile entwickeln sich dementsprechend weiter bzw. müssen ständig an die sich verändernden Bedingungen angepasst werden. In Unternehmen wird es häufig als selbstverständlich vorausgesetzt, dass jede Führungskraft in der Lage ist, Mitarbeiterinnen und Mitarbeitern die Ansprüche und Erwartungen der Unternehmensleitung nahezubringen und fachlich fundiert und didaktisch ausgefeilt zu vermitteln. Die Vorstellung von Weisungsgebundenheit suggeriert, dass das Aufstellen von Forderungen genügt, um die Umsetzung zu garantieren.

Unter Lehrern und Führungskräften gibt es Naturtalente, die keines Studiums bedurft hätten, aber auch Beispiele von Lehrern, die es trotz Fortbildung und Praxiserfahrungen nie gelernt haben, wie man sich positionieren muss, damit Schüler/Mitarbeiter genau das mit Inbrunst tun, was man von ihnen erwartet. Es gibt Lehrer, die sich Zustände zurückwünschen, in welchen sie mit Bestrafungsdruck, wenn auch nicht Inbrunst, so doch handwerkliche Ausführungen mit Sanktionen erzwingen konnten.

Diese Zeiten scheinen vorbei zu sein. Mündige Schüler oder Mitarbeiter machen die Führungsaufgabe bzw. das Unterrichten komplexer. Im übertragenen Sinne gilt Ähnliches für Führungskräfte in Unternehmen. Wer mehr Selbstverantwortung von seinen Mitarbeitern fordert, muss mündige Mitarbeiter entwickeln. Mündige Mitarbeiterinnen und Mitarbeiter sind schwieriger zu führen.

Das Führen von Menschen ist eine Fähigkeit, die in den wenigsten technischen Ausbildungen zum Pflichtfach gehören dürfte. Päda-

Führen in der Praxis

gogische Bestandteile in Meisterkursen sind eher auf die Befähigung zur Ausbildung angelegt.

Sind Methoden und Instrumente für erfolgreiches Führen und Vermitteln oder Anleiten nicht präsent, erfolgt die Vermittlung von Inhalten und inneren Haltungen nach den individuellen Erfahrungen, nach denen das eigene Lernen in Schule oder Studium erlebt wurde. Im Unterschied zum eigenen schulischem Lernen handelt es sich in den Betrieben allerdings um Erwachsenenbildung (siehe unten), die sich in wesentlichen Punkten von eigenen Kindheits- und Jugenderfahrungen unterscheidet.

Da glaubwürdiges Führen auch immer authentisch sein muss, ist nicht zu erwarten, dass sich Verhalten oder Persönlichkeit nach einem einzigen Kurs revolutionär ändern. Es kann davon ausgegangen werden, dass neues Rollenverhalten oder Persönlichkeitsänderungen lediglich in einem allmählichen Prozess in der Zeit erfolgen.

Der Abgleich zwischen Theorie und Praxis ist ein sukzessiver Vorgang. Für eine wünschenswerte Entwicklung spielt es eine Rolle, ob nach einer Praxisphase aus einem Katalog von Wirkungsmechanismen folgende Fragen positiv beantwortet werden können:

- Was von dem theoretisch nachvollziehbar Gelernten lässt sich ohne großen Aufwand in meinen Arbeitsalltag integrieren?
- Welche empfohlenen Mechanismen können probiert werden, ohne dass Dritte in Anspruch genommen werden müssen?
- Wo tauchen neue Probleme auf, die es ohne die Veränderung nicht gegeben hätte und zu deren Lösungsansatz wiederum Zeit für eine theoretische Aufarbeitung investiert werden muss?
- Wie viel Trainings- und Experimentierzeit mit mir brauche ich, damit Erfolg spürbar wird?

Wenn es um das Wunschbild dessen geht, wie eine moderne Führungskraft zu sein hat, kommt die Rolle des Coachs dem Ideal und den heutigen Aufgaben von Führungskräften am ehesten nahe.

In dieser Rolle:

- funktionalisiert er/sie die Vielfalt der Charaktere und Begabungen für ein optimales Betriebsergebnis,
- nutzt er/sie alle vorhandenen Potenziale zur optimalen Erfüllung der Arbeitsaufgabe,
- entfaltet er/sie die Fähigkeiten jedes Einzelnen zur ganzheitlichen Wertschöpfung,
- berücksichtigt er/sie temporäre Bedürfnisse (Work-Life-Balance),

- beseitigt er/sie Schranken und Grenzen, räumt Hindernisse aus dem Weg,
- vertritt er/sie die Interessen als Anwalt seiner Mitarbeiterinnen und Mitarbeiter,
- sorgt er/sie für Bedingungen, damit die Mitarbeiterinnen und Mitarbeiter störungsfrei das tun können, was ihren Veranlagungen entspricht,
- ...

Jede Führungskraft verfügt bewusst oder unbewusst über ein Bild von der eigenen Rolle und dem, wie der Mikrokosmos der Welt funktioniert, in der sie sich im Unternehmen bewegt. Nicht selten ist die Vorstellung geprägt von Erfahrungen eigenen Geführtwerdens. Ebenso ist anzunehmen, dass das Menschenbild von Mitarbeitern, die Erwartung, was sie sind und wie sie funktionieren sollten, das Produkt eigener Sozialisation bzw. eigener Berufs- und Lebenserfahrungen ist. Damit sich etwas ändert, müssen neue, schnell positiv wirksame Erfahrungen angeboten werden.

Rahmenbedingungen

Was genau unter welchen Umständen als »Gute Führung« bewertet wird, muss differenziert betrachtet werden und ist vermutlich von einigen Bedingungen abhängig.

Es wäre zu überprüfen, inwieweit der Zeitgeist Änderungen in der Bewertung »Guter Arbeit« zeigt. Vor 30 Jahren wären gleiche Bedingungen möglicherweise anders gewertet worden. Kulturelle Unterschiede dürften ebenfalls Auswirkungen auf Bedürfnisse und Erwartungen an »Gute Führung« ausweisen.

Mitarbeiterinnen und Mitarbeiter, die innerhalb ihrer Tätigkeit ständig Entscheidungen treffen müssen (z.B. Instandhaltung) und sich dabei wohlfühlen, werden eine enge Führung eher als Gängelung empfinden. Standardisierte Arbeitsabläufe, deren Sollverhalten genau definiert werden kann, sind häufig mit Mitarbeitern besetzt, die durchaus zufrieden sind, wenn detailliert vorgegeben ist, was sie tun sollen und wie auf keinen Fall gehandelt werden darf. Bei falscher Besetzung solcher Positionen ist mit Widerständen zu rechnen. Mitarbeiter, die bereits innerlich gekündigt haben oder bei denen Absentismus zu beobachten ist, lassen sich schwerlich führen. Wo jemand führen will, muss sich

Führen in der Praxis

auch immer jemand führen lassen. Ein einziger Virus kann als ständiger Unruheherd in einer Abteilung wirken. Solche Umstände machen »Gute Führung« äußerst komplex.

Management und Führungskräfte bevorzugen generelle Lösungen, damit ein Problem gelöst wird und nicht immer wieder neue Entscheidungen getroffen werden müssen. Zwangsläufig bewirkt dieser Zustand, dass sich ein Teil der Mitarbeiter immer falsch behandelt fühlt. Wird immer mehr Eigenverantwortung gefordert, darf sich niemand wundern, wenn Generallösungen abgelehnt werden. Es gilt, für die Zukunft Lösungen zu finden, die stärker differenzieren können. Unter Umständen wird nicht mehr eine einzige richtige Lösung vorgegeben, sondern ein Rahmen definiert, innerhalb dessen Führungskräfte und Mitarbeiter bei Bedarf eigene Entscheidungen treffen können.

Wenn die These, dass alle Menschen glücklicher sind, wenn sie über mehr eigene Entscheidungsspielräume verfügen, von Personen aufgestellt wird, die sich selbst große Freiheitsgrade wünschen, dann legt die eigene Befindlichkeit diese Bewertungsperspektive fest. Vielleicht muss der Gedanke zugelassen werden, dass es einen Anteil an Personen gibt, denen Sicherheit und feste Rhythmen, über die nicht jedes Mal wieder neu nachgedacht werden muss, sehr bedeutsam sind. Wer es nicht gelernt hat, Freiräume selbst auszufüllen und zu gestalten, wird möglicherweise bei zu vielen, zu großen Spielräumen orientierungslos und unsicher.

Ist genügend Zeit vorhanden, besteht die Möglichkeit zur Mitarbeiterbeteiligung, Meinungsbildung und zur Entwicklung von Verbesserungsideen, die von allen getragen werden. Kommt es darauf an, dass Beschlüsse oder Maßnahmen schnell umgesetzt werden, ist keine Zeit für langwierige Diskussionsprozesse. In der Notfallmedizin zum Beispiel wünschen sich jeder Patient oder die Angehörigen schnelles, entschlossenes Zupacken. Nach der Rettung kann der Arzt gemeinsam mit den Sanitätern reflektieren, ob beim nächsten Mal anders gehandelt werden soll.

Es herrscht der Eindruck vor, dass der Austausch unter Führungskräften, wie »Gute Führung« erreicht werden kann, in der Praxis nur unter vertrauten Freunden stattfindet. Die Befürchtungen, andere können zu intime Einblicke nehmen, führt zur Abschottung. Zeit für einen Austausch bereitzustellen und eine vertrauensvolle Atmosphäre aufzubauen, in welcher Probleme, Fehler und Defizite aufgearbeitet werden können, sind wesentliche Voraussetzungen für einen Erfolg.

Zielgruppen

Die untere Führungsebene ist die wichtigste Realisierungsebene, da deren Führungsverhalten die größte Wirkung auf das konkrete Arbeitsergebnis hat. Mit Blockaden gegen das Ansinnen muss gerechnet werden, wenn Veränderungswünsche oder -ansprüche tatsächliche oder befürchtete Mehrarbeit vermuten lassen.

Innerhalb von betrieblichen Veränderungsprozessen werden die mittleren Führungsebenen häufig als L(a)ehmschicht beschrieben. Diese Zielgruppe sieht zunächst keine individuellen Vorteile oder Belohnungsaspekte in solchen Prozessen.

Welcher Führungsstil in einem Unternehmen bevorzugt wird, hängt u.a. von historisch gewachsenen Zwangsläufigkeiten der Unternehmenskultur ab. Das Management entscheidet über Visionen und Strategien sowie über die präferierte Art der Durchsetzung in der Linie. Zu viele Häuptlinge und keine Indianer oder unklare Zuständigkeiten führen zu Irritationen.

Personalmanager haben u.a. die Aufgabe, angemessenes Personal mit den notwendigen Kompetenzen zur richtigen Zeit an den entscheidenden Ort zu stellen. Wenn diesen Ansprüchen nachgekommen wird, kann Widerständen aus dem Mitarbeiterbereich vorgebeugt werden. Erhalten Führungskräfte nicht nur Weiterbildungsangebote, sondern werden nach einem Bedarfs- und Qualifizierungsplan frühzeitig und gezielt Defizite beseitigt, sollten auch einige Problemfälle keine Relevanz erhalten.

Routiniers sind die meist angetroffene Spezies im Unternehmen. Das festgefügte Wissen erwachsener Zielgruppen muss mit Mitteln der Erwachsenenbildung genutzt bzw. infrage gestellt werden. Neulinge (Novizen) unterliegen dem starken Einfluss vorhandener Verhaltensmuster der Routiniers. Wird diesen Zielgruppen besonderes Augenmerk geschenkt und von vorne herein gutes Führungsverhalten etabliert, ist dieser Weg weniger aufwändig, als eingeschliffene Verhaltensweisen zu ändern.

Funktionsträger aller Bereiche sind Multiplikatoren und Schaltstellen im Unternehmen. Gut, wenn auch an diesen Positionen Führungskompetenzen vorhanden sind.

Führen in der Praxis

Zielsetzung

Unter den oben genannten Gesichtspunkten ist es in einem verzahnten, aufbauenden Prozess erstrebenswert, dass Führungskräfte:
- eigene (Führungs-)Kompetenzen erkennen,
- den Mut aufbringen, alles was gut funktioniert weiter auszubauen,
- Fähigkeiten von Mitarbeitern richtig einschätzen und entsprechend einsetzen,
- Befindlichkeiten berücksichtigen,
- ein gutes Gefühl für situationsangemessene Führungsmaßnahmen besitzen,
- zur regelmäßigen Selbstreflektion bereit sind,
- Kooperation und Koordination ausüben,
- den partnerschaftlichen Umgang mit Unterschieden in Herkunft, Geschlecht, Alter und Kultur pflegen,
- ausreichende Kommunikation zur Herstellung eines guten Arbeitsergebnisses gewährleisten,
- den internen Ausgleich von Fehlern oder Mängeln anstreben.

Unter Umständen hängt ein Benchmarking und damit verbunden eine Gratifikation oder ähnliche »Belohnungen« für »Gute Arbeit« von den Gesamtteamleistungen ab. Intern wird sehr genau registriert (»emotionale Kontoführung«), wer welche Ergebnisse liefert oder in entscheidenden Arbeitsphasen erkrankt, regelmäßig Urlaub nimmt oder sich durch andere Verhaltensweisen aus dem gemeinsamen Prozess ausklinkt. Von daher ist eine regelmäßige Selbstreflektion eine gute Möglichkeit, sich kennen und vor allem verstehen zu lernen. Das heißt nicht, dass alles Verhalten zukünftig toleriert werden wird. Erkenntnisse der Selbstwahrnehmung zielen mehr darauf ab, aus der emotionalen Kontoführung eine sachbezogene und von gegenseitiger Wertschätzung geprägte Auseinandersetzungskultur zu etablieren.

Der Umgang mit Unterschieden ist oft eine größere Herausforderung für Teams als die Arbeitsaufgabe an sich. Hier wird auch in der Zukunft eine große Aufgabe in der Führung und der Leistung guter Arbeit liegen. Mit dem zunehmend relevant werdenden demografischen Faktor entstehen die klassischen Konfliktfelder zwischen Jung und Alt. Durch den Fachkräftemangel werden aber auch weiterhin und möglicherweise noch stärker als in der Vergangenheit Fachkräfte aus unterschiedlichen Nationen miteinander arbeiten und dabei die Unterschiede in Sprache, Kultur und Welt-/Religionsanschauungen miteinander verhandeln müssen. Ziel muss dabei sein, eine arbeitsfähige und leistungsstarke Team- oder Gruppensituation herstellen zu können. Diversity-Management wird daher zukünftig eine wichtige Rolle einnehmen. Im interkulturellen Lernen ist die Lernplattform Praxiserfahrung unabdingbar.

Praxisbericht zur Maßnahme: BrückenSchlagen

Die Maßnahme »BrückenSchlagen« wird als erlebnis- und selbsterfahrungsbasierte Variante innerhalb eines Entwicklungs- und Reflexionsprozesses bei Personen eingesetzt, von denen Führungsfähigkeiten erwartet werden. Aus sehr vielen Einzelteilen soll von einer Gruppe ohne Anleitung und nach Zeitvorgabe eine alle Teilnehmer tragende Holzbrücke zusammengebaut werden. Nach der praktischen Bauphase, die sehr deutlich Eigenschaften der Gruppe hervortreten lässt, folgt die theoretische Analyse- und Reflexionsphase. »BrückenSchlagen« bietet eine breite Basis sowohl für die Selbstreflexion als auch für die praktische Umsetzung von theoretischen Modellen des Führungsverhaltens, der Kommunikation und der Teamentwicklung.

Praxisbeispiel
Die Maßnahme »BrückenSchlagen« wurde während eines längeren Beratungsprozesses im Rahmen einer Umstrukturierung bei der Aufgabenstellung von Gruppensprechern in einem metallverarbeitenden Betrieb eingesetzt.
 Eine Aufgabe im Brückenbau sieht vor, dass eine Person als Beobachter eingesetzt wird. Als Beobachter wurde derjenige erwählt, der gleichzeitig eine sehr stark strukturierende Kompetenz hatte. Da der Beobachter in den Prozess nicht eingreifen darf, fehlte diese Kompetenz während des gesamten Prozesses. Die Brücke wurde nicht vollständig aufgebaut.
 In der Auswertung wurde deutlich, dass der Betroffene selbst keine bewusste Wahrnehmung seiner Kompetenz hatte, von daher die Rollenzuteilung nicht infrage stellte, lediglich ein allgemeines Unwohlsein während der Beobachtungsphase verspürte. Interessant war zu verfolgen, warum die Gruppe ausgerechnet ihn zum Beobachter gewählt hatte. Es entspann sich ein Gespräch darüber, inwieweit die Gruppe durch bestimmte Ansichten und Meinungen sich selbst blockiert und damit gute Arbeitsergebnisse verhindert.

Auswertung

Der Brückenbau besticht dadurch, dass zum einen eine faktische und tragfähige Konstruktion erstellt werden muss. Räumliches Vorstellungsvermögen und Kreativität, aber auch logische Schlussfolgerungen sind gefordert. Gleichzeitig kann die Brücke nur dann entstehen, wenn alle mitwirken und aktiv sind. Die Konstruktion ist so gewählt, dass eine Person alleine die Brücke nicht oder nur sehr erschwert aufbauen könnte.

In der Bewältigung der Aufgabe, eine standfeste Brücke zu bauen, werden intuitiv die individuellen Verhaltensmuster in Stresssituationen und in der Kommunikation gezeigt. Eine gleichzeitige, abstrakte Analyse und damit die Dissoziation von sich selbst sind während der Praxisphase nicht möglich. In der anschließenden Reflektion und Auswertung der Erfahrungen können dann Verbindungen zu theoretischem Wissen und Verarbeitung der Selbsterfahrung hergestellt werden. Beides führt schließlich zu einer Erfahrungshaltung, hinter die Beteiligte nicht zurückgehen können. Erkenntnisse über persönliches bewusstes Erleben von Musterverhalten setzen in der Regel nachhaltige Veränderungsaktivitäten in Gang. Insofern erzielt eine solche Praxisübung persönliche Weiterentwicklung, die sich meistens auch positiv auf das individuelle Gesamterleben sowie auf die Führungskompetenz auswirkt.

Eingesetzt als Teamentwicklungsmaßnahme besteht die Chance, dass Teammitglieder sich in einer neuen Weise wahrnehmen und erleben können und dadurch lernen, Unterschiede als positiv zu erkennen und diese Potenziale auch im Arbeitsalltag neu nutzen zu können. Damit kann Diversity-Management in der Praxis erlebt werden und sich aus den spielerisch gemachten Erfahrungen neu verdichten zu einer Weiterentwicklung des Gesamtteams.

Um das Projekt realisieren zu können, werden sowohl planerische Fähigkeiten gefordert als auch Verhaltensweisen wie Absprachen treffen und einhalten, Zuverlässigkeit, Kritikfähigkeit und immer wieder Kommunikation über das weitere Fortgehen und Ergebnissicherung notwendig. Im praktischen Tun entwickeln sich sehr schnell entsprechende Verhaltens- und Kommunikationsmuster. In der Auswertung kann auf diese konkreten Erfahrungen selbstreflexiv zurückgegriffen werden.

Zielsetzungen der Auswertung sind, die Stärken des Teams herauszuarbeiten, gegenseitiges Verstehen zu fördern und neue Sichtweisen auf die gemeinsame Arbeit zu eröffnen. Da während der Übung schnell auch die interne Rollenverteilung und die unter Umständen damit verbundenen Schwierigkeiten deutlich werden, besteht eine gute Chance, Erkenntnisse und damit Veränderungsprozesse in Gang setzen zu können.

Führungsverhalten
In der Gruppe kristallisieren sich Führungspersonen heraus. Die »Lauten« artikulieren sich zuerst. Ob sie deshalb auch Führungskompetenzen besitzen, zeigt sich erst im Prozessverlauf.

Bei anderen Gruppenzusammensetzungen konnte beobachtet werden, dass Teilnehmer durch Blicke oder Fragen jemanden zur Führungsperson auserkoren hatten.

Zu viele Häuptlinge blockieren die Entwicklung. Teilnehmer fürchten, (falsche) Entscheidungen zu treffen. Erweist sich eine Entscheidung später als falsch, fühlt sich derjenige überprüft und bloßgestellt.

Kommunikation
Gute Kommunikation über Arbeitsabläufe und Arbeitsschutzthemen ist ein relevantes Merkmal guter Projektarbeit. Die Kommunikation über »Kommunikation« ist jedoch nicht einfach. Mit der Arbeitsmethode »Brücken bauen« können »Brücken geschlagen« werden. Anschaulich, praktisch, handfest und leicht übertragbar auf die Praxis können Gruppen erfahren:
- wie ihr Kommunikationsverhalten bei konkreten Aufgabenstellungen verläuft,
- wie zielgerichtet die Kommunikation bei Planungsabläufen geschieht,
- wo ihre Stärken liegen,
- wo es »Knackpunkte« gibt und
- worauf sie zukünftig in der Praxis achten können.

Der Einsatz dieser Methode hat sich u.a. besonders bei Mitarbeiterinnen und Mitarbeitern aus dem handwerklichen und technischen Bereich bewährt.

Teambildung
Jeder Teilnehmer darf nur eine Hand benutzen. Die Aktion ist geeignet, Prozesse der Teamarbeit deutlich herauszuarbeiten. In Teams wirken ungeschriebene Regeln und »Gesetze«, aber auch Strukturen des Betriebes, Führungskultur und andere dynamische Kräfte wie Rollenkonformität, Genderthemen und interkulturelle Aspekte. Dort, wo die

Teambalance nicht entsteht oder nicht entwickelt wurde, blockieren sich Teammitglieder häufig selbst und man kann von einer »Teamtrance« sprechen. Kennzeichen ist, dass so gut wie keine Einigkeit erzielt werden kann, Teambeschlüsse entweder nicht zustande kommen oder getroffen, aber nicht umgesetzt werden und die Qualität der Arbeit alles andere als gut ist. In der Regel fühlen sich auch die Teammitglieder unwohl. Kennzeichen einer solchen Trance können z.b. regelmäßige oder hohe Fehlzeiten sowie hohe Fluktuation sein. Es kann sein, dass die interne Teamstruktur so ist, dass sich die Blockaden nicht lösen lassen. Das gilt zum Beispiel für Zusammensetzungen, in denen die Mehrzahl der Teammitglieder resigniert oder innerlich gekündigt hat. Auch bei großen kulturellen Differenzen kann es zu Blockaden durch Verweigerung der Zusammenarbeit kommen. Nicht alles lässt sich durch Weiterbildungsmaßnahmen lösen. Manchmal hilft nur eine personelle Umsetzung oder Auflösung eines Teams.

Aber überall da, wo entweder aus dem Team heraus der Wunsch nach Verbesserung der Situation da ist oder aufgrund von Führungsentscheidungen Teamentwicklung stattfinden soll, ist es sinnvoll, über Erfahrungslernen an die Themen der Gruppen oder des Teams heranzukommen.

Ein gutes Team zeichnet sich durch hohe Kommunikations- und Konfliktfähigkeit sowie ein gewisses Maß an Toleranz im Umgang miteinander aus.

Im Brückenbau müssen alle erforderlichen Qualitäten der Teamarbeit eingesetzt werden:
- gemeinsame Zielfindung und Einigung über den Arbeitsprozess,
- Entscheidungen treffen und koordinieren,
- die Kontrolle des Prozesses, da der Zeitfaktor eine Rolle spielt,
- Motivation und Kommunikation,
- Konfliktfähigkeit, wenn es darum geht, evtl. neue Entscheidungen treffen zu müssen,
- und der Zusammenhalt der Gruppe.

Methodisch/Didaktische Aspekte
Anders als bei Kindern oder Jugendlichen liegt bei Erwachsenen bereits ein festgefügtes Bild über die Zusammenhänge der Arbeitsumwelt vor. Der Einsicht in die Notwendigkeit von Veränderungen stehen oft jahrelange Arbeits- und Lebenserfahrungen gegenüber, die durchaus im Gegensatz zur Forderung stehen können.

Eine Maßnahme sollte so gestaltet sein, dass sie den Betrachter emotional an einen Punkt führt, an dem er darüber nachzudenken beginnt, ob sein Verhalten in der Vergangenheit richtig war. Kann der Betrachter sich selbst entscheiden, besteht eine erhöhte Wahrscheinlichkeit, dass dieses Unterfangen gelingt. Alles andere hat den faden Beigeschmack der Belehrung und kann als Besserwisserei empfunden werden. Welcher erwachsene Mensch reagiert darauf wie gewünscht? Das Ziel, die gewünschte dauerhafte Einstellungs- und Verhaltensänderung zu erreichen, scheint eher gegeben, wenn es gelingt, dem erwachsenen Menschen seine Selbstbestimmung zu überlassen. Mit dem Anregen von Fantasie, Inspiration und Kreativität ist mehr geholfen als mit der Präsentation vermeintlich eindeutiger Lösungen.

Erwachsenenbildung
Der Erwachsene will und muss mit den Verhaltensweisen und Überzeugungen, mit denen er in die Maßnahme kommt (mögen sie auch objektiv falsch sein), immer ernst genommen werden. Die Botschaften müssen frei von Schuldzuweisungen sein, sonst verschließt sich der Betrachter.

Allen kognitiven Erklärungen zum Trotz ist die geballte Summe der häufig durchaus gegenläufigen Lebenserfahrungen zu beachten. Um einen Wendepunkt in Verhaltensweisen anzusprechen, bedarf es mehr als der rein sachlichen Information. Wenn Fragen aufgeworfen werden (anstatt nicht gestellte Fragen zu beantworten), kann die Suche nach Beantwortung durchaus den erwachsenen, selbstdenkenden Personen der Zielgruppe überlassen bleiben.

Verunsicherung und Irritation ist eine Methode, Lernbereitschaft zu erzeugen. Bevor eine neue Information wirklich zugelassen wird, muss zunächst das alte Verhaltensmuster verunsichert oder provoziert werden. Verunsicherung erzeugt ein inneres Ungleichgewicht, das wiederum nach Ausgleich strebt. Erst in dieser Phase können Lösungen angeboten werden. Provokation soll einen Prozess der Richtigstellung auslösen (Provokation als persönlicher Angriff kann zu *Reaktanz*, Abwehrreaktionen, führen). Wenn es auf diese Weise gelingt, das Thema zum Gesprächsgegenstand werden zu lassen, damit seine Bedeutung zu erhöhen und als Selbstläufer zu multiplizieren, werden Meinungsbildungsprozesse ausgelöst und nicht Lösungen vorgegeben.

Erscheinen dem Teilnehmer aufgrund seines Vorwissens alle Zusammenhänge bereits bekannt oder gehören sie nach seiner Einschät-

Führen in der Praxis

zung zu den Selbstverständlichkeiten des Lebens, so wird die Maßnahme als banal und wenig spannend erlebt. Erwachsenenbildner sind immer bestrebt, altbekannte Tatsachen aus einer Perspektive zu präsentieren, die für jede Zielgruppe Neuheitscharakter besitzt und Bekanntes in einem neuen Licht erscheinen lässt. (»So hab' ich das noch nie gesehen.«)

Erlebnispädagogik
In der Didaktik gilt der häufig zitierte Satz: »Ein Bild sagt mehr als 1000 Worte.« Bezogen auf die erlebnisbasierte Wahrnehmung kann erweitert werden: »Ein Erlebnis sagt mehr als 1000 Bilder«, denn das selbst Erlebte verankert sich wesentlich stärker im Gedächtnis als nur Gehörtes oder nur Gesehenes.

Gleiche Ereignisse werden von Menschen unterschiedlich erlebt. Während der eine Löwenjagd als eindrucksvolles Erlebnis schildert, empfindet ein anderer schon das Aufblühen einer Blume als Erlebnis. Beide »Abenteuer« lösen eine emotionale Regung aus. Wenn die Ereignisse zudem über möglichst viele Sinneseindrücke und Gemütsregungen erfahren werden, wirken sie intensiv und nachhaltig.

Resümee der Maßnahme »BrückenSchlagen«
Die bisherigen Erfahrungen mit der Methodik »BrückenSchlagen« in der Schulung von Führungskräften oder bei Maßnahmen zur Teamentwicklung waren durchweg positiv. Allerdings ist auch eine solche Maßnahme lediglich ein Baustein innerhalb eines langwierigen Prozesses.

Die Maßnahme »BrückenSchlagen« fordert intuitives Alltagshandeln und damit Authentizität der Teilnehmerinnen und Teilnehmer. Aufgrund des pragmatischen Ansatzes können damit auch Zielgruppen angesprochen werden, die eher handwerklich geschickt und wenig geübt im theoretischen Lernen sind. Aufgrund der praktischen Arbeit und der gemeinsamen Erfahrungen kann in der Auswertung leichter über Rollen, Rollenzuweisungen und Verhaltensaspekte in der Zusammenarbeit diskutiert werden. Wird die Brücke fertig und kann abschließend ein Gruppenfoto mit allen Teilnehmenden auf der Brücke die geleistete Arbeit dokumentieren, sind viele auch erst einmal stolz auf das Geleistete. Damit entstehen positive Lernsituationen, in denen auch neue Anregungen gerne angenommen werden.

Besonders interessant sind Prozesse, in denen die Brücke nicht fertiggestellt werden kann. Gerade wenn dies im Rahmen von Team- oder

Gruppenentwicklung passiert, lässt sich in der Auswertung sehr gut über die Gründe, die zu diesem Ergebnis geführt haben, diskutieren. In der Auswertung muss darauf geachtet werden, dass das jeweilige Verhalten konkret reflektiert werden kann. Schuldzuweisungen können zwar in der Debatte gemacht, sie müssen aber entsprechend im Kontext aufgearbeitet werden, wenn ein nachhaltiger Lerneffekt entstehen soll.

Aufgrund dieses hohen Praxisbezuges muss sich jede/r einbringen und konkret handeln, pro aktiv werden. Damit wird auch jede/r Teilnehmende sichtbar mit seinen/ihren Stärken und Möglichkeiten. Die Übung enthält ausreichend Rollenangebote, auch für Hilfstätigkeiten und kleinere Arbeiten für eher vorsichtige Naturelle. Die Erfahrungen mit sich selbst im Kontext der Gruppe schaffen Erlebnisse, die nachhaltig wirken können, weil sie eben aus dem eigenen Erleben kommen und nicht abstrakt erarbeitet werden. Besonders in der Teamentwicklung lassen sich damit wirkungsvolle Effekte erzielen, die sich auf die weitere Zusammenarbeit positiv auswirken können.

Für eine gelungene Auswertung ist allerdings auch ein erfahrenes Referententeam erforderlich. Die Auswertung muss gewährleisten, dass alle Verhaltensweisen in wertschätzender Weise reflektiert werden. Dazu sollte auch ein ausreichendes Zeitkontingent zur Verfügung stehen. Die Auswertung wird unterstützt durch Fragebögen, Selbstreflexionsbögen und weiteres methodisches Handwerkszeug. Insbesondere beim Einsatz in der Führungskräfteschulung kommt der Auswertung ein hoher Stellenwert zu.

Ausblick

Eine Veränderung des Führungsverhaltens oder die Entwicklung neuer Führungskulturen sind aufgrund der beschriebenen Rahmenbedingungen langwierige Prozesse. Mit Erfolgen ist nur zu rechnen,
- wenn eine Vision konkretisiert wurde,
- wenn eine prozesshafte Entwicklung stattfindet,
- bei behutsamer Einflussnahme,
- bei sozialer Sensibilität,
- bei Bescheidenheit hinsichtlich Tempo und Ausmaß,
- bei langem Atem.

Rudi Clemens
Soziale Kompetenz – Führung als Fürsorge

Das Führungsverhalten und das soziale Umfeld sind neben der technischen Arbeitsplatzgestaltung, dem räumlichen Umfeld und den eigentlichen Tätigkeiten wesentliche Faktoren, die Einfluss auf das Wohlbefinden der Mitarbeiterinnen und Mitarbeiter am Arbeitsplatz und damit auf den Unternehmenserfolg haben – auch im Baugewerbe.

Ein gutes Betriebsklima und damit verbundenes Wohlbefinden der Mitarbeiter wirken sich positiv auf das Engagement, die Motivation und in weiterer Konsequenz auf die Arbeitsqualität der Mitarbeiter aus. Neben Fachkompetenz macht deshalb zunehmend Sozialkompetenz (Umgang mit den Mitarbeitern, interne Kommunikation, Informationsbereitschaft) die Qualität der Führungskräfte aus.

So ist etwa eine verstärkte Kundenorientierung nur dann realisierbar, wenn die Mitarbeiter kundenorientiert handeln, wenn sie überhaupt motiviert sind, den Bauherrn und Bauleiter als Kunden in den Mittelpunkt ihrer täglichen Arbeit zu setzen.

Den Wandel meistern

In das Zentrum der Erwartungen, diesen Wandel auch zielgerecht und mitarbeiterorientiert auszusteuern, geraten zunehmend die Führungskräfte. Ihnen obliegt die Verantwortung, den Wandel zu meistern und zudem die Motivation und Gesundheit der Mitarbeiterinnen und Mitarbeiter zu sichern. Denn Wandel führt nur dann zur Leistungssteigerung einer Organisation und zum besseren Erreichen der Unternehmensziele, wenn die Qualität der Leistungserbringung der Mitarbeiter sichergestellt ist. Diese ist wiederum entscheidend vom Wohlbefinden abhängig.

Gesundheitsfördernde Personalführung

Dieses Wohlbefinden ist nicht nur durch Vergütungen in Form von Geldleistungen herstellbar, sondern erfordert auch die Freude am täglichen Arbeiten.

Mit einem ausgeprägten Sozialverhalten können Führungskräfte verstärkt Einfluss auf die psychische Verfassung der Mitarbeiterinnen und Mitarbeiter nehmen und zwar durch
- faire, objektive Beurteilung,
- konstruktive Konfliktlösung,
- kreative Problemlösungsansätze,
- Verständnis/Zuhören bei Problemen und Beschwerden.

Mitarbeiterführung bedeutet jedoch nicht nur eine positive Einflussnahme auf das Verhältnis der Führungskraft zu den Mitarbeiterinnen und Mitarbeitern, sondern auch auf das Arbeitspensum. Durch ihren Einfluss auf die Auslastung der Mitarbeiter haben Führungskräfte eingeschränkt Verantwortung für die psychische und gesundheitliche Verfassung der Mitarbeiter. Gegenseitiges Abwägen der Fähigkeiten der einzelnen Mitarbeiter und der delegierten Aufgaben ist notwendig, um Unter- oder Überforderung und somit Frust, Stress, Druck oder Demotivation zu vermeiden.

Teamarbeit fördern

Viele Aufgaben auf der Baustelle können nicht im Alleingang, sondern nur im Team bewältigt werden. Durch den verstärkten Einsatz von Teamarbeit werden auch an die Führungskräfte neue Anforderungen gestellt. Sie sollen:
- effektives Arbeiten im Team durch Koordination der Prozesse sicherstellen,
- verstärkt Mitarbeitergespräche führen, für besseren Informationsaustausch sorgen,
- Ziele, Vorgehensweisen, Einsatz von Ressourcen gemeinsam (Führungskräfte und Mitarbeiter) erarbeiten, zum Beispiel in Wochengesprächen.

Soziale Kompetenz – Führung als Fürsorge

Erwartungen transparent machen

Bei den althergebrachten Führungsstilen gibt es sowohl auf der Seite des autoritären Führungsstils als auch auf der Seite des Laisser-faire-Stils Merkmale, die negative Auswirkungen auf die Gesundheit der Mitarbeiterinnen und Mitarbeiter haben können. Zu stark ausgeprägtes Kontroll- und Überwachungsverhalten und zu geringe Delegation von Verantwortung erhöhen den Frust und den Druck auf die Mitarbeiter ebenso wie zu hoher Handlungsspielraum oder unklare Zielvorgaben.

Unabhängig vom persönlichen Führungsstil können und müssen deshalb Instrumente eingesetzt werden, die den Mitarbeitern die Erwartungen der Führungskraft transparent machen und den Führungskräften Informationen über die Mitarbeiter zur Verfügung stellen, um Führung überhaupt möglich zu machen.

Instrumente der Führung

Aus einer Vielzahl von Führungsinstrumenten sollen hier drei näher betrachtet werden:
- a) das Teamgespräch auf der Baustelle
- b) das Mitarbeitergespräch unter Einbeziehung von Zielvereinbarungen
- c) die Mitarbeiterbefragung

a) Teamgespräch auf der Baustelle

Der Marktdruck in der Bauwirtschaft wächst. Es kommt heute für die Bauunternehmen mehr denn je darauf an, alle Möglichkeiten zu nutzen, um den Betrieb wirtschaftlich zu führen. Wesentlicher Faktor dabei sind die Mitarbeiterinnen und Mitarbeiter. Führungskräfte sind aufgerufen zu nutzen, was ihre Mitarbeiter denken und wissen, um den Betrieb erfolgreich zu führen. Um das zu tun, müssen sie mit ihnen sprechen. Dazu dienen Mitarbeiter-Baustellengespräche.

Diese Gespräche haben aber noch eine Funktion. Die Leistungsfähigkeit des Unternehmens wird nicht nur durch das Sachvermögen wie beispielsweise die Maschinenpower der neuesten Geräte auf der Baustelle erreicht, sondern vor allem durch die Leistungsfähigkeit und die Leistungsbereitschaft der Mitarbeiter. Die Mitarbeiter können nur zu guten Leistungen bewegt werden, wenn mit Ihnen richtig gesprochen

wird. Führungskräfte sollten ihre Mitarbeiter motivieren, die anstehenden Aufgaben mit Herz, Hand und Hirn zu erledigen. Auch dazu dienen Mitarbeiter-Baustellengespräche.
Mitarbeiter-Baustellengespräche bringen vor allem zwei Vorteile für Führungskräfte:
1. *Probleme schneller erkennen*: Kaum einer kennt die Probleme und Schwachstellen, aber auch die Möglichkeiten zur Verbesserung auf den Baustellen so gut wie die Mitarbeiter. Führungskräfte sollten dieses Wissen nutzen, um die Bauabläufe besser zu gestalten.
2. *Leistungsbereitschaft der Mitarbeiter steigern*: Mitarbeiter, die gefragt werden und ihre Ideen einbringen können, arbeiten motivierter. Wer mit Motivation und Verstand bei der Arbeit ist, arbeitet besser und ist produktiver. Wer so arbeitet, bringt mehr Leistung.

Durch das regelmäßige Gespräch können alle ihre Vorschläge und Ideen einbringen. Durch das regelmäßige Gespräch können Führungskräfte auch den Mitarbeitern genau sagen, wie sie sich die Arbeit vorstellen und was sie von ihnen erwarten.

b) Mitarbeitergespräch mit Zielvereinbarung

Die Gespräche zwischen den Mitarbeitern und ihren Führungskräften gehören zum Routinegeschäft. Leider werden sie in vielen Fällen auch als lästige Routine behandelt. Geht es um die systematische Einführung von Mitarbeitergesprächen, hört man oft das folgende Vor- und Fehlurteil:»Das brauchen wir nicht, wir sind in unserer täglichen Arbeit nah an unseren Mitarbeiterinnen und Mitarbeitern, wir kennen ihre Sorgen und Nöte genau.«

Mitarbeitergespräche sollten aber nicht ad hoc geführt werden. Ein zielorientiertes Mitarbeitergespräch darf nicht spontan und »zwischen Tür und Angel« stattfinden, sondern bedarf einer Vorbereitung durch die Führungskraft und den Mitarbeiter. Diese Gespräche müssen in einem fest vereinbarten Turnus stattfinden, mindestens einmal im Jahr, und sie bedürfen einer gewissen Standardisierung, so dass Führungskraft und Mitarbeiter schon im Vorfeld genau wissen, auf was sie sich einlassen und vorbereiten. Zudem garantiert die Standardisierung im Ablauf und Zeittakt eine Vergleichbarkeit über die Zeit und eine Beurteilung der individuellen Entwicklungen des Mitarbeiters.

Um dem Mitarbeiter seine Perspektive und die Erwartungen an ihn zu verdeutlichen, müssen individuelle Ziele gemeinsam mit dem Mitarbeiter entwickelt und vereinbart werden. Am Grad der Zielerreichung

Soziale Kompetenz – Führung als Fürsorge

kann so im folgenden Gespräch die Leistung des Mitarbeiters bewertet, eine etwaige Plan-/Ist-Abweichung analysiert (hier geht es nicht um Schuld, sondern um Ursachen) und der Weiterbildungsbedarf für den einzelnen Mitarbeiter festgelegt werden.

Ohne die Entwicklung und Vereinbarung von Zielen fehlt dem Mitarbeiter eine Perspektive, der Führungskraft fehlt ein Bewertungsmaßstab, und dem Mitarbeitergespräch fehlt die Substanz: Es ist ständig in Gefahr, in absolute Beliebigkeit abzurutschen.

c) Mitarbeiterbefragung

Die Mitarbeiterbefragung ist ein strategisches Führungsinstrument für die Grundlegung von Verbesserungsprozessen und als Baustein eines ständigen Qualitätsmanagements zu sehen. Die Mitarbeiterbefragung ist ein Diagnoseinstrument, auf dem Maßnahmen aufgebaut werden.

Im Gegensatz zu den Mitarbeitergesprächen werden die Befragungen prinzipiell anonym durchgeführt. Dies erhöht die Chance, dass die Mitarbeiterinnen und Mitarbeiter Probleme oder Konflikte auch wirklich ansprechen. Wichtig ist eine zeitnahe Information der Mitarbeiter über die Ergebnisse und Konsequenzen der Befragung.

Führungskräfte haben durch eine Mitarbeiterbefragung drei Chancen, die es zu nutzen gilt:

- die Chance, die Zufriedenheit der Mitarbeiterinnen und Mitarbeiter zu ermitteln und somit auch zu erhöhen,
- die Chance, Optimierungspotenziale in der Ablauf- und Aufbauorganisation zu heben,
- die Chance, durch die Einbindung aller Mitarbeiter die Akzeptanz von Veränderungsprozessen zu erhöhen.

Kritik und Lob

Führung verstanden als Fürsorge bedeutet also nicht nur, den Mitarbeiterinnen und Mitarbeitern in »stürmischen« Zeiten den Weg in die richtige Richtung zu weisen, sondern auch dafür Sorge zu tragen, dass sie mit ihren Fähigkeiten an der richtigen Stelle im unternehmerischen Gefüge arbeiten und entsprechende Kritik, Anerkennung und Förderung erfahren, um so zu verhindern, dass sich psychische Belastungen aufbauen, die letzten Endes psychische Erkrankungen nach sich ziehen können.

Anne Katrin Matyssek

»Der macht mich noch krank!«
Wechselwirkungen von Führung und Gesundheit in der Praxis

Zusammenhänge zwischen Führung und Gesundheit

Führungskräfte wirken immer als Gestalter von Arbeitsbedingungen. Sie können Druck aufbauen oder Entlastung ermöglichen, können Stress verstärken und in gewissem Maße auch reduzieren. Sie prägen das Betriebsklima und sorgen für die Ausstattung des Arbeitsplatzes. So gestalten sie das Arbeitsumfeld der Beschäftigten und nehmen Einfluss auf die körperliche, aber auch auf die psychische Gesundheit. Im schlimmsten Fall können sie krank machen.

Insbesondere der wachsende Anteil psychischer Erkrankungen am Gesamtkrankheitsgeschehen wird auf »mangelhafte Managerqualitäten« zurückgeführt. Schlaglichtartig beleuchtet werden diese Zusammenhänge im Report des Berufsverbands Deutscher Psychologinnen und Psychologen vom April 2008. Demzufolge ist der Anteil an Ausfalltagen aufgrund psychischer Erkrankungen von 6,6% (2001) auf 10,5% (2005) gestiegen, was einem relativen Anstieg um 59% entspricht. Besonders häufig sind Depressionen anzutreffen. Die Ursachen liegen laut BDP in: Zeitdruck, Komplexität der Arbeit, fehlender Partizipation (das Burnout-Risiko steigt dadurch ums 3,5fache), Leiharbeit, fehlender Wertschätzung, defizitärem Führungsverhalten und Gratifikationskrisen (i.S. von Siegrist, 1996).

Auf der anderen Seite sind Führungskräfte – zumindest diejenigen in Sandwich-Positionen – immer auch selbst betroffen von ungünstigen Arbeitsbedingungen. Enge Zielvorgaben, Zeitdruck, komplexere Arbeitsvorgänge und fehlende Wertschätzung sind Belastungsfaktoren, mit denen auch viele Führungskräfte zu kämpfen haben. Die zurzeit beliebte Managerschelte lässt diesen Aspekt unberücksichtigt.

Deutlich wird schon an diesen kurzen Ausführungen: Betriebliches Gesundheitsmanagement, das nachhaltig die Gesundheit der Beschäftigten sicherstellen möchte, muss sich auch um den Aspekt Führung

»Der macht mich noch krank!« 143

kümmern. Oder flapsig ausgedrückt: »Gesundheitsmanagement ist mehr als Pausenapfel-Management« (Zitat von: Freiburger Verein für Arbeits- und Organisationspsychologie).

Fallbeispiele aus der Praxis

In der Praxis finden sich viele unterschiedliche Varianten von kränkendem (krank-machendem) Führungsverhalten. Oft ist weniger böser Wille als vielmehr eigene Überforderung oder Unsicherheit schuld am gesundheitswidrigen Verhalten von Vorgesetzten. Einzelne Beispiele mögen dies belegen.

- Ein Vorgesetzter, seit 15 Monaten in dieser Position tätig, hat einen Mitarbeiter, der häufig immer gerade dann fehlt, wenn Not am Mann ist. Eines Tages entdeckt der Vorgesetzte in einer Zeitschrift einen Artikel zum Thema »Die Tricks der Blaumacher«. Der Artikel enthält u.a. eine Liste von Erkrankungen, die auch der betreffende Mitarbeiter schon oft als Erklärung für seine Fehlzeiten angegeben hat. Der Vorgesetzte schneidet die Liste aus und legt sie dem Mitarbeiter kommentarlos ins Fach.
- Ein 50-jähriger Mitarbeiter bittet seinen Vorgesetzten um die Erlaubnis, eine Fortbildung zu besuchen. Der Chef, der die aktuellen Einsparvorschriften seines eigenen Chefs im Hinterkopf hat, antwortet spontan: »Oh, da muss ich erst mal gucken, ob sich das noch lohnt bei Ihnen. In der heutigen Zeit muss man ja mit spitzem Bleistift rechnen!«
- Ein Service-Techniker erfährt, während er im Dienst ist, dass sein Vater im Sterben liegt. Er geht zu seinem Vorgesetzten, um diesem mitzuteilen, dass er für heute den Dienst verlassen möchte und warum. Der Vorgesetzte herrscht ihn an, er dürfe den Dienst nicht eher beenden, als nicht alle Aufträge auf der vorgegebenen Liste erledigt sind. – Als er später auf die Situation angesprochen wird, begründet er sein Verhalten damit, dass er das Erreichen seiner eigenen Zielvereinbarung für das laufende Jahr durch die Abwesenheit des Mitarbeiters gefährdet sah.
- Eine Mitarbeiterin berichtet in der Therapie: »Ich habe ja jetzt die Stelle gewechselt und versuche jetzt in die neuen Programme reinzukommen. Das ist eigentlich ein Aufstieg. Meine neue Chefin sitzt dann oft neben mir und erklärt mir das, und ich kann aber nicht gut

lernen und arbeiten, wenn jemand neben mir sitzt. Da brauch' ich meine Ruhe. Jedenfalls kapier' ich das oft nicht beim ersten Mal und würde lieber selber weiter rumprobieren. Meine Chefin kriegt das dann mit, dass das noch nicht so auf Anhieb klappt, und dann werde ich immer verkrampfter. Und inzwischen macht mir das echt Bauchschmerzen, wenn ich weiß, die guckt mir wieder zu.«
Die Ursachen dieser Kränkungen? Die Unfähigkeit zu kommunizieren, fehlende Konfliktfähigkeit, zu starker Druck auf den Schultern der Führungskraft. All das schafft Raum für Missverständnisse.

Wie sich gesunde Führung stärken lässt

Was kann man tun, um solche Fälle von krankmachendem Führungsverhalten zu verhindern? Führungskräfte »fit machen« – in Gesprächsführung, in Konfliktbewältigung, aber auch in Stressmanagement und SelfCare. Denn eine Führungskraft, die selbst gestresst ist, angespannt, hektisch, die wird dies übertragen auf ihr Team. Die Erfahrung zeigt, dass Führungskräfte wesentlich bereitwilliger an Seminarveranstaltungen zum Thema »Gesund Führen« teilnehmen, wenn sie merken, dass sie davon auch als Person profitieren, und nicht nur in ihrer Funktion als Vorgesetzte. Aus diesem Grunde empfiehlt es sich beispielsweise bei zweitägigen Veranstaltungen, den ersten Tag – nach einer Einführung über die theoretischen Grundlagen (was hat Führung mit Gesundheit zu tun, welche Erkenntnisse zu diesem Zusammenhang gibt es etc.) – unter das Motto zu stellen: »Wie geht es Ihnen als Führungskraft? Was belastet Sie als Person, und wie verändert sich Ihr Führungsverhalten, wenn Sie im Stress sind?« Wenn die Teilnehmerinnen und Teilnehmer am Ende des ersten Tages Impulse für einen veränderten Umgang mit Stress und Belastungen erhalten haben, sind sie erfahrungsgemäß am zweiten Tag offen für ein kritisches Hinterfragen ihres Führungsverhaltens. Nach Matyssek (2003) lassen sich aus der Literatur unterschiedliche Dimensionen gesunder Führung ableiten. Es bietet sich an, diese auch in Führungskräfteveranstaltungen zu behandeln: Anerkennung/ Lob/ Wertschätzung, Interesse/Aufmerksamkeit, Gesprächsführung/Einbeziehen, Transparenz/Durchschaubarkeit, Betriebsklima/Stimmung, Belastungsabbau/Ressourcenaufbau/Stressbewältigung.
    Für die Akzeptanz solcher Veranstaltungen ist wichtig, dass auch die oberste Leitung teilnimmt, zumindest einzelne Vertreter phasen-

weise teilnehmen, getreu dem Motto: »Der Fisch kann auch vom Kopf her duften.«

Resultate gesunder Führung

Eine Veränderung des Führungsverhaltens in gesundheitsgerechte Richtung dient in der Praxis gleichzeitig der Verhältnis- wie der Verhaltensprävention. Einerseits profitieren die Führungskräfte selbst von einer gesünderen Lebensweise; sie erhalten ihre Arbeitsfähigkeit, wenn sie stärker auf sich und ihre Gesundheit achten und pfleglicher mit sich umgehen. Andererseits entwickeln sie auch mehr Verständnis für belastete Beschäftigte, sind eher Ressource als Stressor, zum Beispiel, indem sie soziale Unterstützung geben, statt in stressigen Situationen als zusätzlicher Stressor aufzutreten (»Ist das immer noch nicht fertig? Muss ich denn hier alles selber machen?«). Von gesunder Führung profitieren folglich alle Beteiligten: die Führungskräfte selbst, die Beschäftigten und letztlich auch das Unternehmen. Bildlich ausgedrückt: Gesund Führen hat viele Früchte, und von denen werden alle satt (Abbildung 1).

Abbildung 1: Gesund Führen und seine Früchte – CareCard als Handlungshilfe

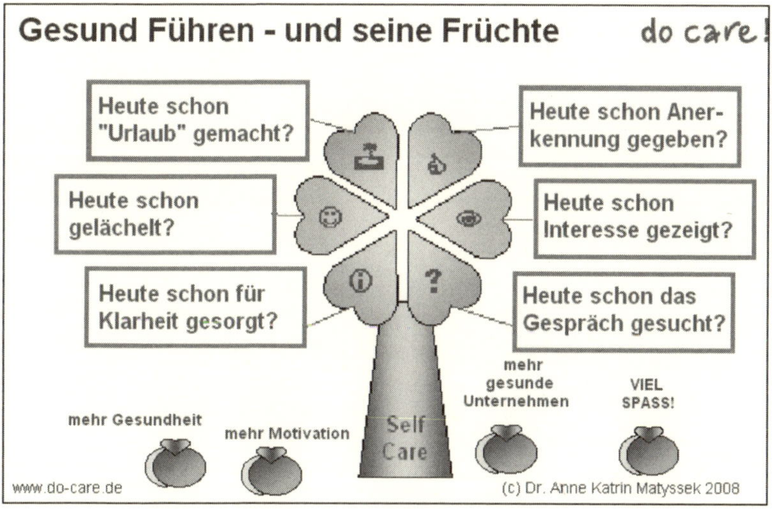

Deutlich wird bei der Baum-Metapher: Ohne Stamm keine Blätter und erst recht keine Früchte. Prosaischer ausgedrückt: Wer nicht gut auf sich selbst achtgibt, der interessiert sich erst recht nicht für das Wohlbefinden seiner Mitarbeiterinnen und Mitarbeiter. SelfCare ist – nicht nur vor dem Hintergrund der Vorbildfunktion – die unverzichtbare Basis aller Bemühungen um mehr Gesundheit.

Die zweite CareCard (Abbildung 2) liefert als Erinnerungshilfe für die Hemdtasche Stichworte für mehr SelfCare im Arbeitsalltag, und zwar insbesondere für eine Förderung der Erholungsfähigkeit. Die verhaltenstherapeutisch basierten Tipps verbessern das Abschaltverhalten (Matyssek 2008). Die einzelnen Punkte bedeuten in der konkreten Umsetzung Folgendes:

- Ein wichtiges Instrument, wenn Sie Belastungen loswerden möchten: Schreiben Sie auf! Dieses Ausspeichern entlastet Kopf und Psyche.
- Wenn Sie Pause machen, sollten Sie wirklich Pause machen. Eine Pause wirkt vor allem dann erholsam, wenn Sie einen Orts- und Gedankenwechsel vornehmen. Ein Butterbrot am PC liefert keine Erholung.

Abbildung 2: Die Gesundheit stärken – CareCard als Erinnerungshilfe

Die Gesundheit stärken   do care!

Wenn Sie diese Karte sehen: Gönnen Sie sich eine kleine Auszeit!

Gesund ist, was stark macht. Sie dürfen bei sich selbst beginnen ...

Was lässt Sie strahlen?

Rituale ...   Wo können Sie auftanken?

Pause
= Pause   Wo können Sie aufblühen?

aufschreiben
= loswerden   Was macht Sie stolz?

www.anne-katrin-matyssek.de   (c) Dr. Anne Katrin Matyssek 2008

- Machen Sie sich das Abschalten leicht, indem Sie Rituale ausbilden, die wie Schlüsselreize fungieren. Beenden Sie zum Beispiel jeden Arbeitstag mit dem bewussten Runterfahren des PC, während Sie ausatmen und dabei denken »Feierabend!«
- Erinnern Sie sich vorm Zubettgehen, aber auch schon während des Arbeitstages an die Dinge, die Ihnen Kraft geben und Ihnen gut tun. So verhindern Sie, dass der Alltagsstress Ihr Denken dominiert.
- Gönnen Sie sich – abgesehen von der Mittagspause – mehrere kleine Kurzpausen, mit denen Sie einen »Schnitt« setzen. Es reichen zehn Sekunden, in denen Sie bewusst an etwas anderes denken. So sind Sie abends weniger k.o., und Sie spüren auch schneller, ob Sie mal wieder etwas trinken oder essen sollten.

Literatur

Berufsverband Deutscher Psychologinnen und Psychologen e.V. (2008): BDP-Bericht: Psychische Gesundheit am Arbeitsplatz, Berlin: BDP.

Matyssek, Anne Katrin (2003): Chefsache: Gesundes Team – gesunde Bilanz. Ein Leitfaden zur gesundheitsgerechten Mitarbeiterführung, Wiesbaden: Universum-Verlag.

Matyssek, Anne Katrin (2008): Abschalten lernen in 3 Wochen. Wie Sie Ihre Erholungsfähigkeit erhalten oder wiedergewinnen, Düsseldorf: do care!

Siegrist, Johannes (1996): Soziale Krisen und Gesundheit : eine Theorie der Gesundheitsförderung am Beispiel von Herz-Kreislauf-Risiken im Erwerbsleben, Göttingen: Hogrefe.

Anna Paul/Silke Lange/ Nils Altner
Innovationsprozesse – willkommene Herausforderung oder krankmachende Belastung?

Vor dem Hintergrund des strategischen Stellenwertes von Innovationen für den Wirtschafts- und Sozialstandort Deutschland analysiert das Forschungsprojekt des Bundesministeriums für Bildung und Forschung »PräGO – Präventives Gesundheitsmanagement durch integrierte Personal- und Organisationsentwicklung« Innovationsprozesse und ihre Auswirkung auf die Gesundheit und Leistungsfähigkeit von Innovatoren. In diesem Verbundprojekt kooperiert die AG Prävention und Gesundheitsförderung der Klinik für Naturheilkunde und Integrative Medizin der Kliniken Essen-Mitte mit dem Institut für angewandte Innovationsforschung e.V. in Bochum. Veränderungs- und Neuerungsprozesse, so die Grundannahme, können einerseits Bedürfnisse nach Gestaltung, Kreativität und Anerkennung befriedigen und damit zu Wohlbefinden, Arbeitszufriedenheit und Gesundheit beitragen. Andererseits bergen Innovationsprojekte die Gefahr hoher Arbeitsbelastungen, die zu psychischen und physischen Beeinträchtigungen und Erkrankungen führen können. Das Projekt PräGO untersucht daher die Bedingungen, unter denen Innovationsprozesse zu willkommenen Herausforderungen werden können, statt belastend und krankheitsfördernd zu sein. Dabei werden sowohl individuelle Verhaltensaspekte als auch organisationale Verhältnisse auf ihre präventiven und gesundheitsfördernden Qualitäten hin untersucht.

In der qualitativ-empirischen Phase des Projektes wurden 35 leitfadengestützte Interviews und Fallstudien mit Fach- und Führungskräften bei den Valuepartnern Siemens AG, Unternehmensbereich Power Generation, Deutsche BP AG und Reifenhäuser REICOFIL GmbH & Co. KG durchgeführt. Dabei wurden Daten zu typischen »stressigen« Umständen und Ereignissen im Rahmen von Innovationsprozessen, zu Auswirkungen von Innovationsstress auf die eigene Person sowie zu hilfreichen Ressourcen in diesem Zusammenhang erhoben. Das Untersuchungssample setzte sich aus sieben Frauen und 28 Männern mit einem Durchschnittsalter von 44 Jahren zusammen, die Führungspositionen (Top-Manager, leitende Angestellte, Abteilungs- bzw. Gruppenleiter) innehaben.

Belastungen in Innovationsprojekten

Im Rahmen der durchgeführten qualitativen Interviews resp. Fallstudien kristallisierten sich insbesondere folgende Belastungsfaktoren heraus, die in Innovationsprojekten als Stressoren auftreten: Extensive Arbeitszeiten wurden von 71% der Interviewpartner genannt – Umfang und Lage der Arbeitszeiten stellten damit den am häufigsten genannten Belastungsfaktor dar (vgl. Abbildung 1).

Konflikte mit Kollegen, Kunden und Vorgesetzten beeinträchtigten das subjektive Wohlbefinden und stellten eine hohe psychische Belas-

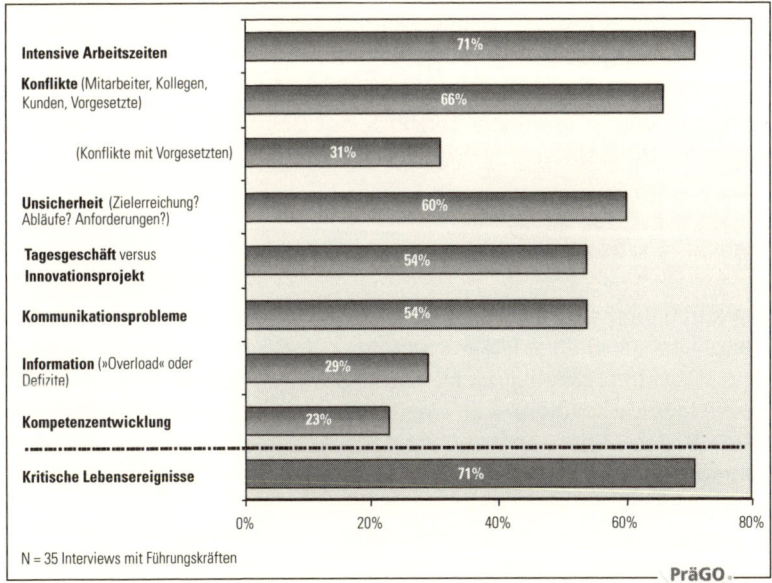

Abbildung 1: Innovationsstressoren

Stressor	%
Intensive Arbeitszeiten	71%
Konflikte (Mitarbeiter, Kollegen, Kunden, Vorgesetzte)	66%
(Konflikte mit Vorgesetzten)	31%
Unsicherheit (Zielerreichung? Abläufe? Anforderungen?)	60%
Tagesgeschäft versus Innovationsprojekt	54%
Kommunikationsprobleme	54%
Information (»Overload« oder Defizite)	29%
Kompetenzentwicklung	23%
Kritische Lebensereignisse	71%

N = 35 Interviews mit Führungskräften

PräGO

tung für 66% der Befragten dar – über ein Viertel berichtete dabei explizit von Konflikten mit Vorgesetzten.

Innovationsarbeit bringt per definitionem Unsicherheiten mit sich. Ob überhaupt und wie die Ziele des Innovationsprozesses zu erreichen sind, steht daher häufig infrage. Ebenso können Unsicherheiten betreffs der Risiken auch im Hinblick auf den persönlichen Status und die eigene Karriere entstehen. 60% der befragten Fach- und Führungskräfte empfanden diese Unsicherheiten als Belastung. 54% der Interviewpartner benannten Mehrfachbelastungen als Stressoren, da Innovationsprozesse häufig parallel bzw. sogar zusätzlich zum Tagesgeschäft bewältigt werden müssen. Kommunikationsprobleme (54%) und »Informationspathologien« (29%) führten dazu, dass die Führungskräfte im Rahmen des Innovationsprozesses oft mit interner Kommunikation überversorgt wurden, sich aber dennoch nicht hinreichend informiert fühlten.

Die in Innovationsprozessen häufig erforderliche Kompetenzentwicklung birgt zwar das Potenzial für persönliche Weiterentwicklung, stellte jedoch für knapp ein Viertel der Befragten auch eine Belastung dar.

Neben den berufsbedingten Belastungen wurde auch nach »Off-job-Stressoren« aus dem privaten sozialen Umfeld gefragt. Diese kritischen Lebensereignisse wie z.B. eine Trennung vom Partner können als Folgen des starken beruflichen Eingebundenseins auftreten. Oder sie ereignen sich unabhängig davon, z.B. eine schwere Krankheit eines nahen Familienangehörigen. In jedem Fall tragen sie zum Ausmaß der Belastung des Innovators bei und müssen daher berücksichtigt werden. So berichteten 71% der Befragten von solchen persönlichen Stressoren.

Innovationsstress

Die durch Innovationsarbeit entstehenden Belastungen blieben für die Betroffenen nicht ohne Folgen: 83% der befragten Führungskräfte empfanden das Innovationsprojekt, über das sie im Rahmen der Fallstudien ausführlich berichteten, nach eigener Aussage als »stressig«. Bei ihnen traten während des Innovationsprozesses Stresswarnsignale auf verschiedenen Ebenen auf. Am häufigsten genannt wurden:
Stressreaktionen auf der Verhaltensebene:
- weniger Sport und Bewegung (bei 83% der Befragten)
- Vernachlässigen privater Kontakte (83%)

Innovationsprozesse – willkommen oder krankmachend?

- Unfähigkeit abzuschalten (76%)

Stressreaktionen auf kognitiver Ebene:
- ständiges Kreisen von Gedanken (76%)
- fehlende Kreativität (59%)
- Konzentrationsschwierigkeiten (57%)

Stressreaktionen auf emotionaler Ebene:
- Nervosität/Unruhe (72%)
- Gereiztheit (69%)
- Gefühl von Sinnleere (66%)

Stressreaktionen auf körperlicher Ebene:
- Schlafstörungen (68%)
- Muskelverspannungen (59%)
- Rückenschmerzen (52%).

Es deutete sich zudem eine starke Tendenz an, mit hoher Stressbelastung das eigene Gesundheitsverhalten zu vernachlässigen. Damit reduziert sich eine wichtige Ressource im Umgang mit Innovationsstress. Dies äußerte sich in einer weniger gesunden Ernährung (bei 15% der befragten Führungskräfte), einer Verringerung der Flüssigkeitsaufnahme (11%), einer Steigerung des Alkohol- (11%) und Nikotinkonsums (7%) sowie, wie schon genannt, einer Verringerung von Bewegung und Sport (bei 83%).

Innovations-Ressourcen

Ressourcen erleichtern den Umgang mit Belastungsfaktoren und haben somit eine gesundheitsförderliche Wirkung. Als hilfreiche Ressourcen in Innovationsprozessen wurden insbesondere genannt:
- die Gewährung von Tätigkeitsspielräumen (46%), der Herausforderungscharakter (43%) sowie die Vielfalt der zu bewältigenden Aufgaben (40%).
- Rückendeckung und Unterstützung im beruflichen Umfeld, kombiniert mit einem guten privaten Umfeld: Für 77% war die Unterstützung durch Kollegen von zentraler Bedeutung, ebenso die Unterstützung durch Familie und Freunde (71%). Auch die Unterstützung durch Vorgesetzte (57%) und ein positives Betriebsklima (54%) spielten im Umgang mit Innovationsstressoren eine große Rolle.
- Als hilfreichste personale Ressourcen sahen die befragten Führungskräfte ihre eigenen Kompetenzen (69%) an. Auch die persön-

liche Motivation für die Arbeit (67%) trug wesentlich dazu bei, dass die Anforderungen im Kontext eines Innovationsprozesses als positiver Anreiz erlebt wurden.

Innovation – Frust oder Lust?

Knapp die Hälfte der Befragten bewertete ihre Erfahrung mit einem exemplarischen Innovationsprojekt als positiv (vgl. Abb. 2). Diese Personen sahen in ihrem Innovationsprojekt eine »spannende Herausforderung«. Sie konnten ihre Ideen erfolgreich einbringen und fanden, dass ihr persönliches Engagement zu einem sinnvollen Ergebnis führte. Bei dieser Gruppe ist primärpräventiv darauf hinzuwirken, dass das vereinzelt als »Suchtpotenzial« geschilderte positive Erleben von Innovationsstress nicht in ein Verdrängen der bestehenden hohen Anforderungen umschlägt. In der Einschätzung der knappen Mehrheit des Samples (53%) wird die Ambivalenz von Innovationsprozessen deutlich: 38% waren in ihrer Bewertung unentschlossen, sie empfanden das Innovationsprojekt als »notwendiges Übel«, bekamen nur selten positives Feedback für ihre Arbeit und zweifelten am Sinn des Ganzen. 15% zogen ein eindeutig negatives Fazit. Sie verbanden mit dem geschilderten Innova-

Abbildung 2: Innovationsprozesse im Urteil der Führungskräfte, N = 35

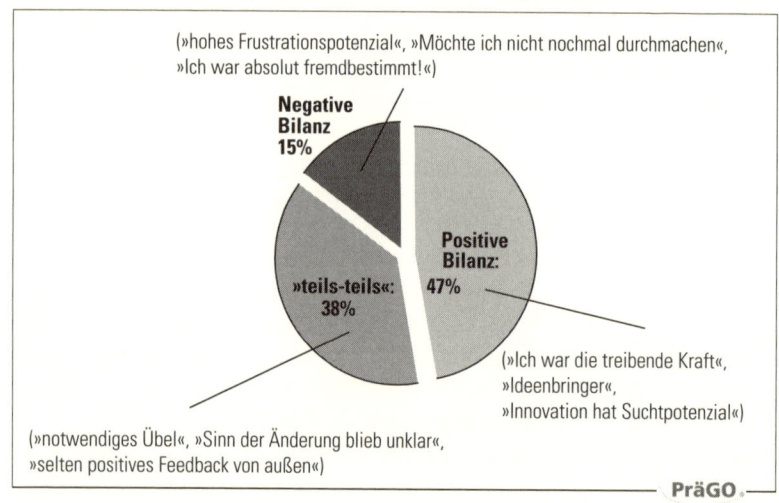

(»hohes Frustrationspotenzial«, »Möchte ich nicht nochmal durchmachen«, »Ich war absolut fremdbestimmt!«)

Negative Bilanz 15%

»teils-teils«: 38%

Positive Bilanz: 47%

(»Ich war die treibende Kraft«, »Ideenbringer«, »Innovation hat Suchtpotenzial«)

(»notwendiges Übel«, »Sinn der Änderung blieb unklar«, »selten positives Feedback von außen«)

PräGO

Innovationsprozesse – willkommen oder krankmachend? 153

tionsprojekt ein »hohes Frustpotenzial«, klagten über mangelnde Anerkennung und möchten »eine solche Zeit nicht noch einmal durchmachen«. Bei dieser Gruppe befanden sich die individuellen Belastungen und die zur Verfügung stehenden Ressourcen nicht im Gleichgewicht.

Die Befunde der Fallstudienreihe dienten als Grundlage für eine schriftliche Befragung von 231 Innovatoren. Neben den Rahmenbedingungen des Innovationsprozesses wurden mittels eines detaillierten Fragebogens Anforderungen und Ressourcen in Innovationsprozessen sowie Auswirkungen auf das Wohlbefinden und das Gesundheitsverhalten der Befragten erhoben. Dabei sind zum einen deutschlandweit Führungskräfte in Unternehmen unterschiedlichster Branchen angeschrieben worden, zum anderen beteiligten sich zwei Valuepartner-Unternehmen an der Erhebung. Die Ergebnisse bestätigen die Ambivalenz von Innovationsarbeit, die mit einigen ausgewählten Befunden kurz dargestellt werden soll:

- *Demografie:* Jeweils 84% der Befragten sind männlich und verheiratet/in Partnerschaft lebend. Das Durchschnittsalter beträgt 47 Jahre (mind. 26 Jahre, max. 72 Jahre).
- *Rahmenbedingungen:* 79% der befragten Innovatoren sind in leitender Position (Projektleiter, Verantwortlicher, Vorgesetzter) tätig. Innovationsprozesse müssen von nahezu allen Befragten zusätzlich zum Tagesgeschäft erledigt werden. So nimmt bei knapp 54% der Befragten die Arbeit am Innovationsprojekt weniger als 20% an der durchschnittlichen Wochenarbeitszeit ein. Diese Wochenarbeitszeit beträgt bei 42% zwischen 40 und 50 Stunden und bei 44% zwischen 50 und 60% Stunden.
- *Innovationsstressoren:* Die befragten Führungskräfte fühlten sich durch Verzögerungen im Projektverlauf, interne Widerstände gegen Neuerungen, die Abhängigkeit von anderen Akteuren und unzureichenden Ressourcen »gestresst«. Auch die durch den intensiven Einsatz von Kommunikationstechnologien entstehende Informationsflut stellt sich als besonders belastend heraus. Quantifizieren lässt sich dies als Anteil ihrer Arbeit, den die Befragten nach eigener Aussage als nicht wertschöpfend empfinden: Er liegt im Mittel bei 26%. Davon entfallen knapp 32% auf die Bearbeitung unnötiger E-Mails. Die Daten zeigten auch, dass 49% der Befragten sich durch Ereignisse jenseits der beruflichen Anforderungen belastet fühlten. Hierbei stehen mit 65% familiäre Spannungen aufgrund der beruflichen Belastungen eindeutig im Vordergrund.

■ *Innovationsressourcen:* 90% der Befragten stuften ihr jeweiliges Innovationsprojekt zu Beginn als »eine herausfordernde Aufgabe« bzw. »spannende Sache« ein und zeigten damit eine ausgesprochen positive Einstellung. Im weiteren Verlauf des Innovationsprozesses empfanden die Befragten (mit jeweils über 80%) die Möglichkeit, gute Ideen zu verwirklichen, als besonders hilfreich sowie interessante und herausfordernde Arbeitsaufgaben, Entscheidungskompetenzen bei wichtigen Dingen und die Involvierung in einen vollständigen Innovationsprozess vom Anfang bis Ende. Neben einer hohen sozialen Unterstützung wird den persönlichen Ressourcen, insbesondere einem guten Selbstvertrauen und einer hohen Belastbarkeit, große Bedeutung beigemessen.

■ *Auswirkungen der Arbeitsanforderungen auf das Wohlbefinden:* Die Skala »Vitale Erschöpfung«,[1] die anhand von neun Items den Erschöpfungszustand eines Menschen misst, zeigt deutliche Erschöpfungszustände bei den Befragten: 18% der 231 Befragten, die diese Skala ausgefüllt haben, zeigten eher ungünstige und 26% sogar deutlich ungünstige Werte. Das »Syndrom der vitalen Erschöpfung und Depression« wurde von Appels & Mulder als Prodrom (vorangehendes Symptom) eines Myokardinfarkts beschrieben.[2] Es ist definiert als Kombination von Müdigkeit, Erschöpfung, erhöhter Reizbarkeit, Demoralisierung und Entmutigung. Der Fragenkatalog dazu ist aus der klinischen Praxis heraus entstanden (s. Abbildung 3).

Im Vorfeld einer Herzkreislauferkrankung zeigten viele von Appels und Mulder befragte Patienten bei genau diesen Fragen hohe, d.h. »ungünstige« Werte. Untersuchungen zum Zusammenhang von Herz-Kreislauferkrankungen und Symptomen vitaler Erschöpfung zeigen, dass hohe Werte mit einem zwei- bis dreifach erhöhten Risiko für einen Herzinfarkt oder einen Schlaganfall einhergehen.[3]

---

[1] Kopp, M.S./Falger, P.R.J./Appels, A./Szedmak, S. (1998): »Depressive Symptomatology and Vital Exhaustion are Differentially Related to Behavioral Risk Factors for Coronary Artery Disease«. Psychosomatic Medicine 60, S. 752-758.

[2] Appels, A. (1997): »Exhausted subjects, exhausted systems.« Acta Physiol Scand Suppl 640, S. 153f..; Appels, A. (1997): »Why do imminent victims of a cardiac event feel so tired?« Int J Clin Pract 51(7), S. 447-450.; Appels, A. (2004): »Exhaustion and coronary heart disease: the history of a scientific quest.« Patient Educ Couns 55 (2), S. 223-229.

[3] Kop, W.J.P./Appels, A. et al. (1994): »Vital exhaustion predicts new cardiac events after sucessful coronary angioplasty.« Psychosom Med. 56 (4), S. 281-

Abbildung 3: Fragenkatalog der Kurzskala »Vitale Erschöpfung«
»Fühlen Sie sich oft müde?«
»Haben Sie oft Probleme einzuschlafen?«
»Wachen Sie nachts öfter auf?«
»Fühlen Sie sich ausgelaugt?«
»Fühlen Sie sich in letzter Zeit lustloser als früher?«
»Irritieren Sie Kleinigkeiten in letzter Zeit mehr als früher?«
»Haben Sie manchmal das Gefühl, ›meine Batterien sind leer?‹«
»Fühlen Sie sich entmutigt?«
»Wachen Sie manchmal erschöpft oder ermüdet auf?«

- *Berufliches Überengagement:* Eine Tendenz, sich zu verausgaben, führt oft dazu, dass Menschen die Grenzen ihrer Belastbarkeit nicht oder zu spät erkennen. Mit der vierstufigen Skala zum »Overcommitment« haben wir diese Neigung bei Innovatoren erfasst. Dies ist eine Teil-Skala des Fragebogens »Effort-Reward-Imbalance«, der auf dem so genannten Gratifikationskrisenmodell von Siegrist basiert.[4] Danach haben Menschen mit hoher Verausgabungsneigung ein erhöhtes Risiko, in eine Gratifikationskrise zu geraten. Die Ergebnisse unserer Befragung belegen, dass 33% der Befragten dieses ungünstige Maß an »Overcommitment« zeigen und 51% eine Tendenz dazu aufweisen. Wie bei der »Vitalen Erschöpfung« besteht ein Zusammenhang zwischen »Overcommitment« und erhöhter kardialer Mortalität (Tabelle 1).

Die statistischen Analysen zeigen darüber hinaus, dass zwischen Overcommitment und vitaler Erschöpfung ein stark ausgeprägter und höchst signifikanter Zusammenhang besteht. Das heißt, je höher

---

287; Prescott, E./Holst, C. et al. (2003): »Vital exhaustion as a risk factor for ischaemic heart disease and all-cause mortality in a community sample. A prospective study of 4084 men and 5479 women in the Copenhagen City Heart Study.« Int Jof Epidemiol 32, S. 990-997; Schuitemaker, G.E./Dinant, G.J. et al.(2004).»Vital exhaustion as a risk indicator for first stroke.« Psychosomatics 45 (2), S. 114-118.
[4] Siegrist, J. (1996): »Adverse health effects of high-effort/low-reward conditions.« J Occup Health Psychol 1(1), S. 27-41; Siegrist, J. (2002): Effort-reward imbalance at work and health. Historical and current perspectives on stress and health. P. L. Perrewé and D. C. Ganster. Amsterdam, JAI. 2; Siegrist, J./ Starke, D. et al. (2004): »The measurement of effort-reward imbalance at work: European comparisons.« Soc Sci Med 58(8), S. 1483-1499.

Tabelle 1: Overcommitment bei Innovatoren (klassiert), N = 231

Risikoklassen	Frequenz	Prozent
sehr günstig	2	0,87
noch günstig	35	15,15
eher ungünstig	117	50,65
ungünstig	77	33,33
Total	231	100

Abbildung 4: Zusammenhang zwischen Overcommitment und Vitaler Erschöpfung

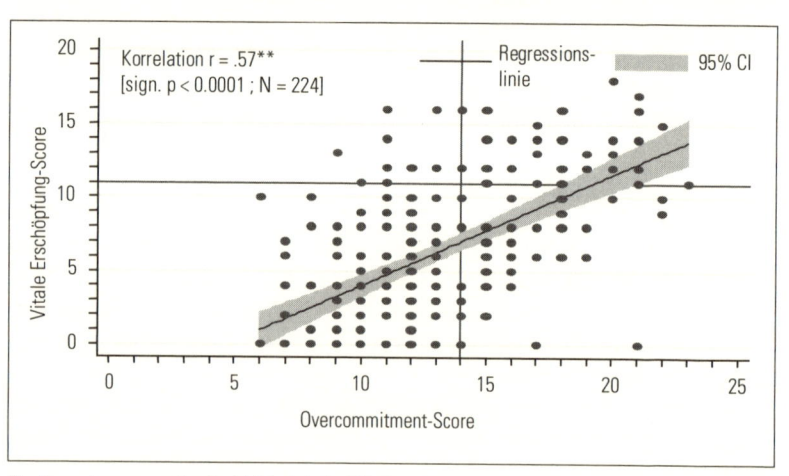

[Streudiagramm: Korrelation $r = .57^{**}$ [sign. $p < 0.0001$; N = 224], mit Regressionslinie und 95% CI. X-Achse: Overcommitment-Score (0–25); Y-Achse: Vitale Erschöpfung-Score (0–20).]

Quelle: sciencetransfer GmbH Zürich für Kliniken Essen Mitte 2009

der Overcommitment-Wert ist, desto höher ist der Wert zu Vitaler Erschöpfung (s. Abbildung 4).

- Auswirkungen der Arbeitsanforderungen auf das Gesundheitsverhalten: Dies ändert sich während eines Innovationsprozesses bei den meisten der Befragten nicht (zwischen 82-89% halten ihr bisheriges Verhalten in den Bereichen Ernährung, Stressbewältigung und Sucht-/Genussmittelkonsum bei, bei dem Rest halten sich Veränderung zum Positiven oder Negativen fast die Waage). Nur der Bereich Bewegung hat sich bei 18% der Befragten verschlechtert. 58% der befragten Innovatoren wollen jedoch etwas an Ihrem Gesundheits-

Innovationsprozesse – willkommen oder krankmachend? 157

Abbildung 5: Veränderungswünsche im Bezug auf das Gesundheitsverhalten, N = 231

Möchten Sie Ihr Gesundheitsverhalten ändern?

14,0%
8,0%
58,0%

■ Ja
□ Nein
■ unentschlossen

Wenn ja, in welchem Bereich:
– 74% Bewegung
– 42% Ernährung
– 28% Stressbewältigung
– 16% Genuss- und Suchtmittel

verhalten ändern und dies vor allem im Bereich Bewegung (s. Abbildung 5). Dies ließe sich möglicherweise als Ausgangspunkt für präventive Gesundheitsangebote nutzen.

Optimierungsvorschläge – Achtsames Innovieren

Ansatzpunkte und Handlungsbedarfe zur optimalen Gestaltung von Innovationsprozessen beziehen sich sowohl auf die organisatorischen Rahmenbedingungen als auch auf Aspekte der individuellen Haltung und des Verhaltens. Ziel ist es dabei, den Stellenwert eines nachhaltigen Gesundheitsschutzes als einen zentralen Faktor in Innovationsprozessen stärker ins Bewusstsein zu bringen. Denn gerade auch vor dem Hintergrund des demografischen Wandels können die Innovationsfähigkeiten motivierter und qualifizierter Beschäftigter nur erhalten, gefördert und genutzt werden, wenn die Innovationsprozesse selbst und ihre Rahmenbedingungen gesundheitsgerechter und ressourcenschonender gestaltet werden. Da nicht anzunehmen ist, dass die Herausforderungen von Innovationsarbeit grundsätzlich abnehmen, scheint es darüber hinaus sinnvoll, wenn die Beteiligten selbst lernen, achtsam mit ihren persönlichen Ressourcen für Leistungsfähigkeit und Gesundheit umzugehen. Die im Untersuchungssample erhobenen deutlichen Tendenzen zu Overcommitment und vitaler Erschöpfung können als exemplarisch für einen großen Anteil der gegenwärtig in Deutschland aktiv am Wertschöpfungsprozess beteiligten Innovatoren angesehen werden. Damit scheint die Tendenz zur Selbstüberforderung ein kulturelles Phänomen zu sein. Im Rahmen des Projekts PräGO werden Mittel und Wege gesucht werden, wie die Fähigkeiten zur Wahrnehmung und Respektierung der eigenen Belastungsgrenzen und der der Mitarbeiterinnen und Mitarbeiter kultiviert werden können. Ein nachhaltig gesundheitsfördernder Umgang mit den Ressourcen für kreatives und innovatives Arbeiten ist das Ziel. Auch dabei sind innovative Fähigkeiten gefragt, da es sich um die Erschließung kulturellen Neulandes handelt, und zwar sowohl im Bezug auf individuelle Werte, Haltungen und Verhalten als auch auf Unternehmenskulturen und Organisationsstrukturen.

Ein möglicher Ansatzpunkt könnte der Fokus auf den Bereich der Stressbewältigung sein, in dem immerhin 28% der Befragten Handlungsbedarf und Veränderungsbereitschaft signalisierten. Denkbar wäre es, im Rahmen einer Intervention mit einer Sensibilisierungsphase zu beginnen, die z.b. mittels eines internetbasierten Health Screenings Innovatoren individuelle Handlungsbedarfe aufzeigt und Ressourcen bewusst macht. Dieser individuumzentrierte Ansatz der Sensibilisierung sollte flankiert werden von Maßnahmen der Organisations- und Personalentwicklung, die Gesundheit und Gesunderhalt als Innovationsfaktor in der Unternehmenskultur verankern und gezielt unternehmensspezifische Quellen von Innovationsstress abbauen. Form und Inhalte einer solchen Intervention befinden sich derzeit in der Entwicklung ebenso wie die abschließende Evaluation der erreichten Veränderungen.

Anna Paul
Stark in stürmischen Zeiten

»Der Sturm bricht die Bäume. Das Gras biegt sich.«
Alexander Solschenizyn[1]

Die aktuellen Veränderungen in der Arbeitswelt tragen zu einer Steigerung der Stressbelastung in der arbeitenden bzw. in der arbeitsfähigen Bevölkerung bei. Chronische Überbelastung, Angst um den Arbeitsplatz oder die Schrecken der Arbeitslosigkeit belasten gegenwärtig sehr viele Menschen. Es sind stressige Zeiten. Damit nehmen die Risiken für das Auftreten von Erkrankungen, die eine Stresskomponente aufweisen, zu. Die Fähigkeit zum adäquaten Umgang mit Stress sowie zur Nutzung und Stärkung der eigenen körperlichen und psychischen Ressourcen gehörte bisher, wenn überhaupt, dann nur für Beschäftigte in High-Stress-Berufen wie z.B. im Rettungsdienst zur professionellen Grundausstattung. Doch mittlerweile sind nicht nur ausgewählte Berufe betroffen. So bezeichnet die Europäische Agentur für Sicherheit und Gesundheitsschutz am Arbeitsplatz arbeitsbedingten Stress schon seit circa einem Jahrzehnt als zweitgrößtes berufsbedingtes Gesundheitsproblem in der Europäischen Union.[2] Sie schätzt, dass 16% der Herz-Kreislauf-Erkrankungen bei Männern und 22% bei Frauen im EU-15-Raum auf arbeitsbedingten Stress zurückzuführen sind. Aber auch hohe Anteile anderer Krankheiten und Gesundheitsprobleme wie Muskel-Skelett-Erkrankungen sowie Probleme der mentalen Gesundheit – beispielsweise Burnout-Syndrom und Depressionen – werden hierauf zurückgeführt. Nach Berechnungen des Statistischen Bundesamtes stiegen die Krankheitskosten von 2002 bis 2006 um 17,2 Mrd. Euro auf 236 Mrd. Euro. Psychische und Verhaltensstörungen verursach-

---

[1] http://www.jesuiten.ch/page.asp?DH=331, Zugriff 21.6.2009.
[2] Pressemitteilung der Europäischen Kommission, Beschäftigung und soziale Angelegenheiten vom 2. Juli 2002: Erste europaweite Kampagne zur Bekämpfung von arbeitsbedingtem Stress. Über http://europa.eu.int/comm/employment_social/news/2002/jul/141_de.html [12.12.2005]. Vgl. auch Europäische Kommission GD Beschäftigung und Soziales (Hrsg.) (2002): Stress am Arbeitsplatz – Ein Leitfaden. Luxemburg.

ten dabei nach den Herz-Kreislauf-Erkrankungen mit 35,2 Mrd. Euro (14,9%) sowie den Verdauungs- und Zahnerkrankungen mit 32,7 Mrd. Euro (13,8%) den dritthöchsten Kostenanteil in Höhe von 26,7 Mrd. Euro (11,3%).[3] Stressfolgen sind also nicht nur psychologischer Art, sondern betreffen auch die körperliche und soziale Gesundheit.

Mit der zunehmenden Belastung durch die Wirtschaftskrise sollten der Umgang mit beruflichen Belastungen und eine möglichst gesundheitsfördernde Gestaltung der Arbeitsverhältnisse verstärkt Beachtung finden. Dies mag zunächst paradox klingen, da diese Themen häufig als Schönwetterthemen wahrgenommen werden, doch ist nicht jetzt die Zeit, sich grundsätzlich Gedanken darüber zu machen, wie wir als Gesellschaft in Zukunft arbeiten und wirtschaften wollen? Eine verstärkte Orientierung auf Schonung und Erhalt von Ressourcen scheint dabei einer der wichtigsten Grundsätze zu werden. Dabei kommen wir nicht umhin, auch verstärkt auf den nachhaltigen Erhalt der inneren Ressourcen für Gesundheit, Leistungsfähigkeit und Lebensqualität zu achten. Dies sagt sich viel leichter, als es umgesetzt werden kann, da unsere Kultur bisher auf die optimale Ausnutzung, um nicht zu sagen Ausbeutung, von Ressourcen orientiert.

Welche Fähigkeiten gilt es zu entwickeln und zu kultivieren? Im Rahmen eines vom Bundesministerium für Bildung und Forschung geförderten Forschungsprojekts »Präventives Gesundheitsmanagement durch integrierte Personal- und Organisationsentwicklung – PräGO«[4] haben wir vor kurzem 231 Führungskräfte auf ihr Arbeitsverhalten befragt. Danach sind es vor allem die Fähigkeiten von Stressbewältigung, Entspannung und Erholung, die unzureichend entwickelt sind. Viele Beschäftigte, vor allem die so genannten Leistungsträger, nehmen sich zwar als robust, belastbar, gesund und leistungsfähig war, weisen bei genauerer Betrachtung ihrer Balance zwischen Arbeits- und Erholungsverhalten jedoch deutliche Defizite auf. So ließen sich bei 43% der befragten Führungskräfte Hinweise auf eine »vitale Erschöpfung« fin-

---

[3] Vgl. Statistisches Bundesamt (2009): Gesundheitswesen: 26,7 Mrd. Euro durch psychische Erkrankungen. Zahl der Woche Nr. 10 vom 10.3.2009. www.destatis.de.
[4] Siehe dazu auch den Artikel von Anna Paul/Silke Lange/Nils Altner, »Innovationsprozesse – Willkommene Herausforderung oder krankmachende Belastung?« in diesem Band.

den.[5] 84% zeigten deutliche Anzeichen für ein auf längere Sicht gesundheitlich bedenkliches berufliches Überengagement.[6]

Bei näherer Befragung konnten wir feststellen, dass viele Beschäftigte im Arbeitsalltag nicht wahrnehmen, wann ihre Belastungsgrenze erreicht bzw. schon überschritten ist. Ein Manager berichtete z.b., wie er sich an einem winterlichen Sonntagmorgen im Schlafanzug eben kurz an den PC in seinem ungeheizten Homeoffice setzte, um seine E-Mails zu checken. Stunden später nahm er wahr, dass er völlig unterkühlt und mit extremen Kopfschmerzen noch immer vor seinem Computer saß. Er hatte noch nichts getrunken und gegessen.

Dieses sicherlich extreme Beispiel verdeutlicht eine deutliche Tendenz in unserer Arbeitskultur zur Reduzierung der Selbstwahrnehmung. Für den Organismus bedeutet dies eine verminderte Effizienz der internen Warnsysteme. Dies ist vergleichbar mit dem Zukleben der Benzin- oder Ölstandsanzeige im Auto. Kurzfristig wird dann die als »Störung« empfundene Warnung und die damit verbundene Handlungsaufforderung unterbunden und die Fahrt kann weitergehen, mittel- und langfristig entstehen jedoch Probleme, deren Lösung sich viel aufwendiger gestaltet als die präventive Beachtung der entstandenen Bedürfnisse.

Bei Patientinnen und Patienten, die diese Fähigkeiten der Selbstwahrnehmung und Selbstregulation eingebüßt haben, spricht die Naturheilkunde von einer Störung der Reiz-Reaktionsabläufe. Durch gezielte Interventionen können diese existenziell wichtigen Fähigkeiten wiedererlangt werden. Am Lehrstuhl und der Klinik für Naturheilkunde der Universität Duisburg-Essen[7] vertreten wir eine Integrative Medizin, die sich sowohl an der Schulmedizin als auch an der Naturheilkunde

---

[5] Appels, A. (1997): »Exhausted subjects, exhausted systems.« Acta Physiol Scand Suppl 640: 153-4.; Appels, A. (1997): »Why do imminent victims of a cardiac event feel so tired?« Int J Clin Pract 51(7): 447-50.; Appels, A. (2004): »Exhaustion and coronary heart disease: the history of a scientific quest.« Patient Educ Couns 55(2): 223-9.

[6] Siegrist, J. (1996): »Adverse health effects of high-effort/low-reward conditions.« J Occup Health Psychol 1(1): 27-41.; Siegrist, J. (2002): Effort-reward imbalance at work and health. Historical and current perspectives on stress and health. P. L. Perrewé and D. C. Ganster. Amsterdam, JAI. 2.; Siegrist, J., D. Starke et al. (2004): »The measurement of effort-reward imbalance at work: European comparisons. « Soc Sci Med 58(8): 1483-99.

[7] Kliniken Essen-Mitte, Knappschafts-Krankenhaus, Klinik für Innere Medizin V: Naturheilkunde und Integrative Medizin, Am Deimelsberg 34a, 45276 Essen, Telefon: 0201/174-25008.

orientiert, und wir wählen einen ganzheitlichen Ansatz in der Therapie und Gesundheitsförderung, der ebenso die biologischen und psychischen wie die sozialen, ökologischen und spirituellen Dimensionen des Menschseins beachten möchte. Neben herkömmlichen Formen der Behandlung arbeiten wir gezielt mit Gesundheitscoachings und Stressbewältigungsschulungen. Dabei spielt die Kultivierung der Binnenwahrnehmung und das Zulassen von regulativen Verhaltensanpassungen eine wichtige Rolle.

Ein Begriff, der in diesem Zusammenhang zunehmend an Bedeutung gewinnt, ist der der Achtsamkeit. Die Patienten lernen, auf sich zu achten, und zwar im Sinne von Beachten der eigenen Signale und Bedürfnisse. Das kann z.b. das Bedürfnis nach Änderung der Körperhaltung sein, etwa das entspannte Sinkenlassen der bis zu den Ohren hochgezogenen Schultern vor dem PC oder das Einlegen einer Bewegungspause nach längerem Sitzen. Neben diesem Beachten kommt auch die Qualität des Achtens ins Spiel in Form einer wertschätzenden Haltung sich selbst und den anderen gegenüber. Dies legt Einfühlung, Fürsorge und eine langfristige Pflege von Beziehungen nahe. Die Auseinandersetzung mit einer Erkrankung wie etwa einem Herzinfarkt kann auf diesem Wege zur Erschließung neuer Fähigkeiten führen, die weit über die Krankheitsbewältigung und Gesundung hinausgehen.

Ziel des Projekts PräGO ist die Anregung zur gesundheitsfördernden Gestaltung der Arbeits- und Lebensverhältnisse einerseits und zum anderen die Modifizierung des eigenen Verhaltens und der eigenen Haltung. Perspektivisch gehen wir davon aus, dass Änderungsprozesse im Sinne einer Kulturentwicklung hin zu mehr Achtsamkeit und Nachhaltigkeit im Arbeitsprozess mit Führungskräften beginnen können und dabei an der Entwicklung ihres eigenen Arbeits- und Lebensstils ansetzen. Aufgrund der persönlichen Erfahrungen können dann vielleicht eher Führungsentscheidungen getroffen werden, die verstärkt Einfluss auf die Gestaltung einer gesundheitsfördernden Unternehmens- und Arbeitskultur nehmen.

Heidemarie Ernst
Psychische Gesundheit durch gesundheitsgerechte Führung fördern
Ein Praxisbeispiel aus der Stadtverwaltung Aachen

Betriebliches Gesundheitsmanagement in der Stadtverwaltung Aachen

In der Stadtverwaltung Aachen wurde auf Anregung des Arbeitskreises Gesundheit und Arbeit im Herbst 2005 Betriebliches Gesundheitsmanagement (BGM) per Dienstvereinbarung eingeführt sowie Personal und Budget für die Umsetzung dieser Aufgabe bereitgestellt.

Seit Mai 2008 ist das »Team Gesunde Verwaltung« Bestandteil des Büros für Arbeitsschutz, Gesundheitsschutz und Soziales. Das »Team Gesunde Verwaltung« arbeitet nach dem Aachener Konzept[1] »BGM für die gesunde Verwaltung« und fördert Gesundheit und Gesundheitsbewusstsein durch Angebote zur Verhaltens- und Verhältnisprävention für alle Mitarbeiterinnen und Mitarbeiter und zu Querschnittsthemen, wie z.B. gesundheitsgerechter Mitarbeiterführung.

In den derzeit vier BGM-Projekten, durchgeführt in verschiedenen Fachbereichen, werden auf Grundlage einer datengestützten Analyse Maßnahmen entwickelt, die über den Arbeits- und Gesundheitsschutz hinaus die Gesundheit von Mitarbeiterinnen und Mitarbeitern fördern sollen. Hierbei haben wir sehr gute Erfahrungen mit der Beteiligung von Mitarbeitern sowie Expertinnen und Experten in Gesundheitszirkeln gemacht, wobei das Gespräch im Zirkel schon die erste wichtige Maßnahme – auch nach dem Motto »der Weg ist das Ziel« – darstellt.

Wir verstehen Gesundheit im Sinne der Definition der Weltgesundheitsorganisation »als Zustand des völligen körperlichen, geistigen, seelischen und sozialen Wohlbefindens«, sind uns aber auch darüber

---

[1] www.aachen.de/gesunde Verwaltung

im Klaren, dass es sich hierbei um einen Idealzustand handelt. Diese Definition eröffnet allerdings einen allumfassenden Blick auf die verschiedenen möglichen Quellen, aus denen Gesundheit gefördert wird oder aus denen im Umkehrschluss Störungen von Wohlbefinden und Gesundheit erwachsen können.

Im folgenden hier dargestellten Beispiel haben wir erfahren, dass die Umsetzung von Maßnahmen, die auf den Vorschlägen von Mitarbeiterinnen und Mitarbeitern als Experten für ihre Arbeitsplätze und für ihre Gesundheit basieren, unmittelbare Auswirkungen auf das seelische Wohlbefinden, also die psychische Gesundheit haben können. Es handelt sich hierbei um die Arbeit des Gesundheitszirkels Gemeindeforstamt.

BGM-Projekt im Fachbereich Umwelt

Das Gemeindeforstamt ist in Aachen eine Abteilung des Fachbereichs Umwelt, mit dem das »Team Gesunde Verwaltung« in Kooperation mit der Präventionsabteilung der Unfallkasse NRW ein mehrjähriges Projekt zum Betrieblichen Gesundheitsmanagement durchführt.

Grundlage für alle BGM-Projekte ist der Gesundheitsbericht[2] über den Fachbereich, in dem auch eine anonyme schriftliche Befragung der Mitarbeiterinnen und Mitarbeiter ausgewertet wird. Es stellte sich aufgrund der verschiedenen Arbeitsumgebungen der Mitarbeiterinnen und Mitarbeiter des Fachbereichs Umwelt als sinnvoll heraus, mehr als einen Gesundheitszirkel zu bilden, auch weil sich für den Bereich Gemeindeforstamt spezifische Themen ergaben. Ein Ergebnis des Gesundheitsberichtes für den Bereich Forstamt war, dass der näheren Betrachtung von Belastungsfaktoren besondere Priorität eingeräumt werden musste. Dies erscheint nahe liegend, weil insbesondere die Arbeitsplätze der Forstwirte ein besonders hohes Gefahrenpotenzial aufweisen, z.B. aufgrund der motormanuellen Holzernte mit unfallträchtigen Arbeitsablaufschritten bei ergonomisch ungünstigen, aber aus Sicherheitsgründen notwendigen Zwangshaltungen im sehr unwegsamen Gelände Wald.

---

[2] Zusammenfassung und Analyse folgender Daten: Ergebnisse der Beschäftigtenbefragung Organisationsstruktur, Altersstruktur, Ergebnisse Workshop, Fehlzeiten, Unfallzahlen, Auswertung der Gefährdungsbeurteilungen, Fort- und Weiterbildungsmaßnahmen, Betriebsbegehung.

Psychische Gesundheit durch gesundheitsgerechte Führung fördern

Gesundheitszirkel Forst

Beim Gemeindeforstamt arbeiten insgesamt zwölf Personen mit den Funktionen Abteilungsleiter, Revierförster, Verwaltungskraft, Forstwirtschaftsmeister, Sekretärin, Forstwirt eingesetzt im Betriebshof, Forstwirt eingesetzt bei der Holzernte im Wald. Außer der Sekretärin nahmen alle Mitarbeiter[3] am Gesundheitszirkel teil. Da der neue Leiter erst kürzlich eingestellt worden war, wurde entschieden, dass abweichend von unserer üblichen Vorgehensweise der Leiter ebenfalls am Zirkel teilnimmt.

Als Experten nahmen teil: Betriebsärztin, Fachkräfte für Arbeitssicherheit, Personalrat, Schwerbehindertenvertretung, Gleichstellungsbüro, Unfallkasse NRW. Moderiert wurde der Zirkel vom »Team Gesunde Verwaltung«.

Mitarbeiter sind Experten für ihren Arbeitsplatz und ihre Gesundheit

Aufgabe des Zirkels war die Bearbeitung der Themenliste, die sich aus dem Gesundheitsbericht ergeben hatte. Eine Priorisierung der Themen ergab einen sehr hohen Wert bei den Belastungsfaktoren, was angesichts des hohen Gefährdungspotenzials der Tätigkeit zunächst nicht erstaunte. Allerdings stellte sich schnell heraus, dass hier psychosoziale Belastungen gemeint waren und bei den meisten Teilnehmern ein sehr hoher Leidensdruck bestand. Einigkeit bestand darin, dass die Nachwirkungen nicht aufgearbeiteter Konflikte aus der Vergangenheit das Betriebsklima und die psychische Befindlichkeit einzelner Mitarbeiter stark beeinträchtigen. Deshalb erhielt dieser Unterpunkt der Themenliste die mit Abstand höchste Priorität.

Themenliste für den Gesundheitszirkel im Bereich Forst :
- Belastungsfaktoren:
  -> *Nachwirkungen nicht aufgearbeiteter Konflikte*
- Sozialräume
- Information und Kommunikation
- Ausstattung

---

[3] Bei den Teilnehmern des Gesundheitszirkels und an den anschließenden Maßnahmen handelt es sich ausschließlich um männliche Mitarbeiter.

In der Vergangenheit hatten unter den Mitarbeitern und mit den Führungskräften Konflikte bestanden, die bis in die damalige Arbeitssituation nachwirkten. Versuche, Konflikte zu klären, waren in vielen Gesprächen auch unter Hinzuziehung interner und externer Experten, der Personalvertretung oder der Personalverwaltung erfolgt. Diese Bemühungen hatten zwar dazu geführt, dass die Probleme in diesem Bereich auch über die Grenzen der Abteilung weit hinaus relativ transparent geworden waren, aber eine nachhaltige Beruhigung des Betriebsklimas konnte leider nicht erreicht werden. Die Atmosphäre war von Gefühlen wie Wut, Angst und Misstrauen geprägt. Die Mitarbeiter rechtfertigten sich für alles und jedes. Sie waren der Auseinandersetzung untereinander und mit ihrer Fachbereichsleitung verhaftet geblieben, mittlerweile »des Kämpfens müde« geworden und waren dadurch anhaltendem, schädlichem Distress ausgesetzt (Bundesverband der Unfallkassen 2005). Das subjektive Empfinden von Hoffnungslosigkeit – »niemand kann uns helfen« – und existenzielle Ängste vor den Konsequenzen möglicher disziplinarischer Maßnahmen trafen auf die fehlende Möglichkeit, aus der belastenden Situation zu »flüchten« bzw. sich durch einen Versetzungsantrag an einen anderen Arbeitsplatz aus dem stressigen Betriebsklima zu befreien. Spezialisierte Arbeitsplätze für die betroffenen Berufsgruppen sind bei der Stadtverwaltung ausschließlich im Bereich des Forstamtes zu finden.

Auch der neue Abteilungsleiter konnte das durch »alte Geschichten« entstandene Misstrauen untereinander und in Bezug auf Führungskräfte nicht auflösen.

Aus Gründen des Personen- und Datenschutzes werde ich auf die verschiedenen Dimensionen und Hintergründe der Probleme und der Angst vor disziplinarischen Konsequenzen nicht näher eingehen. Mein Anliegen besteht vielmehr darin, einen Weg aufzuzeigen, wie in dieser Situation mit der Methode Gesundheitszirkel sowie seinen Möglichkeiten der verantwortlichen Zusammenarbeit von Experten, Führungskräften und Mitarbeitern Kommunikation entwickelt und eine heilsame Dynamik auf der Ebene der Organisation in Gang gebracht werden konnte.

Üblicherweise wird die Themenliste im Gesundheitszirkel Punkt für Punkt systematisch abgearbeitet, wobei zunächst das Problem und seine Ursache besprochen wird. Daran anknüpfend werden die Auswirkungen des Problems auf die Gesundheit oder die Qualität der Arbeit ermittelt und auf diesem Hintergrund Lösungsvorschläge der Mitarbeiter gesammelt. Hierfür bestehen die üblichen Gesprächsregeln für

Psychische Gesundheit durch gesundheitsgerechte Führung fördern 167

einen respektvollen Umgang miteinander, wie z.b. den anderen ausreden lassen, aber auch Regeln, die die Kreativität unterstützen, wie z.B. »Spinnen ist nicht nur erlaubt, sondern erwünscht«, und Regeln, die die Sicherheit, sich frei äußern zu dürfen, gewährleisten sollen: Zum Beispiel gehen wir wertschätzend und vertrauensvoll miteinander um, d.h. wir geben nichts nach draußen, was einem Zirkelmitglied schaden könnte.

Nachdem die Themenliste auf diese Weise durchgearbeitet ist, wird eine Maßnahmenliste mit dem Projektlenkungsausschuss beraten. Anschließend werden die beschlossenen Maßnahmen umgesetzt.

Der oben beschriebene Ablauf wurde grundsätzlich auch für diesen Gesundheitszirkel beibehalten, aber aufgrund der Situation der Mitarbeiter als Ergebnis der ersten Sitzung folgendermaßen modifiziert:
1. Da die Probleme und deren Wirkung bereits bekannt waren, sollte ein positives Ziel gefunden werden, auf das der Zirkel hinarbeiten konnte.
2. Der Punkt »Belastungsfaktoren – Nachwirkungen vergangener Konflikte« sollte sofort beraten und Maßnahmen umgehend umgesetzt werden, bevor die weiteren Punkte der Themenliste besprochen werden konnten.

Zukunftsvision und Lösungsweg

In der zweiten Sitzung wurde den Mitarbeitern vorgeschlagen, sich dem Thema mittels einer »Zukunftsreise« zu nähern. Hierbei entwickelten die Teilnehmer, inspiriert durch eine geführte Fantasiereise, die Vorstellung von einer künftigen positiven Arbeitssituation und wurden gebeten, aus der guten sicheren Zukunft heraus zurückzublicken und zu sehen, welche Schritte aus der belastenden konfliktreichen vergangenen Situation in die künftige positive Arbeitssituation geführt hatten. Dazu war im Seminarraum ein Weg mit vier Stationen aufgebaut worden, den die Teilnehmer im Anschluss an die Fantasiereise beschritten.
  Diese Stationen waren:
- Vergangenheit (Probleme)
- Container (Probleme, die nicht mehr bestehen)
- Weg (Schritte von der Vergangenheit in eine bessere Arbeitssituation)
- Zukunft (gute erwünschte Arbeitssituation)

Abbildung 1: Zukunftsvision

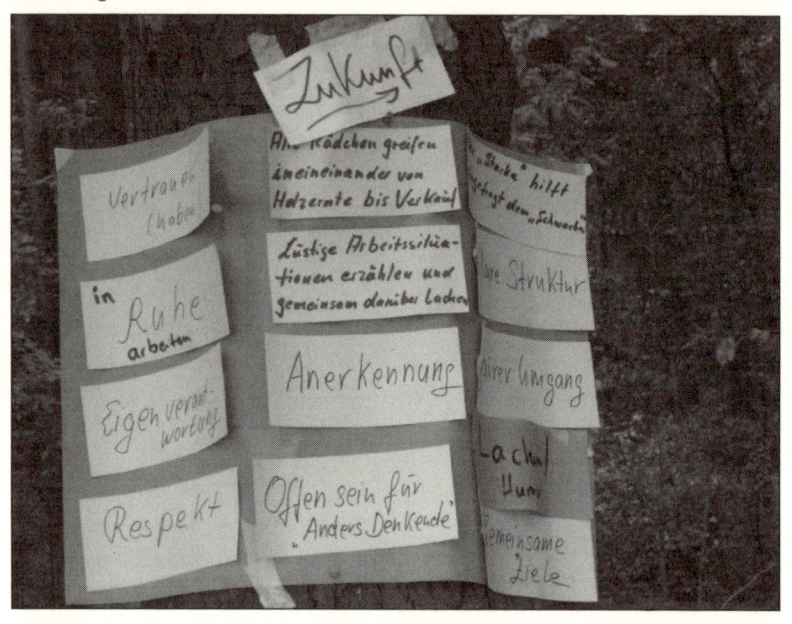

An jeder dieser Stationen gab es eine/n Moderator/-in, der/die auf Zuruf Karten für die Teilnehmer schrieb. Die Moderatoren kamen aus dem Expertenkreis des Gesundheitszirkels, z.B. hatten sich die Fachkraft für Arbeitssicherheit und die Betriebsärztin freundlicherweise bereit erklärt, mitzumachen.

Im Ergebnis der Zirkelsitzung war eine Zukunftsvision (Abbildung 1) gefunden, die vergangenen Probleme waren beschrieben, der Lösungsweg skizziert, einige Probleme hatten den Weg in den Container gefunden und sich somit erledigt. Außerdem ergab sich bereits die Struktur für die nächste Sitzung.

Maßnahmenvorschläge

In der dritten Sitzung entwickelten die Mitarbeiter folgende Vorschläge auf die Frage, welche Maßnahmen ergriffen werden sollten, um die Belastungen, die durch die Nachwirkungen vergangener Konflikte aktuell noch bestanden, abzubauen.

Psychische Gesundheit durch gesundheitsgerechte Führung fördern

Es wurden die folgenden Maßnahmen vorgeschlagen:
Vergangenheit bewältigen:
- Moderiertes sachliches Gespräch
- Reinigendes zwischenmenschliches Gewitter
- Zusammen »einen trinken«
- Beziehungen untereinander durch Aussprache klären
- Klarstellung seitens oberster Stelle: Die Vorwürfe sind gegenstandslos
- Offizielles Statement von der Fachbereichsleitung
- Vergangenheit »beerdigen«
- miteinander boxen

Zukunft gestalten:
- Regeln für den Umgang mit Problemen und Anschuldigungen finden
- Mit dem neuen Leiter Problem- und Konfliktlösungsstrategien festlegen
- Transparenter Umgang mit Informationen.

In dieser Zirkelsitzung konnten den Teilnehmern bereits erste positive Ansätze zurückgemeldet werden, da die Gespräche in einer respektvollen Art und Weise geführt wurden und die Gesprächsregeln des Gesundheitszirkels über alle drei Sitzungen hinweg eingehalten worden waren. Dies war umso bemerkenswerter, als sich einige Mitarbeiter offenbar nach wie vor erheblich belastet fühlten. Der Skepsis der Mitarbeiter stand die zuversichtliche Haltung des neuen Abteilungsleiters gegenüber, der die Entwicklung eines Wir-Gefühls unterstützen wollte.

Mit dieser Sitzung wurde die Zirkelarbeit unterbrochen, um die erarbeiteten Vorschläge umzusetzen und schnellstmöglich für eine psychosoziale Entlastung der Mannschaft zu sorgen.

Das Konzept und seine Umsetzung

Alle Vorschläge wurden zunächst vom »Team Gesunde Verwaltung« auf ihre Realisierbarkeit hin überprüft. Lediglich der Vorschlag, »miteinander zu boxen«, wurde als nicht realisierbar bewertet, da Konfliktlösungen prinzipiell gewaltfrei erfolgen sollen. Für die Umsetzung der Vorschläge wurde ein Konzept entwickelt, das fünf Schritte beinhaltete und in der unmittelbaren Arbeitsumgebung der Mitarbeiter umgesetzt werden sollte. Hierfür boten sich drei verschiedene Orte an: das Gemeindeforstamt, der Wald und der von den Mitarbeitern selbst gebaute Grillplatz.

Schritt 1: Vorbereitung, Motivation und Abstimmung des Konzeptes
Das Konzept wurde den Beteiligten in der folgenden Reihenfolge vorstellt und besprochen:
1. Fachbereichsleitung
2. Personalrat
3. Leitung Gemeindeforstamt
4. Führungskräfte Gemeindeforstamt
5. Beschäftigte.

Dabei wurden das Ziel, der Ablauf und die jeweiligen Aufgaben mit den Teilnehmern und Führungskräften abgestimmt. Die Umsetzung der einzelnen Schritte erfolgt möglichst arbeitsplatznah. *Ziel des Konzeptes* war die Minimierung der stressbedingten gesundheitlichen und psychosozialen Beschwerden der Mitarbeiter.

Die *Motivation* zum Mitmachen war das Engagement aller beteiligten Mitarbeiter und Führungskräfte für die Umwelt und die sinnvolle gemeinsame Aufgabe der Hege und Pflege des Waldes. In diesem Sinne wollten die Beteiligten gut miteinander umgehen, um unsere Aufgabe besser erfüllen zu können.

Im *Ergebnis* waren alle bereit und einverstanden mitzumachen.
Die Maßnahme konnte umgesetzt werden.

Schritt 2: Verbindliche Regeln für die Zusammenarbeit gemeinsam vereinbaren
In der Werkstatt des Betriebshofes des Forstamtes findet kurz darauf eine moderierte Teamsitzung statt. Teilnehmer waren alle Mitarbeiter des Forstamtes. Moderiert wurde der Workshop vom »Team Gesunde Verwaltung«.

Ergebnis der Sitzung waren folgende *Regeln*:
1. Vorher mit Mitarbeitern sprechen, die von Änderungen betroffen sind.
2. Grundsätzlich sprechen wir direkt miteinander und halten den Dienstweg ein.
3. Wir gehen offen, ehrlich und gerecht (Gleiches wird gleich und Ungleiches ungleich behandelt) miteinander um.
4. Information: Wir tauschen uns wohlwollend, sachlich, transparent und ausführlich aus.

Psychische Gesundheit durch gesundheitsgerechte Führung fördern 171

5. Wir unterstützen uns gegenseitig.
6. Wir vereinbaren klare Arbeitsabläufe, Zuständigkeiten und Ziele.
7. Wir halten Vereinbarungen ein und melden Änderungen bzw. Ergebnisse rechtzeitig zurück.
8. Wir lernen voneinander durch Lob und Kritik und gehen respektvoll und fair miteinander um.

Diese Regeln sind ab sofort verbindlich und gültig. Jeder Mitarbeiter erhält ein laminiertes Exemplar dieses Regelkatalogs, der bis heute in jedem Bauwagen, im Betriebshof und an den Büroarbeitsplätzen zu finden ist.

Schritt 3: Workshop im Wald: Beerdigung der noch nachwirkenden Konflikte

Für die Durchführung dieses Workshops hatte ein Mitarbeiter einen besonders schönen Platz mit dem treffenden Namen »Zur schönen Aussicht« mitten im Wald vorgeschlagen.

Das Wetter war uns wohl gesonnen. Treffpunkt für alle Teilnehmer war ein nahe gelegener Parkplatz. Von da aus ging es gemeinsam los.

Teilnehmer waren: Alle Mitarbeiter des Forstamtes (einer fehlte aufgrund von Krankheit) und der neue Leiter der Abteilung Gemeindeforstamt, der Leiter des Fachbereichs Umwelt, die Mitarbeiterinnen und Mitarbeiter des »Teams Gesunde Verwaltung«, der Betriebsarzt, die Fachkraft für Arbeitssicherheit und der Vertreter des Personalrates.

Der Platz »Zur schönen Aussicht« war für den Workshop vorbereitet. Die Zukunftsvision und die Regeln waren an verschiedenen Bäumen angebracht, ein kleiner Holzstoß lag zum Feuermachen bereit.

Nach einer Einführung durch die Moderatorin wurde der Ablauf des Workshops vorgestellt. Zuerst wurde zum Sachstand des »Disziplinarverfahrens« berichtet, anschließend sollte der Fachbereichsleiter zu den Mitarbeitern sprechen. Nach einer kleinen Pause sollte die »Beerdigung noch nachwirkender Konflikte« stattfinden. Das Ziel des Workshops wurde vorgestellt und dessen Sinn erläutert, der darin bestand, vergangene Konflikte zu begraben und sich von persönlichen Einstellungen und Haltungen zu lösen, die einem Neuanfang entgegenstehen könnten. Motivation sollte die Verbesserung der Zusammenarbeit sein, um der Aufgabe der Hege und Pflege des Aachener Waldes besser gerecht werden zu können.

Als erstes wurden die Teilnehmer zum Sachstand des »Disziplinarverfahrens« folgendermaßen informiert: Die seinerzeit von den Mitarbeitern als »Disziplinarverfahren« bezeichneten Gespräche dienten lediglich der Aufklärung eines Sachverhaltes. Im Ergebnis konnte den Forstwirten keine Verfehlung vorgeworfen werden und folglich wurden keine disziplinarischen Maßnahmen eingeleitet. Einträge in die Personalakten wurden nicht vorgenommen. Die Angelegenheit war für den Fachbereich Personal und Organisation erledigt.

Nach dieser wichtigen Information richtete der Fachbereichsleiter das Wort an seine Mitarbeiter. In seiner Ansprache blickte er versöhnlich in die Vergangenheit, fand wertschätzende Worte für das Team und motivierte die »Mannschaft« für die Zukunft. Dieser Moment war für die Männer sichtlich bewegend.

In der folgenden kurzen Pause wurde das Feuer von den Forstwirten angezündet. Jeder hatte nun die Gelegenheit nach einem Blick auf die Zukunftsvision und auf die geltenden Regeln für sich persönlich auf Karten zu schreiben, was er »beerdigen« wollte. Als Hilfestellung konnte das Gespräch mit den anwesenden Experten gesucht werden. Einige Männer hatten sich schon vorbereitet und wussten bereits, was sie loslassen wollten.

Den Anfang machte die Moderatorin. Sie legte die Inhalte aus dem »Container«, der bei der zweiten Sitzung des Gesundheitszirkels mit den Themen gefüllt worden war, die sich bereits erledigt hatten, in das kleine Feuer. Nach und nach gab jeder der Männer eine oder mehrere Karten ins Feuer und ging auf die andere Seite des Platzes, wo sich dem Betrachter eine schöne freie Aussicht bot.

Abschließend vereinbarten wir, dass über die vergangenen Konflikte miteinander nicht mehr gesprochen werden sollte, bis in einigen Monaten ein Nachtreffen zu der Maßnahme stattfinden würde. Dann gäbe es, falls nötig, nochmals eine Gelegenheit zum Gespräch. Ansonsten sollte die Angelegenheit ab jetzt ruhen.

Schritt 4: Wer feste arbeitet, versteht Feste zu feiern
Nun führten die Mitarbeiter des Forstamtes die Führungskräfte und Experten zum nahe gelegenen »Grillplatz Adamshäuschen«, um den letzten bisher noch nicht umgesetzten Vorschlag zu verwirklichen, der ja lautete: »Zusammen einen trinken«. Dieser Vorschlag wurde auf dem von den Männern selbst gebauten Grillplatz umgesetzt. Alle wurden mit Essen und Trinken bestens bewirtet und es wurde viel gelacht.

Kurz darauf gab es wieder etwas zu feiern: Der Aachener Erholungswald hatte Geburtstag und wurde 125 Jahre alt. Aus der Mitarbeiterschaft kam die Idee, als Mannschaft aufzutreten, und zwar mit gleichen T-Shirts für alle. Diese Idee wurde im Rahmen des BGM-Projektes schnellstmöglich umgesetzt.

Schritt 5: Wirksamkeitsüberprüfung
In zwei weiteren Sitzungen des Gesundheitszirkels waren die übrigen Punkte der Themenliste zügig bearbeitet worden, sodass aus den Vorschlägen weitere 24 Maßnahmen zu Themen wie Sozialraum, Ergonomie, Information und Kommunikation und Arbeitsschutz oder Stressbewältigung entwickelt werden konnten. Die Effektivität der Zusammenarbeit bei Anlässen, die eine gemeinsame und aufeinander abgestimmte Kommunikation erforderte, wie z.B. beim Waldgeburtstag oder bei den Zirkelsitzungen, war bereits ein Anhaltspunkt dafür, dass die oben erläuterte Maßnahme gewirkt und die Gruppendynamik sich in Richtung von Vertrautheit und Kooperation weiterentwickelt hatte (Nebel u.a. 1997: 358-371).

Diese Hypothese sollte nun durch das persönliche Gespräch mit den Mitarbeitern und durch die Auswertung der Rückmeldungen der Belegschaft überprüft werden. Deshalb trafen wir uns vier Monate nach dem Workshop im Wald in der Werkstatt des Betriebshofes im Forstamt wieder. Folgende Themen wurden besprochen:

1. Nachwirkung vergangener Konflikte
Das Team wurde auf die vergangenen Konflikte angesprochen. Ein neuer Konflikt wurde geschildert. Dieser Konflikt wurde als Muster für den zukünftigen Umgang mit aktuellen Konflikten besprochen. Dabei wurde die Methode der kollegialen Beratung (Matyssek 2003 S. 142ff.) als Möglichkeit der Selbsthilfe für künftige Konfliktsituationen eingeführt.

2. Regeln der Zusammenarbeit
Regel Nr. 2 wurde zum besseren Verständnis modifiziert:»Grundsätzlich sprechen wir direkt miteinander und – wenn wir eine Angelegenheit nicht klären können – halten wir den Dienstweg ein.«

3. Präsentation der Dokumentation
Eine Präsentation über die»Beerdigung noch nachwirkender Konflikte aus der Vergangenheit« wurde gezeigt.

4. Verteilung persönlicher Exemplare dieser Präsentation
Jedem Mitarbeiter wurde ein persönlicher Ausdruck der Präsentation als Protokoll ausgehändigt. Die Mitarbeiter erklärten ihr Einverständnis, dass Frau Ernst vom »Team Gesunde Verwaltung« die Präsentation interessierten Fachleuten zeigen darf.

5. Feedback der Mitarbeiter:
Eine *Erfolgskontrolle* erfolgt anhand von Rückmeldebögen, die jeder Mitarbeiter persönlich ausfüllt. Hier die Auswertung der Teilnehmerfeedbacks: Neun Anwesende von insgesamt elf Mitarbeitern beantworteten die vier folgenden Fragen. Für jede Frage waren fünf Antwortmöglichkeiten vorgegeben: sehr gut, gut, zufriedenstellend, schlecht und sehr schlecht.

Hier die Fragen und Antworten[4]
1. Wie war Ihrer Meinung nach das Betriebsklima vor dem Workshop?
   ❏ schlecht 5 MA (56%) ❏ sehr schlecht 3 MA (33%) ❏ zufriedenstellend 1MA (11%)
2. *Wie finden Sie die Regeln für die Zusammenarbeit?*
   ❏ sehr gut 1 MA (11%) ❏ gut 8 MA (89%)
3. *Wie fanden Sie den Workshop im Wald?*
   ❏ sehr gut 5 MA (56%) ❏ gut 4 MA (44%)
4. *Wie ist das Betriebsklima heute?*
   ❏ sehr gut 1 MA (11%) ❏ gut 3 MA oder (33%) ❏ zufriedenstellend 5 MA (56%)

Die Bewertung zeigt, dass sich im Empfinden der Befragten die Arbeitssituation von tendenziell schlecht zu tendenziell gut gewendet hat. Damit hat die gesamte Maßnahme ihr Ziel erreicht und die aus Sicht der Mitarbeiter »not-wendige« Hilfe ist erfolgt. Dies bestätigen auch die Feedbacks der zum Zeitpunkt der Befragung nicht anwesenden Mitarbeiter, die sich später schriftlich oder in persönlichen Gesprächen geäußert haben, und die Rückmeldung des Fachbereichsleiters, der die Wirkung der Maßnahme so bewertet hat, dass sich allein wegen der förderlichen Auswirkungen dieser Workshops das Gesundheitsprojekt für ihn bereits gelohnt habe.

Zeitaufwand und Sachkosten

Die Sachkosten der Maßnahme betrugen für das »Team Gesunde Verwaltung« insgesamt 300 Euro für die T-Shirts, den Druck und die Fotoarbeiten für die persönlich gestalteten Präsentationen für jeden

---
[4] Die Antwortmöglichkeiten, auf die keine Antwort entfiel, wurden aus Platzgründen nicht aufgeführt. Nicht Anwesende antworteten später.

Psychische Gesundheit durch gesundheitsgerechte Führung fördern 175

Mitarbeiter, für Moderationsmaterial und Obst sowie Getränke für die Workshops. Zum Grillen war das »Team Gesunde Verwaltung« eingeladen, sodass die Kosten unter der Rubrik »Ehrensache« verbucht und der Verfasserin nicht bekannt geworden sind.

Der Zeitaufwand der Mitarbeiterinnen und Mitarbeiter des »Teams Gesunde Verwaltung« lässt sich im Nachhinein nicht wirklich seriös ermitteln. Die Zeiten, die die Mitarbeiter aufgewendet haben, wurden aber festgehalten, da jedes Treffen protokolliert wurde. Für drei Sitzungen des Gesundheitszirkels wurden insgesamt fünf Stunden aufgewandt. Für die Vorbereitung und Abstimmung je eine Stunde, der Workshop »Regeln für die Zusammenarbeit« dauerte 1,5 Stunden genauso wie der Workshop im Wald und die Nachbereitung. Insgesamt wurden für die gesamte Planung, Abstimmung und Umsetzung der Maßnahme rund zehn Stunden benötigt. Der Zeitaufwand lag damit unterhalb der Zeit, die z.b. für eine zweitägige Teamfortbildung benötigt worden wäre.

Nachhaltigkeit der Wirkung

Im Sommer 2009 sind seit der Nachbesprechung im Betriebshof fast eineinhalb Jahre vergangen. 24 weitere Maßnahmen sind aufgrund der Vorschläge des Gesundheitszirkels Forst umgesetzt worden. Die Evaluation des gesamten Projektes auf der Grundlage einer erneuten anonymen Mitarbeiterbefragung wird noch im Jahr 2009 durchgeführt werden.

Konflikte sind ein Ausdruck von Lebendigkeit und gehören auch im Forstamt zum Arbeitsalltag, allerdings handelt es sich um aktuelle Themen.

Der Begriff »Nachhaltigkeit«, der für die Wirkung unserer BGM-Projekte bedeutsam ist, stammt im Übrigen aus der Forstwirtschaft. Die Förster und Forstwirte sagen dazu auch: »Der Wald hat ein langes Gedächtnis.« Ich würde mich freuen, wenn die Erfahrung der Förderung von Gesundheit durch Verbesserung des Wohlbefindens den Mitarbeitern des Forstamtes lange im Gedächtnis bleibt.

Übertragbarkeit auf andere Situationen

Abschließend möchte ich einige Aspekte zu einer Frage, die mich nachhaltig bewegt und noch weiter bewegen wird, zusammenfassen. Diese Frage lautet:
Lassen sich aus dieser Erfahrung für die Methode »Einsatz von Gesundheitszirkeln bei BGM-Projekten« Gesichtspunkte erkennen, die in vergleichbaren Situationen berücksichtigt werden können?
Zehn erste persönliche Gedanken insbesondere zu der Haltung bei der Moderation von Gesundheitszirkeln möchte ich als persönliches Resümee mitteilen:
1. Störungen haben Vorrang!
   Wenn sich bei der Zirkelarbeit hochgradige Belastungen herausstellen, müssen diese zeitnah behandelt werden. Erst dann können weitere Maßnahmen geplant werden.
2. Arbeitsumgebung einbeziehen!
   Planung und Zirkelarbeit finden in der Regel in Besprechungsräumen statt. Die Umsetzung der Maßnahmen soll die direkte Arbeitsumgebung mit einbeziehen. Dies kann der Förderung von Verinnerlichung und dem Bezug zum Arbeitskontext dienen.
3. Verantwortung übernehmen!
   Die Möglichkeit, für die Zirkelarbeit und die Umsetzung einen externen Experten zu verpflichten, wurde im »Team Gesunde Verwaltung« diskutiert, aber dann zugunsten der Sichtbarkeit der Übernahme von Verantwortung verworfen. Mitarbeiter und Arbeitgeber haben ihre Anteile durch persönliches Verhalten und je nach Funktion eine Wirkung auf die Verhältnisse am Arbeitsplatz. Das vorliegende Beispiel ist auch deshalb ein Beispiel für gelungene gesundheitsgerechte Führung, weil bei dieser Maßnahme Arbeitgeber und Mitarbeiter zusammen unter Einsatz der persönlichen und fachlichen Ressourcen das Nötige und Mögliche getan haben, um psychische Gesundheit am Arbeitsplatz zu fördern.
4. Stress durch Kommunikation abbauen!
5. Zwischenmenschliche Bindungen fördern und Erfolge feiern!
6. Vertrauen durch Wertschätzung aufbauen und Verbindlichkeit durch »Wort halten« zeigen!
7. Fehler akzeptieren und wieder neu anfangen!
8. Eine Zukunftsvision entwickeln, auf die man sich freuen kann, und darauf zugehen!

9. Die Aufgabe in den Vordergrund setzen und Sinn stiften! Gesundheitszirkel sollen dazu dienen, den Menschen durch Gesundheitsförderung dabei zu unterstützen, gute Arbeit zu leisten.
10. Bei der Umsetzung von Maßnahmenvorschlägen Führungskräfte einbeziehen!

Literatur

Bundesverband der Unfallkassen GUV-I 8628 (2005): Psychische Belastungen am Arbeits- und Ausbildungsplatz – ein Handbuch, München

Bundeszentrale für gesundheitliche Aufklärung (2001): Bd. 6 der Fachheftreihe Forschung und Praxis der Gesundheitsförderung: Was erhält Menschen gesund?, Köln

Demmer, Hildegard (1995): Betriebliche Gesundheitsförderung von der Idee zur Tat, Europäische Serie zur Gesundheitsförderung Nr. 4, hrsg. vom Bundesverband der Betriebskrankenkassen (BKK BV), Kopenhagen/Essen

Geißler, Heinrich u.a. (2003): Der Anerkennende Erfahrungsaustausch, Frankfurt a.M.

Giesert, Marianne: Prävention: Pflicht & Kür. Gesundheitsförderung und Prävention in der betrieblichen Praxis. VSA Verlag, Hamburg 2008

Matyssek, Anne-Kathrin (2003): Gesundes Team – gesunde Bilanz, Wiesbaden

Nebel, Georg/Woltmann-Zingsheim, Bernd (1997): Werkbuch für das Arbeiten mit Gruppen, hrsg. vom Wissenschaftlichen Verlag des Instituts für Beratung und Supervision, Aachen

Sprenger, Reinhard K. (2007): Vertrauen führt, Frankfurt a.M.

Unger/Kleinschmidt (2006): Bevor der Job krank macht, München

Wardetzki, Bärbel (2007): Kränkung am Arbeitsplatz, München

Astrid Brammertz
Betriebliches Gesundheitsmanagement
Möglichkeiten, Angebote und Motivationsförderung aus Sicht der Betriebsärztin

Gesundheit ist ein hohes Gut, das insbesondere auch am Arbeitsplatz zu schützen, zu erhalten und gegebenenfalls zu verbessern ist. Ein modernes Gesundheitsmanagement enthält vielfältige Aufgaben und stellt uns vor immer neue Herausforderungen, dabei sind natürlich auch der Fach-Arzt/die Fach-Ärztin als Betriebsärzte in allen Gesundheitsfragen die kompetenten Ansprechpartner.

Fundierte Kenntnisse der verschiedenen Arbeitsplätze, der Arbeitsabläufe, technisches Wissen, die Kenntnis der Arbeitsumgebung und des Arbeitsklimas gewährleisten neben medizinischem Wissen eine gute Betreuung der Mitarbeiter und Mitarbeiterinnen, aber auch des Führungspersonals und der Geschäfts- bzw. Betriebsleitung, im kommunalen Bereich der Verwaltungsspitze.

Neben der gerade in der heutigen Zeit immer bedeutsamer werdenden Motivation der Verwaltungsspitze, des Unternehmers und/oder der verantwortlichen Vorgesetzten durch wirtschaftliche Vorteile gehört die Überzeugung/Motivation des Personalrates bzw. des Betriebsrates (sofern im Betrieb ein solcher vorhanden ist) dazu. Die Überzeugung/Motivation der einzelnen Mitarbeiterinnen und Mitarbeiter ist unverzichtbar.

Neben den objektivierbaren und damit messbaren Strukturen am Arbeitsplatz gewinnt zunehmend das Arbeitsklima nicht mehr nur in Form von Lärm, Licht, Luft an Bedeutung. Zwischenmenschliche Faktoren, psychische Belange und Bedürfnisse rücken in den Fokus.

Der unter anderem durch eine Arbeitsverdichtung hervorgerufene Stress wird meist nicht positiv erlebt, schafft möglicherweise Konflikte und Gesundheitsprobleme, die weit über Befindlichkeitsstörungen hinausgehen. Schlagworte sind hier »Mobbing« oder »Burn-out«. Viele

Betriebliches Gesundheitsmanagement aus Sicht der Betriebsärztin

Mitarbeiterinnen und Mitarbeiter leiden unter Konzentrationsstörungen, Schlafstörungen, Rückenschmerzen, Kopfschmerzen, Magenproblemen, die sie ursächlich mit dem Arbeitsplatz in Verbindung bringen.

Vorgesetzte können und sollen ein »gesundes«, gesund erhaltendes Betriebsklima durch ihre Art der Mitarbeiterführung steuern. Dies scheint selbstverständlich zu sein, doch in der Praxis finden sich sehr schnell Grenzen.

Im Rahmen der Unternehmerverantwortung wird vorausgesetzt, dass eine geeignete Arbeitsumgebung geschaffen wird, und sich die Führungskraft um die Mitarbeiterinnen und Mitarbeiter kümmert. Auch hier gelingt es, durch ein modernes betriebliches Gesundheitsmanagement neue Wege aufzuweisen. Basis eines solchen Managements ist eine Mitarbeiterbefragung, die anonym Auskünfte über mögliche betriebliche Problemfelder geben kann.

Im Bereich der Stadtverwaltung Aachen haben wir uns dafür entschieden, keine Befragung der gesamten Mitarbeiterschaft durchzuführen, um eine zeitnahe Auswertung zu gewährleisten und gegebenenfalls die Umsetzung von Veränderungsprozessen nicht unnötig zu verzögen. Dies funktioniert auch umso reibungsloser, je mehr sich die Führungskraft mit den gemeinsamen Zielen identifizieren kann.

Um ein besseres Gesundheitsbewusstsein zu erreichen, haben wir begonnen, neben anderen zahlreichen Gesundheitskursen (von der Rückenschule bis zu Tai Chi und Qi Gong) Kurse zu »gesundem Führen« durchzuführen. Ziel ist es, dass jede Führungskraft der Stadtverwaltung Aachen diesen Kurs besucht. Bis heute haben rund 60% der infrage kommenden Personen (Fachbereichsleiter und ihre Vertreter) das Kursprogramm durchlaufen. Nach den Evaluationen der bereits stattgefundenen Kurse wird der Kurs als sehr gut bewertet. Aufgrund dieser Evaluation hat sich die Verwaltungsspitze dazu entschlossen, allen Führungskräften die Teilnahme zu ermöglichen.

Der Betriebliche Gesundheitsschutz (insbesondere als Aufgabe des Unternehmers) wird so fest in das Gesamtkonzept integriert und geht weit über den klassischen Bereich des betrieblichen Gesundheitsschutzes hinaus. Zu ihm gehören die Themen:
- Gefährdungsbeurteilungen
- Unfälle – Unfallverhütung
- Erkrankungen – auch Berufskrankheiten
- Arbeitsunfähigkeiten
- Lohnfortzahlungen

- Wiedereingliederungsmanagement
- Demografischer Wandel (Berücksichtigung von älteren und jugendlichen Arbeitnehmern und sogar Auszubildenden)

Dies kann sich anhand von

- Produktivität
- Flexibilität
- Arbeitszufriedenheit
- Gesundheitskompetenz
- Kundenzufriedenheit
- Zielgewichtungen
- Konkurrenz
- Zertifizierung

widerspiegeln.

Eine erhöhte Mitarbeitermotivation verhindert zu einem nicht unwesentlichen Maße Absentismus, aber auch Präsentismus am Arbeitsplatz.

Literatur

die BG 6/2009: Schwerpunktthema Gesundheit und Arbeitsfähigkeit, ISSN: 0723-7561

Hofmann, Kralj (Hrsg.) (2009): Handbuch Betriebsärztlicher Dienst, Loseblattsammlung, Landsberg: ecomed Medizin Verlagsgruppe Hüthig Jehle Rehm GmbH

Letzel, Nowack (Hrsg.) (2009): Handbuch der Arbeitsmedizin, Loseblattsammlung, Landsberg: ecomed Medizin Verlagsgruppe Hüthig Jehle Rehm GmbH

Weber, A./Hörmann, G. (Hrsg.) (2008): Psychosoziale Gesundheit im Beruf. 1. Auflage, 1. Nachdruck, Stuttgart: Genter Verlag

Ernst Kistler
Führung, Gesundheit und Weiterbildung
Wie steht es um gute und alternsgerechte Arbeit in Deutschlands Betrieben?

1. Einführung

Gute und alternsgerechte Arbeit ist nicht nur in aller Munde. Sie gehört – zumindest als Programmatik – auch zur politischen Beschlusslage auf nationaler wie europäischer Ebene. Gute Arbeit ist dabei als unveräußerlicher Rechtsanspruch der Beschäftigten anzusehen – womit die Zielsetzung eigentlich keiner weiteren Begründung bedarf! Guter Arbeit wird außerdem von verschiedensten Seiten eine Reihe von positiven Wirkungen zugeschrieben (auf Produktivität, Arbeitsmotivation, Betriebsbindung usw.) – kurz: Investitionen in Gute Arbeit zahlen sich für Betriebe auch aus. Der demografische Wandel kommt als zusätzliches Argument hinzu: Alternsgerechte Arbeitsbedingungen werden angesichts der Alterung von Erwerbspersonenpotenzial und Belegschaften unverzichtbar.

Im Folgenden geben wir auf der Basis repräsentativer Umfrageergebnisse einen Überblick über Verbreitung und Ausmaß betrieblicher Bemühungen um gute/alternsgerechte Arbeit.[1] Im Vordergrund stehen dabei die Befragungen »Was ist gute Arbeit?« für INQA und die Erhebungen zum DGB-Index Gute Arbeit. Daneben werden weitere Beschäftigten- und Betriebsbefragungen herangezogen, um das Bild abzurunden, aber auch, um ein Stück weit eine Ex-post-Konsistenzprüfung der verwendeten Daten zu erhalten. Außerdem werden empirische Ergeb-

---
[1] Im Rahmen dieses Beitrags können nur einige wenige Ergebnisbeispiele präsentiert werden (vgl. ausführlicher z.B. Ebert/Kistler 2009; DGB 2008; Fuchs 2008).

nisse zu einigen Auswirkungen guter bzw. schlechter Arbeitsbedingungen präsentiert.

2. Zur betrieblichen Praxis

Analysen zur Verbreitung von betrieblichen Maßnahmen guter Personalführung, zur Gesundheitsprävention, Weiterbildungsförderung etc. sollten, wo möglich, immer mit Betriebsbefragungen *und* Befragungen von Beschäftigten angegangen werden, ergänzt um Fragen zu weiteren Aspekten von Arbeitsbedingungen, um ein rundes Bild zu erhalten. Nicht alle Beschäftigten sind z.b. über betriebliche Angebote und Möglichkeiten auch wirklich informiert.

Führung
Insbesondere beim Thema *Führung* ist es unverzichtbar, die Resultate ins Auge zu fassen, da die direkte Verbreitung von entsprechenden Aktivitäten teilweise nur schwer erfragbar ist. Da es sich gerade bei der Frage nach Führungsqualität weniger um genau definierbare Aktivitäten als vielmehr um einen eher diffusen Bereich der »Führungskultur« handelt, muss sich die Messung stark auf die Wahrnehmung der Ergebnisse seitens der Beschäftigten konzentrieren.

Die Erfassung der Führungsqualität erfolgt in der Konstruktion des DGB-Index mit einer Kombination von mehreren Einzelfragen: einer guten Arbeitsplanung des/der Vorgesetzte(n), Wertschätzung durch den/die Vorgesetzte(n) sowie dem Stellenwert von Weiterbildung und Personalentwicklung beim Vorgesetzten. Aus der Belastungs-Beanspruchungs-Kombination dieser Fragen ergibt sich der Teilindex Führungsqualität, der sich auf einer Skala von 0 Punkte (schlechtester Wert) bis maximal 100 Punkte (bester Wert) bewegt.[2]

Die Befragungen zum DGB-Index 2007 und 2008 zeigen – wie bereits Ergebnisse der INQA-Befragung 2004 –, dass in den Bereichen Führungsqualität (2007: 63 Indexpunkte; 2008: 65) und Betriebskultur (60 bzw. 63 Punkte), aber auch hinsichtlich des innerbetrieblichen Informationsflusses (67 bzw. 69 Punkte) nur »mittelmäßige« Arbeitsbedingungen aus Sicht der Beschäftigten herrschen – mit einer leichten

---

[2] Zur Konstruktion des DGB-Index vgl. ausführlich Fuchs 2008.

Führung, Gesundheit und Weiterbildung

**Abbildung 1: DGB-Index Gute Arbeit 2007 und 2008 –
Führung: Mittelmäßig bei leichter Besserung (Angabe in Indexpunkten)**

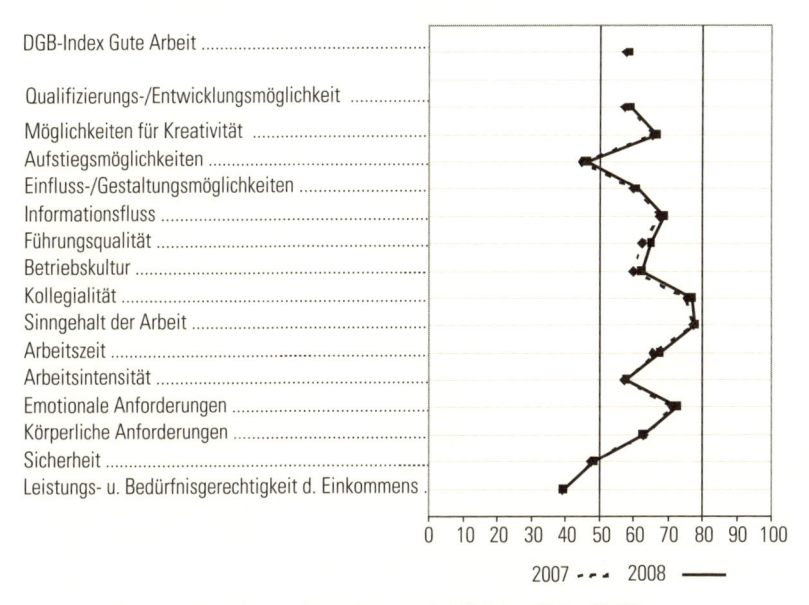

DGB-Index Gute Arbeit
Qualifizierungs-/Entwicklungsmöglichkeit
Möglichkeiten für Kreativität
Aufstiegsmöglichkeiten
Einfluss-/Gestaltungsmöglichkeiten
Informationsfluss
Führungsqualität
Betriebskultur
Kollegialität
Sinngehalt der Arbeit
Arbeitszeit
Arbeitsintensität
Emotionale Anforderungen
Körperliche Anforderungen
Sicherheit
Leistungs- u. Bedürfnisgerechtigkeit d. Einkommens

0   10   20   30   40   50   60   70   80   90   100

2007 - - -   2008 ——

Quelle: INIFES, eigene Darstellung und Berechnung nach DGB-Index 2007 und 2008

positiven Tendenz in der Phase des seinerzeit noch anhaltenden Aufschwungs (vgl. Abbildung 1).

Auf der Ebene der diesbezüglichen Einzelfragen scheint in den Erhebungen zum DGB-Index als problematischster Aspekt die zu geringe Bedeutung auf, die die Vorgesetzten der Weiterbildung und Personalentwicklung beimessen. Etwas positiver wird die von den Vorgesetzten den Mitarbeitenden entgegengebrachte Wertschätzung beurteilt. Bemerkenswert ist, dass Befragte mit Vorgesetztenfunktion die Führungsqualität ihrer Vorgesetzten nur unwesentlich besser bewerten als Mitarbeiterinnen und Mitarbeiter ohne Vorgesetztenfunktion.

Ebenfalls bemerkenswert ist der Befund, dass Kleinbetriebe, hier definiert als Betriebe mit weniger als 20 Beschäftigten, auf dem Niveau der Einzelfragen laut allen einbezogenen Studien nicht schlechter abschneiden, wenn es um die Führungsqualität geht. Abbildung 2 gibt hierfür ein Beispiel aus der Erhebung zum DGB-Index 2007.

Abbildung 2: Beurteilung von Führungsaspekten in Betrieben verschiedener Größe (Angaben in %)

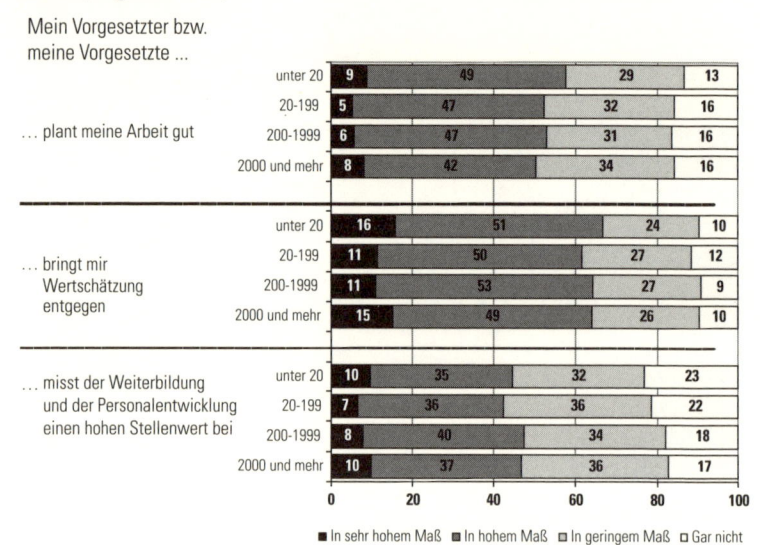

Mein Vorgesetzter bzw. meine Vorgesetzte ...

... plant meine Arbeit gut

	unter 20	20-199	200-1999	2000 und mehr
In sehr hohem Maß	9	5	6	8
In hohem Maß	49	47	47	42
In geringem Maß	29	32	31	34
Gar nicht	13	16	16	16

... bringt mir Wertschätzung entgegen

	unter 20	20-199	200-1999	2000 und mehr
In sehr hohem Maß	16	11	11	15
In hohem Maß	51	50	53	49
In geringem Maß	24	27	27	26
Gar nicht	10	12	9	10

... misst der Weiterbildung und der Personalentwicklung einen hohen Stellenwert bei

	unter 20	20-199	200-1999	2000 und mehr
In sehr hohem Maß	10	7	8	10
In hohem Maß	35	36	40	37
In geringem Maß	32	36	34	36
Gar nicht	23	22	18	17

Quelle: INIFES, eigene Darstellung und Berechnung nach DGB-Index 2007

Nur im Hinblick auf die Weiterbildung/Personalentwicklung schneiden die Kleinbetriebe bei der Häufigkeit der negativen Nennungen schlechter ab als die größeren Betriebe. Bei den positiven Nennungen und bei den zusätzlich abgefragten Items z.B. in der INQA- sowie der BIBB/BAuA-Erhebung entsteht insgesamt gesehen aber ein eher U-förmiger Verlauf: Mittelgroße Betriebe stehen beim Thema Führung schlechter da als kleine und große.

Gute Führung ist – neben dem Sinngehalt der Arbeit und einer ausreichenden bzw. angemessenen Entlohnung – eine wesentliche Quelle für Anerkennung in der Arbeit und somit ein wichtiger Bestandteil guter Arbeit. Aufgrund der zentralen Bedeutung für die Wahrnehmung von sozialer Unterstützung einerseits und für die betriebliche Arbeitsorganisation (Arbeitsplanung, -gestaltung) andererseits, ist die Führungsqualität eine Voraussetzung für eine gesundheits- und persönlichkeitsförderliche Arbeit. Gute Führung hat einen positiven Effekt auf die Gesundheit der Beschäftigten, ebenso auf die Arbeitszufriedenheit, Betriebsbindung etc. (vgl. z.B. Expertenkommission 2004). Abbil-

Führung, Gesundheit und Weiterbildung

dung 3 differenziert die Befragten für verschiedene derartige »Wirkungsvariablen« entsprechend ihres Wertes beim Dimensionsindex Führungsqualität.

Die Ergebnisse in Abbildung 3 weisen nach, dass Befragte, die einen schlechten Teilindex Führungsqualität haben, deutlich häufiger angeben, sich oft oder immer nach der Arbeit ausgebrannt zu fühlen, bzw. sich nach der Arbeit nicht richtig erholen zu können. Gleiches gilt hinsichtlich der Absicht eines Arbeitgeberwechsels bzw. der Aussage der

Abbildung 3: Führungsqualität und verschiedene Wirkungsvariablen (Angaben in %)

	»leer/ausgebrannt nach Arbeit«			
Teilindex Führungsqualität	Nie	Selten	Oft	Immer
schlecht (0 bis unter 50)	6	24	59	11
mittel (50 bis unter 80)	14	42	38	5
gut (80 bis 100)	16	52	28	4
	»Keine richtige Erholung nach Arbeit«			
Teilindex Führungsqualität	Nie	Selten	Oft	Immer
schlecht (0 bis unter 50)	9	31	52	8
mittel (50 bis unter 80)	24	40	32	5
gut (80 bis 100)	26	48	24	2
	»Jetzige Tätigkeit bis zum Rentenalter ausüben«			
Teilindex Führungsqualität	Ja, wahrscheinlich	Nein, wahrscheinlich nicht	Weiß nicht	
schlecht (0 bis unter 50)	36	48	17	
mittel (50 bis unter 80)	55	28	17	
gut (80 bis 100)	61	24	16	
	»Wechsel des Arbeitgebers falls möglich«			
Teilindex Führungsqualität	Ja, wahrscheinlich	Nein, wahrscheinlich nicht	Weiß nicht	
schlecht (0 bis unter 50)	47	32	21	
mittel (50 bis unter 80)	23	56	21	
gut (80 bis 100)	14	69	17	

Quelle: INIFES, eigene Berechnungen nach DGB-Index Gute Arbeit 2007

Befragten, dass sie nicht glauben, in ihrer Tätigkeit bis zum Rentenalter durchhalten zu können.

Gesundheit

Gesundheitsmaßnahmen sind relativ selten Gegenstand von repräsentativen Betriebs- oder Erwerbstätigenbefragungen. Dennoch zeigen die vorliegenden Daten, dass deren Verbreitung insbesondere in Kleinbetrieben zu wünschen übrig lässt, in Großbetrieben ist dagegen die Beteiligung der Beschäftigten geringer (vgl. Abbildung 4). Die Teilnahme an Gesundheitsmaßnahmen unterliegt dabei keinem so extremen sozialen Bias wie die Weiterbildung; das Angebot von Maßnahmen zur Gesundheitsförderung ist aber sehr stark von der Branchenzugehörigkeit abhängig (z.B. in der Industrie 52% und im Handel 21%). Die

Abbildung 4: »Wurden in Ihrem Betrieb in den letzten zwei Jahren Maßnahmen der Gesundheitsförderung durchgeführt?«; »Haben Sie daran teilgenommen?« (Angaben in %)

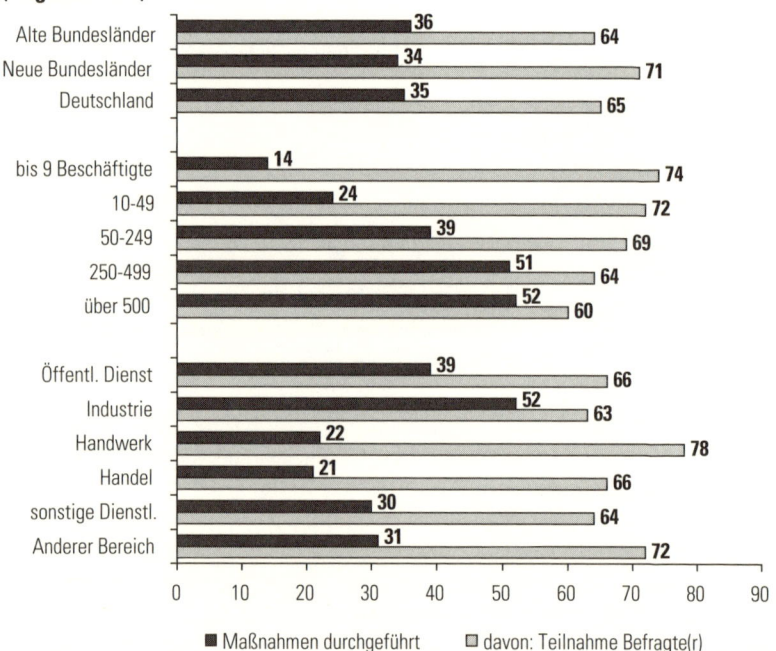

	Maßnahmen durchgeführt	davon: Teilnahme Befragte(r)
Alte Bundesländer	36	64
Neue Bundesländer	34	71
Deutschland	35	65
bis 9 Beschäftigte	14	74
10-49	24	72
50-249	39	69
250-499	51	64
über 500	52	60
Öffentl. Dienst	39	66
Industrie	52	63
Handwerk	22	78
Handel	21	66
sonstige Dienstl.	30	64
Anderer Bereich	31	72

Quelle: INIFES, eigene Berechnungen nach BIBB/BAuA-Erhebung 2005/06

jeweiligen Teilnahmequoten variieren demgegenüber – wo das Angebot vorhanden ist – weit weniger stark.

Dafür zeigt sich aber beim Thema Gesundheit im Betrieb ein anderes gravierendes Problem: Zahlen zur Verbreitung der (gesetzlich vorgeschriebenen!) Gefährdungsbeurteilungen belegen, dass diese in der Praxis weit weniger angewandt werden, als es die gesetzliche Vorschrift erwarten lässt. Auch wenn einschränkend zu berücksichtigen ist, dass nach §5 Arbeitsschutzgesetz bei gleichartigen Arbeitsbedingungen die Beurteilung typischer Arbeitsplätze oder Tätigkeiten als ausreichend angesehen wird, werden die gesetzlichen Vorschriften bei weitem nicht flächendeckend umgesetzt. So berichten in der Befragung zum DGB-Index Gute Arbeit 2008 insgesamt 30% der Befragten, dass an ihrem Arbeitsplatz schon einmal eine Gefährdungsanalyse durchgeführt worden sei – davon geben 13% an, dass dies einmal der Fall war, bei 17% lautete die Antwort »mehrmals«. 41% sagten »nein« und weitere 29% wussten die Frage nicht zu beantworten. Von den Befragten mit einschlägiger Erfahrung berichteten 34 Prozent, dies sei »mit einem Fragebogen oder in einem längeren Gespräch« geschehen (27% sagten hier »zum Teil«). In 29% wurde auch, in weiteren 31% zum Teil »nach möglichen Belastungen durch problematische Arbeitsabläufe, Arbeitszeiten oder unzureichende Zusammenarbeit« gefragt.

Betrachten wir auch hier an einem kurzen Beispiel einen Zusammenhang zwischen inhaltlichen Variablen. Dabei ist es wohl sinnvoll, sich nicht nur auf den Konnex zwischen gesundheitsförderlichen/-abträglichen Arbeitsbedingungen und gesundheitlichen Beschwerden zu beschränken – ein breites Feld mit hoher Evidenz problematischer Zusammenhänge, zu dem aber auch noch viel Forschung nötig ist. Man kann jedoch bereits auf dem heutigen Forschungsstand klar sagen (vgl. Ebert 2008): Arbeit kann krank machen, und zwar jenseits der Arbeitsunfälle und anerkannten Berufskrankheiten.

Abbildung 5 geht noch einen Schritt weiter, indem der Zusammenhang zwischen den aktuell berichteten gesundheitlichen Beschwerden (an Arbeitstagen) und der längerfristigen Einschätzung der Arbeitsfähigkeit aufgezeigt wird. Es zeigt sich, dass Befragte, die von muskuloskeletalen und/oder psychovegetativen Beschwerden berichten, deutlich häufiger glauben, in ihrer gegenwärtigen Tätigkeit das Rentenalter nicht erreichen zu können. Arbeitnehmer mit einer (weitgehend) beschwerdefreien Arbeitsgestaltung sehen dagegen überdurchschnittlich häufig die Möglichkeit, bis zum Rentenalter in ihrer Tätigkeit zu verbleiben.

Abbildung 5: Koinzidenz von muskuloskeletalen bzw. psychovegetativen Beschwerden und Einschätzung der eigenen Arbeitsfähigkeit bis zur Rente (Angaben in %)

	Arbeiten in der jetzigen Tätigkeit bis zur Rente		
	ja, wahrscheinlich	nein, wahrscheinlich nicht	weiß nicht
Alle befragten abhängig Beschäftigten	59	24	17
Weder muskuloskeletale noch psychovegetative Beschwerden	85	5	10
Jeweils eine	71	17	12
Jeweils zwei	55	31	14
Mindestens drei (von vier) muskuloskeletalenen und mindestens fünf (von acht) psychovegetativen Beschwerden	25	52	23

Quelle: INIFES, eigene Berechnungen nach INQA 2004

Weiterbildung

Sowohl Betriebs- als auch Beschäftigtenbefragungen zeichnen – bei aller methodenbedingten Unterschiedlichkeit der Befunde im Detail (vgl. Conrads/Kistler/Mußmann 2008) – hinsichtlich der Entwicklung der betrieblichen Weiterbildungsförderung ein Bild, das nicht erfreulich ist. Deutschland liegt in dieser Dimension sowieso traditionell unter dem EU-Durchschnitt.

Noch problematischer ist der Befund zur zeitlichen Entwicklung. Nach einem lange anhaltenden Trend des verstärkten Weiterbildungsengagements der Betriebe stagnieren die Werte in den letzten Jahren (sowohl in der Rezession zu Beginn dieses Jahrzehnts als auch im jüngsten Boom). Während der Anteil der Betriebe mit Weiterbildungsförderung (zeitlich zumindest teilweise Freistellung und/oder zumindest teilweise Kostenübernahme für mindestens eine[n] Mitarbeiter[in]) an allen Betrieben weiter gestiegen ist (2007: 45% in West- und 48% in Ostdeutschland; vgl. Abbildung 6), blieb der Anteil der geförderten Beschäftigten an allen Beschäftigten seit 2003 ungefähr konstant (vgl. Abbildung 7).

Durch die gezeigte Entwicklung eines steigenden Anteils weiterbildungsaktiver Betriebe bei stagnierender Teilnehmerquote wurde die

Führung, Gesundheit und Weiterbildung

Abbildung 6: Betriebe mit Förderung von Weiterbildungsmaßnahmen (Angaben in %)

	2001	2003	2005	2007
Alte Bundesländer	37	41	42	45
Neue Bundesländer	36	42	44	48

Quelle: Eigene Berechnungen nach IAB-Betriebspanel

Abbildung 7: Anteil der geförderten Weiterbildungsteilnehmer an den Beschäftigten 2001 bis 2007 (Angaben in %)

	2001	2003	2005	2007
Alte Bundesländer	18	23	21	22
Neue Bundesländer	19	26	26	27

Quelle: Eigene Berechnungen nach IAB-Betriebspanel

Weiterbildungsförderung in den letzten Jahren wohl noch selektiver betrieben, als sie es früher schon war. Entscheidender als die häufige Ausklammerung Älterer ist dabei die Spaltung in mehr und stärkere Weiterbildungsförderung bei statushöheren und besser qualifizierten Mitarbeiterinnen und Mitarbeitern und einer Ausgrenzung derer, die einer solchen Förderung besonders bedürften (Geringqualifizierte, Randbelegschaften, atypisch Beschäftigte).

Abbildung 8 zeigt dazu einige wesentliche Differenzierungen der Weiterbildungsbeteiligung von Erwerbstätigen. Befragte in atypischen Beschäftigungsverhältnissen – die rasant um sich greifen – erfahren weit unterdurchschnittlich eine Teilnahme an Kursen oder Lehrgängen zur beruflichen Weiterbildung; insbesondere bezüglich einer mehrfachen Beteiligung. Die vorliegenden Ergebnisse deuten auch auf hohe Anteile von schlichten Einweisungen und Anlernvorgängen hin.

Ebenfalls zeigt sich in dieser wie in allen anderen vorliegenden Studien eine deutliche Ausgrenzung gering Qualifizierter aus dem Weiterbildungsgeschehen. Hinsichtlich einer einmaligen Teilnahme binnen der letzten zwei Jahre vor dieser Befragung gibt es dabei keinen größeren Unterschied zwischen den Qualifikationsgruppen. Bei der Intensität – hier gemessen am Indikator einer mehrfachen Weiterbildungsteilnahme an Kursen oder Lehrgängen – hinken die gering(er) Qualifizierten jedoch erheblich hinter der obersten Qualifikationsgruppe her.

Abbildung 8: Teilnahme an Kursen oder Lehrgängen zur beruflichen Weiterbildung in den letzten zwei Jahren in und außerhalb des Betriebes (Angaben in %)

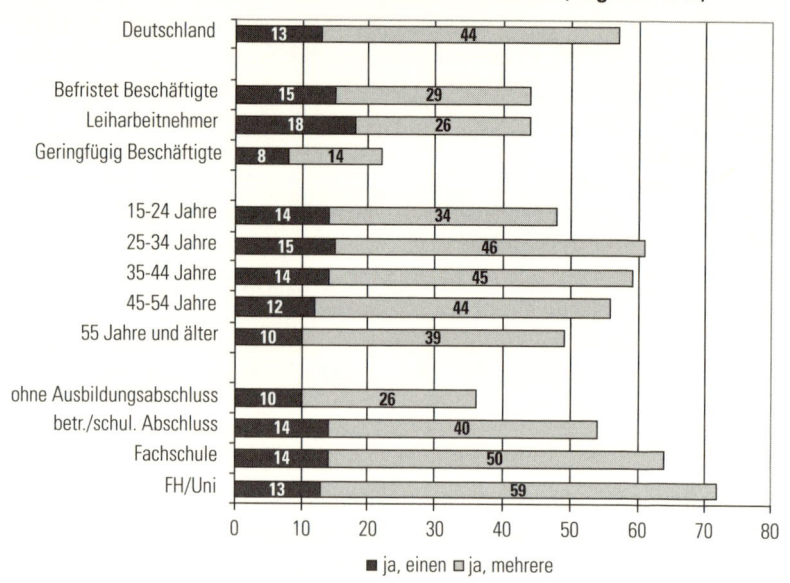

Gruppe	ja, einen	ja, mehrere
Deutschland	13	44
Befristet Beschäftigte	15	29
Leiharbeitnehmer	18	26
Geringfügig Beschäftigte	8	14
15-24 Jahre	14	34
25-34 Jahre	15	46
35-44 Jahre	14	45
45-54 Jahre	12	44
55 Jahre und älter	10	39
ohne Ausbildungsabschluss	10	26
betr./schul. Abschluss	14	40
Fachschule	14	50
FH/Uni	13	59

Quelle: BIBB/BAuA-Erhebung 2005/06

Im Ergebnis dieser Defizite verwundert es nicht, dass bereits ein großer Blick auf die Verbreitung von Arbeitsbelastungen und Ressourcen in der Arbeit erhebliche (und dann v.a. auch noch gruppenspezifische) Probleme offenbart. Die körperlichen Arbeitsbelastungen verschieben sich eher, als dass sie wirklich abnehmen würden. Die psychischen Belastungen und auch die Belastungen durch Arbeitsplatzunsicherheit und eine sich verbreitende geringe Entlohnung (beides sind elementare Kriterien guter Arbeit!) nehmen zu.

3. Einige Zusammenhangsanalysen

Die aufgezeigten Fakten legen es nahe, dass der inzwischen gängig gewordene Blick auf Best Practice-Beispiele und die Hoffnung auf ethische Verantwortungsappelle an die Unternehmen zu kurz greifen. Man darf darüber das Phänomen unternehmerischer Grenzmoral, auf das schon Adam Smith verwiesen hat, nicht aus dem Blick verlieren.

Führung, Gesundheit und Weiterbildung

Unternehmen wollen zunächst Gewinn machen – und nichts anderes. Damit sie darüber nicht andere Dinge wie die Arbeitsbedingungen aus den Augen verlieren, ist Gegenmacht und staatliche Kontrolle unverzichtbar. Die Konsequenzen schlechter Arbeit sind nämlich ansonsten nicht nur individuell. Sie zeigen sich als externe Effekte gerade auch in der Abwälzung sozialer Folgekosten auf die Sozialversicherung bzw. die Gesellschaft.

Das Thema Demografie bzw. alter(n)sgerechtes Arbeiten schärft den Blick hierfür. In diesem Sinne werden im zweiten Hauptteil des Beitrags einige empirische Befunde über den Zusammenhang zwischen schlechten, nicht alternsgerechten Arbeitsbedingungen und anderen subjektiven bzw. auch objektiven Indikatoren dargestellt.

Sowohl auf der Ebene zentraler Einzelindikatoren als auch anhand der hierarchischen Dimensions- und Teil-Indikatoren bzw. des DGB-Gesamtindex Gute Arbeit zeigen sich hoch signifikante und stabile Zusammenhänge zwischen der Arbeitsqualität und anderen Variablen wie: Arbeitszufriedenheit, Betriebsbindung, Identifikation mit der Arbeit und subjektiv erwarteter Arbeitsfähigkeit bis zur Rente. Letztere korreliert wiederum stark mit objektiven Indikatoren wie dem Anteil der EM-Renten an allen neuen Versichertenrenten.

Abbildung 9 enthält – nach Berufsgruppen differenziert – die Prozentanteile derjenigen, die nicht glauben, bis zur Rente durchhalten zu können (Werte auf der waagerechten Achse). Gleichzeitig sind diese Werte in der Darstellung in Beziehung gesetzt (senkrechte Achse) zu den Anteilen, die in den einzelnen Berufsgruppen in Erwerbsminderungsrenten gehen (an allen Rentenneuzugängen).[3] Das Muster ist eindeutig. Es besteht ein enger Zusammenhang zwischen der subjektiven Erwartung der eigenen Arbeitsfähigkeit bis zur Rente und dem Anteil der Rentenneuzugänge wegen Erwerbsminderung.

Eine genauso eindeutige Beziehung besteht auch zwischen dem Anteil der Erwerbsminderungsrenten an allen neuen Versichertenrenten und dem DGB-Index als summarischem Maß für die Arbeitsqualität in Deutschland (vgl. Abbildung 10). In der Differenzierung nach den Berufsgruppen zeigt sich ein klares Muster, wie es auch und mit ähnlich starker Korrelation zwischen objektivem und subjektivem Indikator aufscheint, wenn man andere Kennziffern verwendet (z.B. ein enger

---

[3] Diese Anteile sind nach Berufsgruppen über die Jahre hinweg sehr stabil.

Abbildung 9: Subjektive Erwartung der Arbeitsfähigkeit in der jetzigen Tätigkeit bis zur Rente und Anteile der Erwerbsminderungsrenten an allen Rentenzugängen nach Berufsgruppen 2006

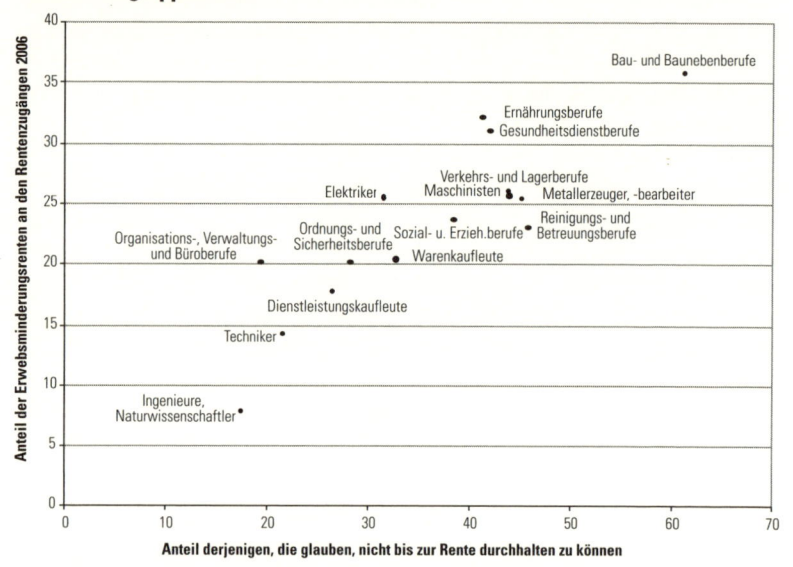

Quelle: INIFES, eigene Berechnungen nach DGB-Index Gute Arbeit 2007 und Deutsche Rentenversicherung Bund

Zusammenhang zwischen dem DGB-Index und der berufsgruppenspezifischen Arbeitsunfähigkeit; vgl. Fuchs 2008).

Anhand der verschiedenen Datenbasen lässt sich mit sehr ähnlichen Effektstärken nachweisen, dass besonders bei Kumulation von abträglichen Arbeitsbedingungen – die sich auch mit bestimmten Tätigkeiten/Berufen verbinden lassen – Gesundheitsprobleme und der Anteil von Befragten mit fehlender Erwartung der eigenen Arbeitsfähigkeit bis zur Rente massiv anwachsen. Die vorgenannten Befunde gelten nicht nur mit Blick auf die aktuellen Arbeitsbedingungen, sondern auch (und noch stärker) für die Arbeitsbedingungen während der bisherigen Erwerbsbiografie der Beschäftigten.

Abbildung 10: Anteil der Erwerbsminderungsrenten an allen Versichertenrentenzugängen 2006 und DGB-Index 2007 nach Berufsgruppen

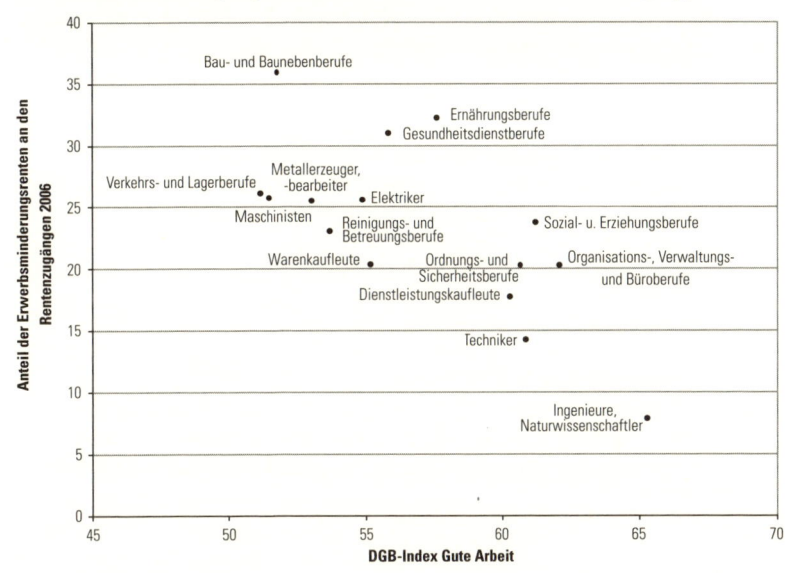

[Streudiagramm: Anteil der Erwerbsminderungsrenten an den Rentenzugängen 2006 (y-Achse, 0–40) gegen DGB-Index Gute Arbeit (x-Achse, 45–70)]

- Bau- und Baunebenberufe (~52, 35)
- Ernährungsberufe (~55, 31)
- Gesundheitsdienstberufe (~55, 30)
- Verkehrs- und Lagerberufe (~49, 26)
- Metallerzeuger, -bearbeiter (~52, 26)
- Elektriker (~54, 26)
- Maschinisten (~51, 25)
- Reinigungs- und Betreuungsberufe (~54, 23)
- Sozial- u. Erziehungsberufe (~61, 23)
- Warenkaufleute (~53, 20)
- Ordnungs- und Sicherheitsberufe (~58, 20)
- Organisations-, Verwaltungs- und Büroberufe (~62, 20)
- Dienstleistungskaufleute (~57, 18)
- Techniker (~58, 15)
- Ingenieure, Naturwissenschaftler (~64, 9)

Quelle: INIFES, eigene Berechnungen nach DGB-Index Gute Arbeit 2007

4. Fazit

Zweifellos gibt es Betriebe bzw. Personalverantwortliche, die sich um die Motivation, Kompetenz und Gesundheit ihrer Beschäftigten bemühen. Zweifellos gibt es aber auch das Gegenteil. Die Arbeitswissenschaften müssen sich ebenso wie die Vertreter der Sozialberichterstattung stärker der Frage zuwenden, wie sich das in der Breite entwickelt. Die Politik aber muss sich vor allem um die Problemgruppen kümmern – statt das Hohelied auf eine »schöne neue Arbeitswelt« zu singen.

Literatur

DGB (2008): DGB-Index Gute Arbeit 2008. Wie die Beschäftigten die Arbeitswelt in Deutschland beurteilen, Berlin.
Ebert, A. (2008): Risikofaktoren der längerfristigen Arbeitsfähigkeit – Eine Sekundäranalyse, in: Beermann, B./Conrads, R./Kistler, E. (Hrsg.): Repräsentative Beschäftigtenbefragungen als wichtige Informationsquelle zur Ermittlung der Arbeitsqualität, BAuA-Schriften, Dortmund u.a. O.
Ebert, A./Kistler, E. (2009): Arbeiten bis 67? – Für viele Beschäftigte keine realistische Perspektive, in: Schröder, L./Urban, H.-J. (Hrsg.): Gute Arbeit 2009, Frankfurt a.M., S. 194ff.
Ebert, A./Kistler, E./Trischler, F. (2007): Ausrangiert – Arbeitsmarktprobleme Älterer in den Regionen, Edition Böckler, Bd. 189, Düsseldorf.
Expertenkommission der Bertelsmann Stiftung und der Hans-Böckler-Stiftung (2004): Zukunftsfähige betriebliche Gesundheitspolitik. Vorschläge der Expertenkommission, Gütersloh.
Fuchs, T. (2008): Der DGB-Index Gute Arbeit, in: Beermann, B./Conrads, R./Kistler, E. (Hrsg.): Repräsentative Beschäftigtenbefragungen als wichtige Informationsquelle zur Ermittlung der Arbeitsqualität, BAuA-Schriften, Dortmund u.a. O.

Walter Eichendorf/Sven Timm
Wie können die Unfallversicherungsträger gesundheitsgerechtes Führungsverhalten unterstützen und honorieren?

Die gesetzliche Unfallversicherung im Wandel: Das UVMG

Das Unfallversicherungsmodernisierungsgesetz (UVMG) der Bundesregierung, dessen Eckpunkte von einer Bund-Länderarbeitsgruppe 2005 und 2006 entwickelt wurden, ist am 5. November 2008 in Kraft getreten. Das UVMG hat als wesentliche Ziele die Anpassung der Organisation der gesetzlichen Unfallversicherung an veränderte Wirtschaftsstrukturen, die Lösung der Altlastenproblematik sowie die Modernisierung der Verwaltungsstrukturen. Damit hat der Gesetzgeber den seiner Ansicht nach bestehenden Reformbedarf vorgeschrieben. Das Gesetz sieht vor, durch Fusionen in eigener Verantwortung der Selbstverwaltung die Zahl der gewerblichen Berufsgenossenschaften auf neun große Träger zu reduzieren. Zugleich ist die Möglichkeit zu prüfen, die Zahl der Unfallversicherungsträger der öffentlichen Hand auf insgesamt 17 (einen je Bundesland sowie einen bundesweiten Träger) zurückzuführen. Für die landesunmittelbaren Unfallversicherungsträger der öffentlichen Hand konnten über ein Bundesgesetz keine entsprechenden Regelungen aufgrund der Zuständigkeiten der Länderregierungen getroffen werden. Die Unterschiede zwischen den durchschnittlichen Beiträgen der verschiedenen gewerblichen Berufsgenossenschaften sollen langfristig durch die Fusionen deutlich verringert und die Verteilung von deren alten Rentenlasten neu gestaltet werden – letzteres auf der Grundlage eines von der Selbstverwaltung der DGUV und der Berufsgenossenschaften entwickelten Konzepts. Darüber hinaus wird mit dem UVMG in Anlehnung an andere Zweige der Sozialversicherung das Vermögensrecht neu gestaltet. Im Rahmen des Verwaltungsvermögens sind künftig Altersrückstellungen zu bilden, ähnlich wie dies bereits für Beamte und Angestellte in der Bundesverwaltung gilt. Die Insolvenzgeldumlage wird künftig zusammen mit dem Gesamtsozialversicherungsbeitrag von den Krankenkassen und nicht mehr separat von der Unfallversicherung erhoben. Die Betriebsprüfungen gehen auf die Prüfdienste der Deutschen Rentenversicherung Bund über. Diese Aspekte bilden den Kern der Modernisierung der gesetzlichen Unfallversicherung. Das Leistungsrecht bleibt – entgegen den ursprünglichen Reformabsichten – mit wenigen Ausnahmen unverändert.

Gesetzliche Unfallversicherung bleibt selbstverwaltungsgesteuert

Die dem endgültigen Gesetz vorausgehenden Arbeitsentwürfe des zunächst als »Unfallversicherungsreformgesetz« angelegten Gesetzesvorhabens enthielten noch konkrete Sparziele (20%), sahen eine Fusion und anschließende Verkörperschaftung der Spitzenverbände der Unfallversicherungsträger – des Hauptverbandes der gewerblichen Berufsgenossenschaften (HVBG) und des Bundesverbandes der Unfallkassen der öffentlichen Hand (BUK) – sowie eine umfassende Leistungsreform vor. Die im Jahr 2007 vorgelegten Vorschläge für eine Leistungsreform hatten jedoch bei den politischen Parteien keinen Konsens gefunden und wurden insbesondere von Gewerkschaftsseite wegen der mit dem Gesetzesvorschlag einhergehenden Leistungsbeschränkungen für Versicherte abgelehnt. Nachdem die Absicht der Verkörperschaftung des auf eigenes Betreiben von HVBG und BUK entstandenen neuen, fusionierten Spitzenverbandes »Deutsche Gesetzliche Unfallversicherung – DGUV« von der Politik 2007 fallen gelassen wurde, strebte der Bund zunächst noch eine sehr enge Anbindung des neuen Spitzenverbandes DGUV an die Politik durch eine weitgehende Fachaufsicht an, dies insbesondere auch für die Prävention. Darüber hinaus war vorgesehen, die Finanzen des als eingetragenen Verein registrierten Spitzenverbandes zukünftig durch den Bundesrechnungshof prüfen zu lassen, obwohl hier – mit Ausnahme im Wesentlichen nur der Schülerunfallversicherung – keine Steuergelder, sondern ausschließlich die Beiträge der Arbeitgeber des paritätisch durch die Sozialpartner gesteuerten deutschen Unfallversicherungssystems verwendet werden. Mit diesen Vorhaben konnte sich die Politik jedoch wegen der massiv entgegengestellten Argumente der Sozialpartner erfreulicherweise auch nicht durchsetzen.

Der neue Spitzenverband »Deutsche Gesetzliche Unfallversicherung« (DGUV)

Die DGUV entstand am 1. Juni 2007 durch Fusionsbeschluss der Selbstverwaltungen von HVBG und BUK. Der neue Spitzenverband ist mit einer neuen Satzung im Berliner Vereinsregister eingetragen und beschäftigt rund 900 Mitarbeiter an den sieben Standorten Bad Hersfeld, Berlin, Bochum, Dresden, Hennef, München und Sankt Augustin. Zur DGUV gehören als regionale Gliederungen die sechs Landesverbände
- Nordwest mit Zuständigkeit für Schleswig-Holstein, Hamburg, Niedersachsen, Bremen und Sachsen-Anhalt,
- Nordost mit Zuständigkeit für Mecklenburg-Vorpommern, Berlin und Brandenburg,
- West mit Zuständigkeit für Nordrhein-Westfalen,
- Mitte mit Zuständigkeit für Hessen, Rheinland-Pfalz und Thüringen,
- Südwest mit Zuständigkeit für Baden-Württemberg und das Saarland sowie
- Südost mit Zuständigkeit für Sachsen und Bayern.

Die als länderbezogene Koordinierungsstellen der Unfallversicherungsträger für die Abstimmung mit den Länderarbeitsschutzbehörden eingerichteten »Gemeinsamen Landesbezogenen Stellen« (GLS) sind bei den sechs Landesverbänden mit Zuständigkeit für die abgedeckten Länder angesiedelt. Die Gemeinsame Deutsche Arbeitsschutzstrategie (GDA) ist Teil der Unfallversicherungsreform und wurde bei der Definition der Präventionsaufgaben der regionalen Gliederungen (Landesverbände) der DGUV und insbesondere im Hinblick auf die Aufgaben der GLS berücksichtigt.

Das Aufgabenspektrum der DGUV ist breit angelegt, der Spitzenverband nimmt im Bereich Prävention – unter grundsätzlicher Wahrung der Selbstständigkeit seiner Mitglieder – insbesondere folgende Aufgaben wahr:
- Durchführung, Koordinierung und Förderung gemeinsamer Maßnahmen sowie der Forschung auf dem Gebiet der Prävention von Arbeitsunfällen, Berufskrankheiten und arbeitsbedingten Gesundheitsgefahren.
- Zur Unterstützung der Präventionsarbeit des Verbandes und der Mitglieder kann der Verband zeitweilig Fachgruppen/Fachausschüsse bilden.

■ Vorbereitung und Ausarbeitung von Muster-Unfallverhütungsvorschriften sowie deren Pflege, Mitwirkung beim Erlass von Unfallverhütungsvorschriften und Hinwirkung auf Rechtseinheitlichkeit.

Die Gemeinsame Deutsche Arbeitsschutzstrategie (GDA)

Im internationalen Vergleich verfügt Deutschland über ein unbestritten hohes Niveau im Arbeitsschutz. Gleichwohl bleibt der Schutz von Sicherheit und Gesundheit bei der Arbeit trotz hoher Standards ein wichtiges Thema, denn noch immer ereignen sich in Deutschland pro Tag durchschnittlich rund 2.600 Arbeitsunfälle, knapp zwei davon mit tödlichem Ausgang. Im Bereich der Berufserkrankungen verlagern sich die Schwerpunkte von der Gefahrstoffproblematik zunehmend in den physischen Fehlbelastungs- bzw. Überlastungsbereich, so z.b. bei Muskel-Skeletterkrankungen.

Vor dem Hintergrund einer besonders in Deutschland stark alternden Erwerbsbevölkerung und eines zunehmenden Fachkräftemangels ist es für die Unternehmen und demzufolge natürlich auch für die professionellen Akteure im Arbeitsschutz unverzichtbar, die Gesundheit und damit die Arbeitsfähigkeit der Arbeitnehmerinnen und Arbeitnehmer zu erhalten und möglichst sogar zu verbessern.

Der Bund mit dem Bundesministerium für Arbeit und Soziales (BMAS), die obersten Arbeitsschutzbehörden der Bundesländer, vertreten durch den Länderausschuss für Arbeitsschutz und Sicherheitstechnik (LASI), und die Träger der gesetzlichen Unfallversicherung in Deutschland zusammen mit ihrem Spitzenverband DGUV haben sich daher mit den Sozialpartnern auf eine »Gemeinsame Deutsche Arbeitsschutzstrategie« (GDA) verständigt. Diese Neuerung in der dualen deutschen Arbeitsschutzlandschaft ist mit dem Inkrafttreten des UVMG und seinen Änderungen im Arbeitsschutzgesetz und im Sozialgesetzbuch VII gesetzlich verankert worden.

Das Globalziel der GDA ist es, die Prävention in Deutschland durch die Bündelung der Kräfte und Ressourcen der GDA-Träger Bund, Länder und Unfallversicherungsträger auf gemeinsame Ziele und Handlungsfelder wirkungsvoller und effizienter zu gestalten. Im Rahmen eines ersten GDA-Programmzeitraumes von 2008 bis 2012 haben die GDA-Träger zu diesem Zweck
1. gemeinsame Ziele für den Arbeitsschutz entwickelt,

Unfallversicherungsträger und gesundheitsgerechtes Führungsverhalten

2. vorrangige Handlungsfelder und Eckpunkte für Arbeitsprogramme festgelegt mit der Absicht, diese nach einheitlichen Grundsätzen auszuführen,
3. in Planung, die ausgewählten und bearbeiteten Arbeitsschutzziele, Handlungsfelder und Arbeitsprogramme zu evaluieren,
4. Verfahren festzulegen, wie die für den Arbeitsschutz zuständigen Landesbehörden und die Unfallversicherungsträger sich bei der Beratung und Überwachung der Betriebe abstimmen sollen und
5. die Absicht, in naher Zukunft ein verständliches, überschaubares und abgestimmtes Vorschriften- und Regelwerk zu schaffen.

Die Verständigung der Träger auf eine gemeinsame Arbeitsschutzstrategie – und die Festschreibung der wesentlichsten Anforderungen dieser und der strukturellen Voraussetzungen im UVMG – stellt für den dual organisierten Arbeitsschutz in Deutschland einen grundlegend neuen Ansatz dar. Früher legte jeder in der Prävention eigene Ziele (Arbeitsschutzziele) und Schwerpunkte (Handlungsfelder) fest. Diese waren von Unfallversicherungsträger (UVT) zu UVT, im öffentlichen Dienst, der Landwirtschaft, von Land zu Land und von UVT zu Land sehr unterschiedlich. Jeder Träger wählte Handlungsfelder – auch Methoden und Instrumente – zur Erreichung seines eigenen Ziels weitgehend unabhängig von anderen. Kooperationen der Träger waren möglich und teilweise auch üblich, aber immer auf freiwilliger Basis. Auf nationaler und internationaler Ebene war der »deutsche Flickenteppich« der Ziele und Handlungsfelder nicht vernünftig darstellbar bzw. zumindest sehr erklärungsbedürftig. Mit der GDA verständigen sich jetzt alle Träger auf gemeinsame Arbeitsschutzziele. Alle Träger wählen – im Rahmen ihrer Möglichkeiten und Kompetenzen – abgestimmte Handlungsfelder aus, die die gemeinsamen Ziele wirksam unterstützen. Kooperationen der Träger zur Zielerreichung sind qua Gesetz verpflichtend für alle; daraus ergibt sich auch ein Recht zur Mitwirkung und zur geregelten Abstimmung und gegenseitigen Information. Auf nationaler und internationaler Ebene sind die gemeinsamen deutschen Arbeitsschutzziele und Handlungsfelder mit der GDA nunmehr auch besser zu vermitteln und darstellbar. Die GDA-Aktivitäten stehen in engem inhaltlichen und zeitlichen Zusammenhang mit der Aufforderung der Kommission der Europäischen Union an die Mitgliedstaaten, nationale Strategien für Sicherheit und Gesundheit am Arbeitsplatz zu entwickeln, umzusetzen und zu evaluieren (EU-Gemeinschaftsstrategie für Gesundheit und Sicherheit bei der Arbeit 2007-2012).

Gemeinsame Arbeitsschutzziele und Handlungsfelder

Auf die Ziele der GDA haben sich die Unfallversicherungsträger – und im November 2007 die Arbeits- und Sozialminister der Länder mit der Bestätigung des GDA-Fachkonzeptes – sowie die Länderarbeitsschutzbehörden verständigt. Arbeitsschutzziel Nr. 1 ist die »Verringerung von Häufigkeit und Schwere von Arbeitsunfällen« (ASZ AU). Als vorrangige gemeinsame Handlungsfelder zur Zielerreichung wurden dabei festgelegt: Bau- und Montagearbeiten, die Wirtschaftsbereiche Logistik, Transport und Verkehr sowie die erfahrungsgemäß besonders unfallträchtige Zielgruppe der »Neulinge« im Betrieb, also Berufsanfänger, Neueingestellte und Zeitarbeiter. Um dieses Ziel zu erreichen, sollen auch adäquate Maßnahmen und Aspekte einbezogen werden, um psychische Fehlbelastungen zu verringern und die systematische Wahrnehmung des Arbeitsschutzes in Unternehmen zu fördern. Letzteres beispielsweise durch die Förderung einer verbesserten und umfassenderen Anwendung des Präventionsinstrumentes Gefährdungsbeurteilung.

Beim Arbeitsschutzziel Nr. 2 – der »Verringerung von Muskel-Skelett-Belastungen und Erkrankungen« (ASZ MSE) – geht es vorrangig um die gemeinsamen Handlungsfelder »Gesundheitsdienst« und »einseitig belastende oder bewegungsarme Tätigkeiten«. Hier sollen Berufsgenossenschaften, Unfallkassen und staatliche Arbeitsschutzbehörden vor allem Know-how zur systematischen Prävention von Muskel-Skelettbelastungen und Erkrankungen verbreiten. Kleine und mittlere Unternehmen (KMU) werden dabei im Mittelpunkt stehen. Auch die ergonomische und altersgerechte Gestaltung der Arbeit, psychische Fehlbelastungen sowie die Förderung der systematischen Wahrnehmung des Arbeitsschutzes in Unternehmen sollen entsprechend berücksichtigt werden.

Bei Arbeitsschutzziel Nr. 3 – der »Verringerung der Häufigkeit und Schwere von Hauterkrankungen« (ASZ HAUT) – liegt der Fokus auf der »Arbeit mit beziehungsweise im feuchten Milieu« (Feuchtarbeit) und dem Kontakt mit hautschädigenden Stoffen wie Kühlschmierstoffen, Motorölen, organischen Lösungsmitteln und Reinigungsmitteln. Dabei soll insbesondere auch die Substitution von Stoffen berücksichtigt werden.

Festlegung von Eckpunkten für GDA-Arbeitsprogramme

Insgesamt wurden von den drei GDA-Trägern in enger Abstimmung und Zusammenarbeit mit den Sozialpartnern sechs bundesweit nach einheitlichen Kriterien vorrangig umzusetzende Arbeitsprogramme, so genannte »Leuchtturmprojekte« oder »Kategorie I«-Projekte, skizziert:
1. Sicherheit und Gesundheitsschutz bei Bau- und Montagearbeiten
2. Sicherheit und Gesundheitsschutz bei der Zeitarbeit
3. Sicher fahren und transportieren (innerbetrieblich und öffentlich)
4. Sicherheit und Gesundheitsschutz bei der Pflege
5. Gesund und erfolgreich arbeiten im Büro
6. Gesundheitsschutz bei Feuchtarbeit und Tätigkeiten mit hautschädigenden Stoffen

Diese Projekte der Kategorie I sollen von allen GDA-Trägern grundsätzlich verbindlich und bundesweit einheitlich durchgeführt werden. Über diese Projekte hinaus wurden fünf weitere von den drei Trägern umzusetzende GDA-Arbeitsprogramme (»Kategorie II-«Projekte) beschlossen, für die ebenfalls Eckpunkte abgefasst wurden und eine Vorgabe von Indikatoren und Kennziffern angestrebt wird. Die Durchführungsverpflichtung für alle Träger ist hier jedoch »offen«, das heißt unter anderem, dass die Beteiligung fakultativ erfolgen kann. Beim ASZ »Arbeitsunfälle« wurde als weiteres Arbeitsprogramm die
- »Sensibilisierung zum Thema Sicherheit und Gesundheitsschutz in Schulen«

vereinbart. Beschlossen wurde darüber hinaus noch die Durchführung von vier weiteren Arbeitsprogrammen zur Förderung von Sicherheit und Gesundheitsschutz bei einseitig belastenden und bewegungsarmen Tätigkeiten im ASZ »Muskel-Skelett-Belastungen und Erkrankungen«
- an Produktionsarbeitsplätzen in der Ernährungsindustrie,
- an Produktionsarbeitsplätzen im Bereich feinmechanischer Montierertätigkeiten,
- in der Gastronomie und Hotellerie und
- bei der Personenbeförderung im ÖPNV.

Trotz GDA wird bei allen Trägern weiterhin breiter Raum für eigenständige Aktivitäten bleiben; dies ergibt sich u.a. zwangsläufig aus den unterschiedlichen Aufgabenspektren und Zielgruppenzuständigkeiten von UVTs und Länderarbeitsschutzbehörden. Nicht zufriedenstellend gelöst ist bis heute die Beteiligung der Sozialpartner an der GDA, denn sie sind bisher nur beratend und ohne Stimmrecht in die offiziellen Gremien der GDA wie der »Nationalen Arbeitsschutzkonferenz« (NAK), dem obersten Steuerungsgremium für die GDA, eingebunden.

Arbeitsschutzforum

Um bei der GDA auch alle anderen vom Arbeits- und Gesundheitsschutz tangierten Gruppen in die Entwicklung und Fortschreibung von Arbeitsschutzzielen und Handlungsfeldern einzubeziehen, wurde bereits 2006 ein nationales Arbeitsschutzforum eingerichtet, das mindestens einmal jährlich zusammenkommen soll, auch im UVMG verankert ist und den Auftrag hat, die NAK zu unterstützen. Für die Teilnahme am Arbeitsschutzforum sind »sachverständige Vertreter der Spitzenorganisationen der Arbeitgeber und Arbeitnehmer, der Berufs- und Wirtschaftsverbände, der Wissenschaft, der Kranken- und Rentenversicherungsträger, von Einrichtungen im Bereich Sicherheit und Gesundheit bei der Arbeit sowie von Einrichtungen, die der Förderung der Beschäftigungsfähigkeit dienen« vorgesehen. Das Arbeitsschutzforum hat die Aufgabe, eine frühzeitige und aktive Teilhabe der sachverständigen Fachöffentlichkeit an der Entwicklung und Fortschreibung der gemeinsamen deutschen Arbeitsschutzstrategie sicherzustellen und die NAK entsprechend zu beraten.

Bessere Prävention durch abgestimmte Beratung

Wie werden sich gemeinsame Ziele und eine gemeinsame Strategie auf das duale Arbeitsschutzsystem in Deutschland auswirken? Bisher entwickelten die zuständigen Landesbehörden und die Unfallversicherungsträger (UVTs) ihre Ziele und Präventionsstrategien nicht nur unabhängig voneinander; ihre Berater und Aufsichtsbeamten besuchten die Betriebe auch unabhängig voneinander, um diese in Fragen des Arbeitsschutzes zu beraten und die Einhaltung der Vorschriften zu überwachen. Die GDA soll dies optimieren. Zukünftig werden Behörden und Unfallversicherung bei der gemeinsamen Beratung und Überwachung der Betriebe Schwerpunkte auf die genannten Arbeitsschutzziele und Handlungsfelder legen. Diese Neuregelung soll zu einer stärkeren Arbeitsteilung und letztendlich auch zu noch besseren Ergebnissen in der Prävention führen.

Gemeinsame Ziele sinnvoll ergänzen

Die ambitioniert gesteckten Arbeitsschutzziele aus der GDA können gleichwohl nicht erreicht werden, wenn sich die Beteiligten nur auf die ausgewählten gemeinsamen Handlungsfelder beschränken. Diese decken nur einen – allerdings sehr wichtigen – Teil der möglichen, sinnvollen und notwendigen Handlungsfelder ab. Ein Beispiel: Für das Arbeitsschutzziel »Reduzierung von Muskel-Skelett-Belastungen« wurden die gemeinsamen Handlungsfelder »Gesundheitsdienst« und »einseitig belastende oder bewegungsarme Tätigkeiten« ausgewählt. Bei den Themen unberücksichtigt bleiben beispielsweise die in diesem Belastungs- und Erkrankungsfeld mit Sicherheit bedeutenden körperlich schweren Arbeiten als präventives Handlungsfeld. Will man das genannte Arbeitsschutzziel erreichen, muss man auch andere als die für die GDA vereinbarten gemeinsamen Handlungsfelder betrachten. Dies soll auch erfolgen. Die Träger der GDA, aber auch Dritte wie beispielsweise die Krankenkassen, sind aufgefordert, die Herausforderungen an eine moderne Prävention anzunehmen und sich diesen Handlungsfeldern ebenfalls zu widmen und entsprechend zu agieren sowie zu kooperieren.

Herausforderungen an eine moderne Prävention

In einer Reihe von Berufen, speziell mit hohen physischen und/oder psychischen Anforderungen, ist die Gefahr einer vorzeitigen Berufsaufgabe höher als in anderen Berufen. Besondere Herausforderungen an eine moderne Prävention ergeben sich unter anderem auch aus dem raschen technologischen Wandel und anderen inhaltlich-organisatorischen Veränderungen der Arbeit wie hohem – bzw. steigendem – Zeitdruck sowie Erhöhungen von Arbeitsinhalten. Diese Entwicklungen führen beispielsweise nicht selten zu massiven psychischen Fehlbelastungen. Darüber hinaus erlangt ein effektives Personalentwicklungsmanagement eine immer wichtigere Bedeutung für den wirtschaftlichen Erfolg der Unternehmen. Ein sorgfältiger und vorausschauender Umgang mit den Humanressourcen, besonders auch im Zeichen des demografischen Wandels mit der zunehmenden Alterung der Erwerbsbevölkerung, wird für viele Unternehmen zukünftig existenzielle Bedeutung erlangen. Um diesen neuen bzw. sich ändernden Herausforderungen begegnen zu können, wird es für die professionellen Arbeitsschutzakteure zunehmend wichtiger werden, praxis- und zielgruppenorientierte Vorschriften, Regeln und Informationen zu entwickeln. Auch müssen Kooperation und Koordination der Aktivitäten von Ländern und UVTs optimal aufeinander abgestimmt werden, sodass sich diese ergänzen. Zudem ist eine bessere Vernetzung der Aktivitäten mit den Krankenkassen erforderlich. Ein Ineinandergreifen von Arbeitsschutzansätzen und die Förderung der Gesundheit der Mitarbeiterinnen und Mitarbeiter sind dabei unerlässlich. Beide Ansätze zielen in dieselbe Richtung, bedingen sich und müssen deshalb aufeinander abgestimmt werden.

Präventionsinstrumentarium der Unfallversicherungsträger

Das bei der Arbeit der Unfallversicherungsträger für Sicherheit und Gesundheit bei der Arbeit eingesetzte Präventionsinstrumentarium umfasst im Wesentlichen
- die Beratung und Überwachung der Unternehmen,
- die Aus- und Fortbildung der betrieblichen Arbeitsschutzakteure (Sicherheitsfachkräfte, Sicherheitsbeauftragte, Betriebsräte, Vorgesetzte),
- die Entwicklung eines branchenbezogenen, zunehmend gesundheitsfördernden Vorschriften- und Regelwerks,
- die Durchführung von anlassbezogenen Forschungsmaßnahmen und
- Messungen am Arbeitsplatz (Gefahrstoffe, Biostoffe).

Grundlegendes Ziel ist die Verbesserung der Sicherheit und der Gesundheit der Beschäftigten gemäß dem gesetzlichen Auftrag im Sozialgesetzbuch VII »Gesetzliche Unfallversicherung«. Voraussetzung für die Zielerreichung ist eine ständige Anpassung an sich verändernde betriebliche und rechtliche Rahmenbedingungen. Und sie erfordert die Entwicklung einer erweiterten Sichtweise von Prävention.

Gesundheit bei der Arbeit

Ausgehend von einem ganzheitlichen Arbeitsschutzverständnis im Sinne des Arbeitsschutzgesetzes und dem Verständnis der betrieblichen Gesundheitsförderung nach der »Luxemburger Deklaration« (1997)

des Europäischen Netzwerks für betriebliche Gesundheitsförderung (ENWHP) erkennen deutsche Unfallversicherungs- und Krankenversicherungsträger Arbeitssicherheit und Gesundheitsschutz als gleichwertige Präventionsziele an. Alle individuellen Akteure auf der betrieblichen Ebene, alle für Sicherheit und Gesundheitsschutz zuständigen Institutionen wie Krankenkassen und Unfallversicherungsträger, aber auch andere in diesen Themenfeldern tätige überbetriebliche Akteure müssen dementsprechend agieren. Um die Gesundheit bei der Arbeit zu sichern bzw. zu verbessern oder zu erreichen, ist es erforderlich, dass die notwendigen Strukturen sowohl für ein betriebliches als auch für ein überbetriebliches Gesundheitsmanagement aufgebaut und in Funktion gebracht werden. Die Unfallversicherungs- und die Krankenversicherungsträger sind in diesem Zusammenhang dabei, sich zu Dienstleistern und Managern in Sachen Gesundheit bei der Arbeit zu entwickeln, und dies nicht nur vor dem Hintergrund der gesetzlichen Anforderungen an die Zusammenarbeit durch die Sozialgesetzbücher V und VII. Unfallversicherung und Krankenversicherung wollen den Adressaten Unternehmern, Führungskräften und Arbeitnehmern gemeinsam mit den Sozialpartnern verständlich machen, dass die Gesundheit der Beschäftigten sowohl persönliches als auch betriebliches Kapital ist, das durch alle geeigneten Maßnahmen bewahrt werden sollte; dies zum einen sicherlich aus humanitären Gründen, aber auch um die Voraussetzungen für einen dauerhaften wirtschaftlichen Erfolg der Unternehmen zu schaffen und zu bewahren. Bei der betrieblichen Gesundheitsförderung und der Verhütung arbeitsbedingter Gesundheitsgefahren wollen die Unfallversicherungsträger und Krankenkassen demnächst in einer Rahmenvereinbarung verabreden, auf der Grundlage unterschiedlicher, sich ergänzender Handlungsmöglichkeiten partnerschaftlich und unter Wahrung der gesetzlichen Aufgaben und Kompetenzen des jeweiligen Sozialversicherungszweiges zusammenzuarbeiten.

Zentrales Anliegen der Träger der gesetzlichen Unfallversicherung und der Krankenkassen ist es, durch ihre Zusammenarbeit die Arbeitgeber in der Durchführung der Maßnahmen zur betrieblichen Gesundheitsförderung und zur Verhütung arbeitsbedingter Gesundheitsgefahren in den Betrieben zu unterstützen und deren Effektivität und Effizienz zu steigern. Die Arbeitgeber sind durch das Arbeitsschutzgesetz verpflichtet, die zur Verhütung arbeitsbedingter Gesundheitsgefahren erforderlichen Maßnahmen auf der Basis der von ihnen durchzuführenden Gefährdungsbeurteilung zu treffen.

Kooperation und Koordination für die Erreichung der Gesundheitsziele

Für die Erreichung der betrieblichen Gesundheitsziele unterstützen und initiieren die Berufsgenossenschaften und Unfallkassen gemeinsam mit ihrem Verband DGUV bereits seit Jahren zahlreiche Initiativen zur Kooperation und Koordination aller Aktivitäten.

Initiative Gesundheit und Arbeit (IGA) [www.iga-info.de]

Gesundheit im Arbeitsleben fördern – dieses Ziel und die heutige Arbeitswelt mit ihren komplexen Anforderungen und Belastungen erfordern Kooperation und ein abgestimmtes Vorgehen. Das sieht auch der Gesetzgeber so vor: Unfall- und Krankenversicherung sollen bei der Verhütung arbeitsbedingter Gesundheitsgefahren zusammenarbeiten. In dem Gemeinschaftsprojekt »Initiative Gesundheit und Arbeit« (IGA) wird das Gebot zur Zusammenarbeit praktisch umgesetzt: Der BKK Bundesverband, der AOK-Bundesverband, der Verband der Ersatzkassen und die Deutsche Gesetzliche Unfallversicherung arbeiten bei der Prävention und der betrieblichen Gesundheitsförderung zusammen. Dabei unterstützen die an IGA beteiligten Verbände die vielfältigen Kooperationen von Krankenkassen, Unfallkassen und Berufsgenossenschaften zum Wohl der Betriebe und ihrer Beschäftigten.

In der Initiative Gesundheit und Arbeit kooperieren gesetzliche Kranken- und Unfallversicherung, um gemeinsam arbeitsbedingten Gesundheitsgefahren durch Arbeitsschutz und betriebliche Gesundheitsförderung vorzubeugen. Ziel ist es, vorhandene Methoden und Erkenntnisse für die Praxis nutzbar zu machen und Präventionsansätze für die Arbeitswelt weiterzuentwickeln. Die Aktivitäten zielen dabei immer auf die Gesundheit und Sicherheit der Beschäftigten. Gesunde Beschäftigte stärken auch die Wettbewerbsfähigkeit der Unternehmen, beispielsweise steigt die Produktivität durch weniger Ausfallzeiten und optimierte Arbeitsorganisation.

IGA führt neben verschiedenen unterschiedlichsten Projekten zur betrieblichen Gesundheitsförderung und Prävention von arbeitsbedingten Gesundheitsgefahren sowie Studien in diesem Bereich regelmäßig alle zwei Jahre eine repräsentative telefonische Befragung von ca. 2.000 Erwerbstätigen durch, das so genannte IGA-Barometer. Hierdurch sollen Veränderungen von Einstellungen und Wahrnehmungen in der Arbeitswelt beobachtet werden. Das IGA-Barometer besteht aus zwei Teilen. Teil 1 besteht aus den so genannten Sonntagsfragen, die bei jeder Befragung gestellt werden und sich mit der Einschätzung der Erwerbstätigen zum Stellenwert der Arbeit befassen. Teil 2 beinhaltet einen variablen Frageteil, in dem jeweils neue Themen behandelt werden.

Das weitere Instrument »IGAcheck« dient dem Erfassen und Dokumentieren beruflicher Anforderungen, Belastungen und Gefährdungen. Der IGAcheck kann beispielsweise die Gefährdungsbeurteilung vorbereiten oder beim Erstellen von Anforderungsprofilen zur Integration leistungsgewandelter Beschäftigter helfen.

Weitere IGA-Produkte sind der »IGA-Report«, die »IGA-Fakten« und der Newsletter »IGAaktuell«. In den mittlerweile 18 IGA-Reports wird über verschiedenste Themen und Studienergebnisse aus dem Bereich von Arbeit und Gesundheit berichtet. Regelmäßig werden in dieser Reihe die Ergebnisse der Umfragen zum IGA-Barometer veröffentlicht. Die neue Publikationsreihe »IGA-Fakten« liefert praxisnahe Empfehlungen für eine erfolgreiche Prävention in kompakter Form. Dazu gehören wesentliche Informationen zu ausgewählten Krankheitsschwerpunkten und Gesundheitsrisiken in der Arbeitswelt. Neben Daten zu Vorkommen und Häufigkeit einer Erkrankung, nationalen und internationalen Entwicklungstendenzen und den damit verbundenen Kosten werden arbeitsweltbezogene Risikofaktoren aufgezeigt, die in der wissenschaftlichen Literatur als gesichert gelten. Entsprechende Präventionsstrategien, die an diesen Faktoren ansetzen und sich als wirksam erwiesen haben, werden vorgestellt. Die Veröffentlichung erfolgt in loser Folge.

Initiative Neue Qualität der Arbeit (INQA) [www.inqa.de][1]

Mit der Vision der Erreichung von sicheren, gesunden und wettbewerbsfähigen Arbeitsplätzen haben sich im Mai 2002 Sozialpartner, Sozialversicherungsträger, Länder, Bund, Stiftungen und Unternehmen in der Initiative Neue Qualität der Arbeit (INQA) zusammengefunden. INQA ist der Versuch, die sozialen Interessen der Beschäftigten an gesunden und gesundheitsförderlichen Arbeitsbedingungen mit den wirtschaftlichen Interessen der Unternehmen zu verbinden. Gemeinsame Projekte des Bündnisses machen deutlich: Wer in Humankapital investiert, profitiert von motivierteren Mitarbeitern, sinkenden Krankenständen und einem

---
[1] Vgl. zu INQA auch den Beitrag von Ernst Kistler in diesem Band.

fortschrittlichen Unternehmensimage. Alle Beteiligten sehen die weitere Förderung der Qualität der Arbeit als eine wichtige zukunftsweisende Aufgabe und gemeinsame Herausforderung an. Dabei sollen die Interessen der Menschen an positiven, gesundheits- und persönlichkeitsförderlichen Arbeitsbedingungen mit der Notwendigkeit wettbewerbsfähiger Arbeitsplätze verbunden werden. Die Bewältigung dieser Herausforderung verlangt einen umfassenden Präventionsansatz im Arbeitsschutz, der die Einflüsse angrenzender Politikfelder, insbesondere Gesundheit, Bildung, Beschäftigung und Arbeitsmarkt sowie Forschung und Technologie einbezieht. In regelmäßig stattfindenden Sitzungen treffen sich die Partner, darunter in der ersten Reihe die Unfallversicherungsträger, und stimmen das weitere Vorgehen, die Handlungsfelder und die strategische Ausrichtung der Initiative ab.

Unterstützt wird die Arbeit von INQA dabei auch durch zahlreiche Unternehmen. Sie sind wichtige Partner der Initiative, denn durch ihre Projekte im Bereich Sicherheit und Gesundheit am Arbeitsplatz bringen sie INQA ihren Zielsetzungen näher.

Unter dem gemeinsamen Dach von INQA haben sich Thematische Initiativkreise (TIK) gegründet, unter Leitung oder Mitwirkung von Mitarbeitern der Unfallversicherungsträger, die innovative Aktivitäten initiieren, konzipieren und durchführen sowie das gewonnene Gestaltungswissen für die Praxis aufbereiten und umsetzen. Jeder einzelne TIK bildet eine Plattform für Menschen, die am jeweiligen Thema interessiert sind, alle zusammen bilden sie ein tragfähiges Netzwerk für eine Neue Qualität der Arbeit. Derzeit arbeiten sieben Initiativkreise. Neben besonders unfallträchtigen und/oder gesundheitsbelastenden Branchen wie beispielsweise dem Bauwesen und der Pflege sowie gesellschaftlich relevanten Handlungsfeldern wie dem adäquaten Management des demografischen Wandels bildet insbesondere die Förderung von Gesundheits- und Sicherheitsthemen in Unternehmen kleiner und mittlerer Größe einen Schwerpunkt der Bemühungen der INQA-TIK.

Deutsches Netzwerk für betriebliche Gesundheitsförderung (DNBGF) [www.dnbgf.de]
Das DNBGF geht auf eine Initiative des Europäischen Netzwerks für betriebliche Gesundheitsförderung ENWHP zurück und wird vom Bundesministerium für Arbeit und Soziales und vom Bundesministerium für Gesundheit unterstützt. Für die Arbeit des DNBGF wurde eine Geschäftsstelle eingerichtet, die vom BKK Bundesverband, der Deut-

schen Gesetzlichen Unfallversicherung (DGUV), dem AOK-Bundesverband und dem Verband der Ersatzkassen e.V. (vdek) im Rahmen der gemeinsamen Initiative Gesundheit und Arbeit (IGA) getragen wird. Vor dem Hintergrund einer noch zu geringen Verbreitung von betrieblicher Gesundheitsförderung in Deutschland soll die Kooperation zwischen allen nationalen Akteuren verbessert werden. Diesem Ziel dient das DNBGF.

Das Netzwerk ist offen für alle Handelnden (Organisationen, Netzwerke, Einzelpersonen), die interessiert daran sind, gemeinsam mit anderen eine »gute Praxis« betrieblicher Gesundheitsförderung zu entwickeln und zu verbreiten. Die Mitglieder des DNBGF sind Teil einer breit angelegten Informations- und Diskussionsplattform zum Thema Betriebliche Gesundheitsförderung (BGF) in Deutschland, bekommen Zugriff auf umfangreiches Erfahrungswissen über Praxis, Strategien und Methoden erfolgreicher BGF, erhalten Gelegenheit sowohl zur Kontakt- und Beziehungspflege innerhalb ihres Handlungsfeldes als auch zum setting- und länderübergreifenden Erfahrungsaustausch und profitieren von der gezielten politischen Aufwertung von BGF durch eine verbesserte Vermarktung von BGF. Die Mitglieder unterliegen keinen Verpflichtungen, die Mitgliedschaft ist kostenlos und unverbindlich und berechtigt zur Teilnahme an Treffen der Foren und den nationalen und internationalen Netzwerkkonferenzen. Das DNBGF hat sechs themenbezogene Foren ins Leben gerufen. Das DNBGF ist wiederum vernetzt mit IGA und INQA.

Deutscher Verkehrssicherheitsrat (DVR) [www.dvr.de]
Aufgabe des DVR ist die Förderung von Maßnahmen zur Verbesserung der Sicherheit aller Verkehrsteilnehmer. Schwerpunkte sind neben Fragen der Verkehrstechnik, des Verkehrsrechts und der -überwachung, insbesondere die Verkehrsmedizin, Verkehrserziehung und -aufklärung. Der DVR koordiniert die vielfältigen Aktivitäten seiner Mitglieder, entwickelt Programme und passt diese kontinuierlich neuen Anforderungen und wissenschaftlichen Erkenntnissen an. Eine seiner zentralen Aufgaben liegt in der Bündelung der Bemühungen aller beteiligten Stellen zu einem gemeinsamen und wirksamen Handeln (Koordinierungsfunktion). Diese Koordinierungsfunktion nimmt der DVR auch unabhängig von konkreten Projekten wahr. Bei der Ansprache der Verkehrsteilnehmer stellt der DVR den Partnerschaftsgedanken und die Stärkung der Eigenverantwortung in den Mittelpunkt, wobei seit Oktober 2007 die Sicherheits-

philosophie »Vision Zero« Grundlage seiner Verkehrssicherheitsarbeit ist. Die Verkehrsteilnehmer sollen nicht als passive Objekte, sondern als aktiv Mitwirkende angesprochen werden, deren selbstständige Initiative, mitdenkendes Engagement und mitverantwortliche Beteiligung erwünscht sind und gebraucht werden. Der DVR hat gemeinsam mit seinen Mitgliedern Zielgruppenprogramme entwickelt, z.B. »Kind und Verkehr«, »Sicher mobil« für ältere Verkehrsteilnehmer, Sicherheitstrainings und -programme für Pkw-, Lkw-, Omnibus-, Reisebus-, Gefahrgut- und Motorradfahrer, Radfahrprogramm etc. Die Umsetzung erfolgt in jährlich vielen tausend Veranstaltungen und Trainings.

Eine besondere Bedeutung hat im DVR die betriebliche Verkehrssicherheitsarbeit. Die Berufsgenossenschaften und der DVR führen seit Anfang der 80er Jahre das gemeinsame Programm »Sicherheit auf allen Wegen« durch, das sich an Berufstätige und Auszubildende richtet. Kooperationen mit Berufsgenossenschaften und Betrieben, koordiniert durch die DGUV, führen zu präventiven Maßnahmen, die nicht nur Unfälle verhindern, sondern dem Arbeitgeber dadurch auch Geld sparen. Perspektiven für die künftige Verkehrssicherheitsarbeit ergeben sich auch aus der zunehmenden Entwicklung der Mobilität in der Arbeitswelt. Von Arbeitnehmerinnen und Arbeitnehmern fordert die Arbeitswelt in stetig steigendem Maße örtliche Flexibilität. Im Vordergrund steht der Gedanke, einen vernünftigen Umgang mit dem Kraftfahrzeug zu fördern (ökologisch und ökonomisch orientierte Fahrweise). Und natürlich können auch nur gesunde Arbeitnehmer sich adäquat im Straßenverkehr bewegen.

Kommission Arbeitsschutz und Normung (KAN) [www.kan.de]
Die Kommission Arbeitsschutz und Normung (KAN) besteht seit Anfang 1994 und hat die Aufgabe, die Normungsarbeit zu beobachten und die Belange des Arbeitsschutzes gegenüber der Normung zur Geltung zu bringen. In der KAN sind die Sozialpartner, der Staat, die gesetzliche Unfallversicherung und das Deutsche Institut für Normung (DIN) vertreten. Die KAN »bündelt« die Interessen aus Sicht des Arbeitsschutzes und bringt sie als Stellungnahmen in laufende und geplante Normungsvorhaben ein. Die KAN selbst ist kein Normungsgremium; ihre Beschlüsse im Bereich von Arbeitsschutz und Normung haben den Charakter von Empfehlungen, die sich auf einen möglichst breiten Konsens aller Beteiligten im Arbeitsschutz stützen. Schwerpunkte der Arbeit der KAN sind

- die Erarbeitung grundsätzlicher Positionen des Arbeitsschutzes zu bedeutsamen Fragen des Normungsgeschehens,
- die Bewertung der Inhalte von Normen danach, ob sie den Arbeitsschutzanforderungen aus deutscher Sicht und den in den europäischen Richtlinien vorgegebenen Schutzzielen entsprechen,
- die Einflussnahme auf Normungsprogramme und Normungsaufträge der Europäischen Kommission an die privaten Normungsinstitute CEN und CENELEC,
- die Prüfung, ob aus der Sicht des Arbeitsschutzes ein Normungsbedarf besteht und
- die Vorbereitung von Informationen zur Normungsarbeit für die Arbeitsschutzexperten.

Warum sollten Unternehmen Gesundheitsförderung betreiben?

Vor dem Hintergrund der erwarteten zunehmend erschwerten Personalbeschaffung aufgrund der demografischen Entwicklung hin zu einer stetig alternden Erwerbsbevölkerung bei gleichzeitiger Abnahme des Mitarbeiternachwuchses wegen sinkender Geburtenraten wird ein effektives und effizientes Human Resources Management immer größere Bedeutung in den Unternehmen erlangen.

Experten erwarten, dass sich schon in den nächsten Jahren die Gesunderhaltung und Gesundheitsförderung der Mitarbeiterinnen und Mitarbeiter zu einem entscheidenden Wettbewerbs- und Erfolgsfaktor für Unternehmen entwickeln wird, da sich der Wettbewerb um die Gewinnung und die Aufrechterhaltung der Arbeitsfähigkeit hochqualifizierter Mitarbeiter in einem globalisierten Umfeld verstärken wird. Die »Pflege« des gewonnenen und qualifizierten Personals wird bei der Erfüllung des Unternehmerauftrages in der Prävention zu einem modernen Verständnis des Begriffs »Gesundheit« entwickelt werden müssen, der über das klassische Gesundheitsverständnis weit hinausgeht. Die Gesundheitserhaltung und -förderung der Mitarbeiter wird bei alternder Erwerbsbevölkerung dementsprechend zu einem Dreh- und Angelpunkt in der Bewahrung des Humankapitals der Unternehmen werden müssen.

Dabei muss in den Unternehmen und bei den in diesen Verantwortung tragenden Personen das Verständnis entwickelt werden, dass Gesundheit nicht mehr ein Ergebnis, sondern vielmehr ein Prozess ist,

Abbildung 1: Beratungen durch die Unfallversicherungsträger

absolut — Beratungen (außerhalb der Beratung im Rahmen der Regelbesichtigung)

Jahr	gew. BGen: Gesundheitsschutz	gew. BGen Arbeitssicherheit	UV-Träger der öff. Hand insg.*
2001	21.084	48.054	31.286
2002	58.047	94.650	41.297
2003	62.807	97.455	41.885
2004	71.143	106.777	46.071
2005	73.101	105.037	47.121
2006	102.664	133.370	56.982
2007	97.117	115.670	57.061

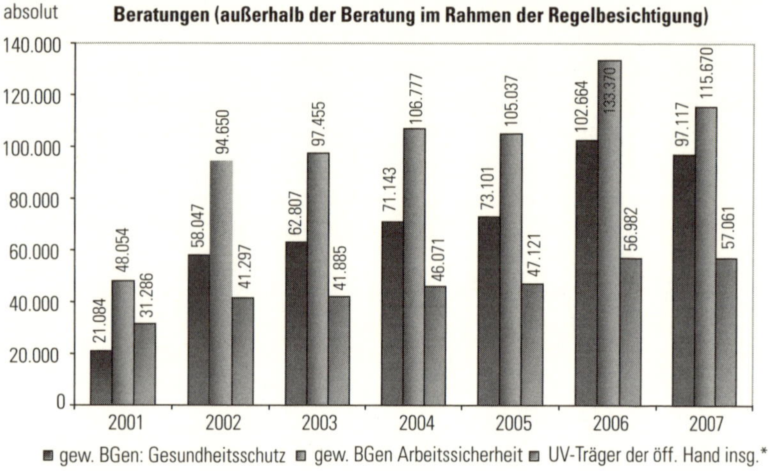

* Die Sondererhebung zur Aufgliederung nach Gesundheitsschutz und Arbeitssicherheit führen die UV-Träger der öffentlichen Hand nicht durch.

Quelle: Deutsche Gesetzliche Unfallversicherung 2008

bei dem der Mensch nicht mehr bloß als ein vor Krankheiten und Unfällen zu schützendes Subjekt aufgefasst werden sollte.

Die Interessenlage der Träger der gesetzlichen Unfallversicherung in diesem Problemfeld ist eindeutig: Betrieblicher Gesundheitsschutz ist ein Beitrag zur Umsetzung des gesetzlichen Auftrages zur Verhütung von arbeitsbedingten Gesundheitsgefahren, Berufskrankheiten und Arbeitsunfällen. Ein effektiver und effizienter betrieblicher Gesundheitsschutz mindert auch Ausgaben für Leistungen der Unfallversicherungsträger für Heilbehandlungen und Rehabilitation. Bei der Aufsicht der Betriebe im Hinblick auf den Gesundheitsschutz ist die Aufmerksamkeit der Aufsichtspersonen der Unfallversicherungsträger seit mehr als zehn Jahren ein steigender Bestandteil der Beratungs- und Aufsichtstätigkeit (Abbildung 1).

Diese Schwerpunktverlagerung von der unfallbezogenen Arbeitssicherheit auf Aspekte des Gesundheitsschutzes dokumentiert sich auch deutlich in der Entwicklung der entsprechenden Beanstandungszahlen der Aufsichtsdienste der Unfallversicherungsträger im Bereich Gesundheitsschutz (Abbildung 2). Ein nächster, konsequenter Schritt wird eine entsprechende Entwicklung in der Beratung zur betrieblichen Gesund-

Unfallversicherungsträger und gesundheitsgerechtes Führungsverhalten

Abbildung 2: Beanstandungen
absolut

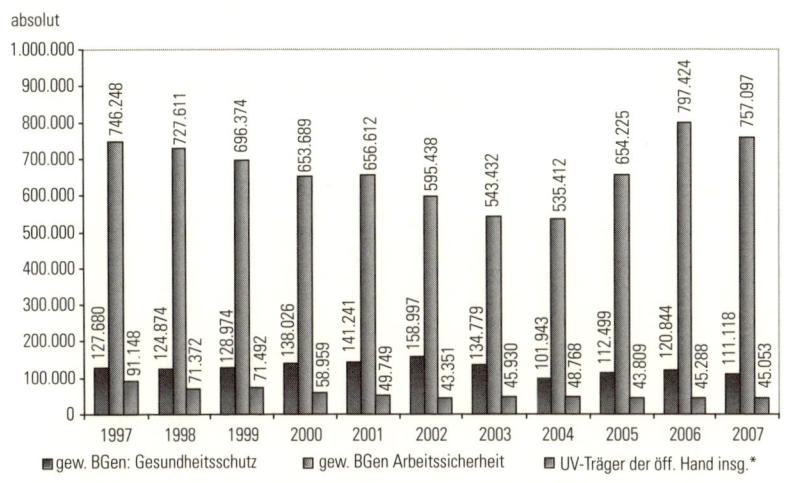

Jahr	gew. BGen: Gesundheitsschutz	gew. BGen Arbeitssicherheit	UV-Träger der öff. Hand insg.*
1997	127.680	746.248	91.148
1998	124.874	727.611	71.372
1999	128.974	696.374	71.492
2000	138.026	653.689	58.959
2001	141.241	656.612	49.749
2002	158.997	595.438	43.351
2003	134.779	543.432	45.930
2004	101.943	535.412	48.768
2005	112.499	654.225	43.809
2006	120.844	797.424	45.288
2007	111.118	757.097	45.053

* Die Sondererhebung zur Aufgliederung nach Gesundheitsschutz und Arbeitssicherheit führen die UV-Träger der öffentlichen Hand nicht durch.

Quelle: Deutsche Gesetzliche Unfallversicherung 2008

heitsförderung im Rahmen der Beratungs- und Überwachungstätigkeit der Unfallversicherungsträger sein.

Qualifizierung betrieblicher Arbeitsschutzakteure

In Erfüllung ihres gesetzlichen Auftrages schulen die Berufsgenossenschaften und Unfallkassen jährlich ca. 400.000 Teilnehmer aus den bundesweit knapp 3,6 Millionen Unternehmen, Einrichtungen wie Kindergärten, Schulen und Universitäten und beitragspflichtigen Haushalten in vielfältigen Bildungsmaßnahmen (Abbildung 3), darunter viele Unternehmer und Führungskräfte. Die vielfältigen Bildungsangebote werden permanent an die sich ändernden Anforderungen angepasst. Zum Beispiel die neu geordnete Ausbildung zur Fachkraft für Arbeitssicherheit: Inhaltlich und methodisch wurden die Bildungsmaßnahmen durch das BG-Institut Arbeit und Gesundheit (BGAG) mit dem Ziel der Vermittlung der erforderlichen fachlichen, methodischen und sozialen Kompetenzen in Sicherheit und Gesundheit weiterentwickelt. Zunehmend finden in diesem Rahmen Aus- und Fortbildungen im Bereich der für

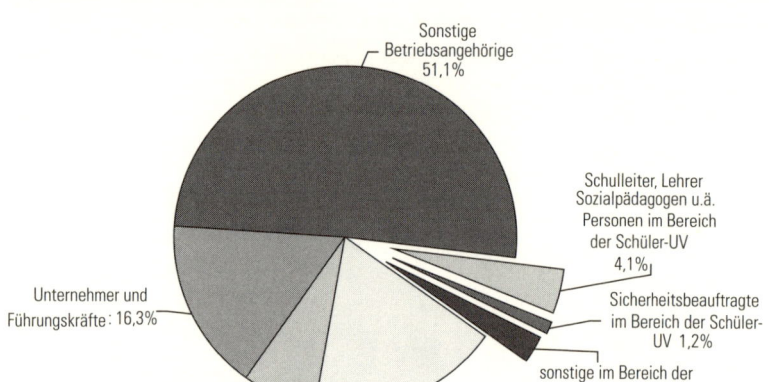

Abbildung 3: Teilnehmer an Aus- und Fortbildungsveranstaltungen zur Sicherheit und Gesundheit bei der Arbeit 2007

- Sonstige Betriebsangehörige: 51,1%
- Unternehmer und Führungskräfte: 16,3%
- Fachkräfte für Arbeitssicherheit: 7,0%
- Sicherheitsbeauftragte: 17,8%
- Schulleiter, Lehrer Sozialpädagogen u.ä. Personen im Bereich der Schüler-UV: 4,1%
- Sicherheitsbeauftragte im Bereich der Schüler-UV: 1,2%
- sonstige im Bereich der Schüler-UV: 2,4%

* Teilnehmer insgesamt: 398.397, davon 30.837 an Schulungsarbeit des UV-Trägers in der Schüler-Unfallversicherung

Quelle: Deutsche Gesetzliche Unfallversicherung

eine gute Gesundheitsförderung bedeutenden Aspekte der Entwicklung und des Trainings von psychosozialen und kommunikativen Fähigkeiten und Kenntnissen (»soft skills«), bspw. der betrieblichen Intervention bei Mobbing, Stressüberlastungen, hohem Leistungsdruck und anderen psychischen (Fehl-)Belastungen Berücksichtigung.

Betriebliche Gesundheitsförderung (BGF)

Was ist BGF? Wie auch in anderen Industrieländern befindet sich die Arbeitswelt in Deutschland in einem tief greifenden sozialen und wirtschaftlichen Umbruch. Der Wettbewerb verschärft sich; verstärkte Dienstleistungsorientierung und Personalabbau setzen sich ebenso durch wie neue Informationstechnologien und neue Beschäftigungsverhältnisse (z.B. Teilzeit- und Telearbeit, weitgehend flexibilisierte Arbeitszeiten). Und der Anteil älterer Arbeitnehmerinnen und Arbeitnehmer steigt. Diese Entwicklungen haben enorme Konsequenzen für Betriebe, noch mehr aber für deren Beschäftigte. Von Ihnen werden mehr Tempo, mehr Flexibilität, mehr Qualität und permanente Lernbereitschaft

erwartet. Nur mit motivierten, gut qualifizierten und vor allem gesunden Arbeitnehmern können Unternehmen darum die wirtschaftlichen Herausforderungen von heute erfolgreich bewältigen und ihre Chancen von morgen nutzen. Betriebliche Gesundheitsförderung (BGF) ist eine moderne Unternehmensstrategie zur Verbesserung der Gesundheit am Arbeitsplatz. Sie umfasst die Optimierung der Arbeitsorganisation und Arbeitsumgebung, die Förderung aktiver Teilnahme aller Beteiligten sowie die Unterstützung der Personalentwicklung bei der Realisierung dieser Ziele. BGF zielt sowohl auf eine gesundheitliche Gestaltung der Arbeitsabläufe als auch auf Anreize für ein gesundheitsbewusstes Verhalten der Beschäftigten. Alle Gesundheitspotenziale in Unternehmen und Organisationen werden so gestärkt. Zu den Handlungsfeldern der BGF gehören u.a.:
- Vereinbarkeit von Beruf und Privatleben,
- Alternde Belegschaften,
- Soziale Unternehmensverantwortung,
- Stress und psychische Belastungen,
- Betriebliche Wiedereingliederung,
- Lifestyle.

Als Präventionsziel der betrieblichen Gesundheitsförderung verstehen die Träger der gesetzlichen Unfallversicherung die gezielte Vermeidung von Krankheiten bzw. Gesundheitsstörungen durch konsequente Verminderung oder Vermeidung von Risiken und Belastungen. Bei der Planung von Maßnahmen der Gesundheitsförderung werden zuvor Gesundheitsressourcen und -potenziale von Personen und Organisationen bzw. Unternehmen analysiert und durch zielgerichtete Interventionen gestärkt. Die Ziele der betrieblichen Gesundheitsförderung umfassen in diesem Zusammenhang die
- Entwicklung einer gesundheitsfördernden Gesamtpolitik in den Unternehmen,
- Schaffung insgesamt gesunder Lebens- und Arbeitswelten,
- Unterstützung gesundheitsbezogener Gemeinschaftsaktionen in Unternehmen,
- Entwicklung persönlicher Kompetenzen bei Führungskräften und Mitarbeitern durch Aus- und Fortbildungen sowie die
- Neuorientierung der Gesundheitsdienste.

Verhütung arbeitsbedingter Gesundheitsgefahren

Wie verstehen die Unfallversicherungsträger ihren gesetzlichen Auftrag zur Verhütung arbeitsbedingter Gesundheitsgefahren? Ihr Maßnahmen- und Interventionsansatz fußt auf einer ganzheitlichen Betrachtung des Arbeitssystems Betrieb und Menschen, d.h. dass alle arbeitsbezogenen Gefährdungen und Belastungen mit negativer Auswirkung auf die Gesundheit der Beschäftigten bei der Gefährdungsbeurteilung und der Entwicklung von Interventionsmaßnahmen und Programmen betrachtet werden.

Neben den so genannten »harten« Faktoren wie z.B. mechanischen, chemischen, physikalischen, elektrischen und biologischen Einwirkungen sind insbesondere auch die »weichen« Faktoren wie z.B. psychische Fehlbelastungen aus Arbeitsaufgabe, Arbeitsorganisation und sozialen Beziehungen im Fokus der Betrachtung und anschließenden Maßnahmenplanung.

Ausblick: Was können Unfallversicherungsträger tun, um gesundheitsgerechtes Führungsverhalten zu unterstützen?

Grundvoraussetzung für gesundheitsgerechtes Führungsverhalten sind die Verstärkung der Ausbildung und Qualifizierung betrieblicher Führungskräfte in anspruchsvollen und schwierigen Themenbereichen wie z.B. der Vermeidung psychischer Fehlbelastungen, Ergonomie am Arbeitsplatz und Umgang mit individuellen Gesundheitsproblemen von Mitarbeitern. Die Berufsgenossenschaft der chemischen Industrie bietet beispielsweise seit geraumer Zeit die Ausbildung und Qualifizierung im Bereich der Suchtmittelprävention über eine Ausbildung zum »Betrieblichen Suchtmittelberater« für betriebliche Führungskräfte an.

Die Unfallversicherungsträger motivieren die Betriebe und das Führungspersonal in den Unternehmen dahingehend, ein betriebliches Vorschlagswesen für Sicherheit und Gesundheit zu installieren, in deren Rahmen Mitarbeiter auf konkrete betriebliche Defizite im Gesundheitsschutz aufmerksam machen können und die Missstände konstruktiv und positiv durch Verbesserungsvorschläge beeinflussen können. Bei diesen Bemühungen ist natürlich aufgrund der unterschiedlichen Ressourcen und Strukturen zwischen kleinen und mittleren Unternehmen (KMU) und Großunternehmen zu differenzieren.

Die Berufsgenossenschaften und Unfallkassen intensivieren die Informationsverbreitung in den Unternehmen über medizinische Fragen in Verbindung mit der Arbeit im Rahmen von Foren, bei betrieblichen Gesundheitstagen oder betrieblichen Gesundheitsaktionen wie
- Programmen zur Prävention von Herz-Kreislauf-Erkrankungen und von Schlaganfällen,
- betrieblichen und überbetrieblichen Programmen gegen Rückenerkrankungen,
- Impfaktionen,
- Beratungsaktionen von Schwangeren und jungen Müttern und
- Ergonomietagen.

Diese Vorgehensweise wird bereits seit geraumer Zeit sehr erfolgreich im Netzwerk so genannter Gesundheitsschutz-Aufsichtspersonen bei der BG Chemie praktiziert.

Die Berufsgenossenschaften und die Unfallkassen haben gemeinsam mit ihrem Verband DGUV die Herausforderungen der globalisierten Arbeitswelt und die Anforderungen an die Beschäftigten in der modernen Arbeitwelt erkannt. Die gesetzliche Unfallversicherung insgesamt verstärkt ihre Bemühungen, gesundheitsgerechtes Führungsverhalten bei den Führungskräften und Unternehmern der Betriebe auszubilden und zu verstärken. Die Ansätze und die Grundsätze der DGUV und ihrer Mitglieder in diesem Bemühen werden sehr treffend durch ein Zitat von Philip Rosenthal (1916-2001), dem bekannten deutschen Industriellen und Sozialpolitiker beschrieben: »Wer aufhört besser zu werden, hat aufgehört gut zu sein.« Diesem Ansatz fühlen sich die Unfallversicherungsträger verpflichtet.

Weitere Informationen: www.dguv.de

Reimund Overhage
Gute Führung – Sozialromantik oder ein essenzieller Ansatz in der Krise?

Es gibt zahlreiche Ansätze, sich dem Thema »Führung« zu nähern. Wesentlich ist jedoch die Unterscheidung, wer Führung bewirken soll und welcher Adressatenkreis angesprochen ist.

Die direkte Führung – konkret die Kommunikations- und Wirkungsebene Vorgesetzte(r)/Mitarbeiterin und Mitarbeiter – ist insbesondere ein Schlüssel für die positive Beeinflussung von Engagement und Zufriedenheit. Auf dieser Ebene muss der notwendige Raum und die Einflussmöglichkeit gegeben werden, damit Mitarbeiterinnen und Mitarbeiter sich einbringen und sich mit ihrer Arbeit identifizieren können.

Darüber hinausgehende Ziele von Führung hat die Leitung des Unternehmens zu verfolgen. Die Sicherstellung von Wettbewerbsfähigkeit und Mitarbeiterorientierung sind dabei keine Gegensätze: Über 30% des Unternehmenserfolges sind durch das Engagement der Mitarbeiter zu erklären.

Doch wie kann eine gute Unternehmensführung in Zeiten der Krise aussehen? Heißt es nun »Zähne zusammenbeißen und durchhalten«?

Die »besten Arbeitgeber«[1] wählen andere Wege: Sie setzen auf verstärkte und offene Information, Transparenz und Vertrauen. Angesichts der Krise informieren die Unternehmensleitungen die Mitarbeiterinnen und Mitarbeiter genauer und ausführlicher über die Situation des Unternehmens. Damit schaffen sie Vertrauen. Sie verhindern Ängste und die damit verbundenen Lähmungserscheinungen. Und sie leisten auch damit einen entscheidenden Beitrag, negative Prozesse mit gesundheitsrelevanten Aspekten zu vermeiden. Fairness und Akzeptanz sind weitere Ziele: Bei unumgänglichen Anpassungen wird das

---

[1] Wettbewerbssieger eines auf einer Mitarbeiterbefragung basierenden Wettbewerbs. Siehe dazu auch exemplarisch die Beiträge zur Techniker Krankenkasse von Joachim Schröer und Andreas Behrens/Thomas Dorn.

Gute Führung – Sozialromantik oder ein essenzieller Ansatz in der Krise?

Ziel kommuniziert und verfolgt, die daraus resultierenden Belastungen gleichmäßig zu verteilen. Für diese Unternehmen ist eine solche Vorgehensweise eine Strategie, die Krise zu meistern.

Welchen Stellenwert hat Führung? Im Rahmen der Initiative »Für eine neue Kultur der Arbeit« führte das Bundesministerium für Arbeit und Soziales eine Reihe von Veranstaltungen durch. Auf der Konferenz »Erfolgsfaktor Büro« wurden mögliche Handlungsfelder einer »neuen Kultur der Arbeit im Büro« ermittelt und in ihrer Bedeutung bewertet: Die wichtigsten sind »Führung« und »Kommunikation«. Es wurde zudem gefragt, wie eine gute Führung aussehen muss (siehe Kasten).

Wie muss eine Führung aussehen, die gleichzeitig mitarbeiter- und wettbewerbsorientiert ist?

Führung im Sinne der Fragestellung soll sein:
konsequent, zielorientiert, intelligent, interkulturell, langfristig orientiert und ausgerichtet, fördernd, belohnend, offen, vertrauensvoll, weiblich, menschlich, angstfrei, verbindlich, tolerant, verständig, wertfrei, partizipativ, nachrangig (coachend, moderierend), wertschätzend, charismatisch, qualifiziert, realitätsnah, lobend, vorbildhaft, sozial kompetent, entscheidungsfreudig, selbstkritisch, selbststeuernd, ehrlich, nachhaltig, dialogorientiert, authentisch, ausgewogen zwischen Vision und Realität sowie transparent und offen nach innen, nach außen sowie in den Abläufen

Führung muss beinhalten:
Führungskraft ist »Mensch« (Fehler zugestehen können) und hat Interesse am Menschen; Identifikation mit der Aufgabe; klare Ziele und Zielvorgaben; Orientierung am Nutzen des Wettbewerbs und an den Potenzialen der Mitarbeiter; Unternehmensleitlinien und Philosophie; großes Engagement zur Kundenorientierung durch Vorbildfunktion; Kooperation statt Konfrontation; hohe Sozialkompetenz; Vorleben von Werten; Fördern von Teamfähigkeit; Berechenbarkeit + Fairness; Zuhören können; Beteiligung am Unternehmenserfolg; Führung ist Partnerschaft – statusfreie Prozesse; Führungskräfte schulen; Integration der Mitarbeiter bzgl. der Ausrichtung des Geschäftsmodells; Geben und Nehmen; »Wir-Gefühl«, Interesse von Familien berücksichtigen; Lernen aus eigener Erfahrung in der Kinderbetreuung; für eine klare Unternehmenskultur stehen; Chancengleichheit für Frauen; Egoismen verhindern; Altruismen und Gemeinwohl garantieren; andere zum Erfolg

verführen; gezielte Weiterbildung; transparente, regelmäßige Informationen; emotionale Intelligenz; Mitarbeiter mitnehmen; Neugier wecken, Perspektivwechsel schaffen; Informiertheit; gekonnte Kommunikation; Identifikation mit Unternehmen;

Besondere Bedingungen, Maßnahmen und Aktionen:
Transparente Kommunikation – permanenter Austausch ergebnisabhängiger Bestandteile in allen Entlohnungsformen; Führungsspanne 1:1; Höherbewertung »weicher« Faktoren bei den Karrierewegen der Führungskraft; Institutioneller Perspektivwechsel; Serviceorientiertes Denken; »SwarmWorks« anwenden; Diskussion auf Augenhöhe; flache Hierarchien; Führungskräftebeurteilung; Mitarbeiter = Mitunternehmer; Räume stark öffnen; Respekt; Spaß; totale Hingabe an das Projekt; Transparenz in der gesamten Wertschöpfungskette; Transparenz statt Kontrolle/Überwachung; Winwin; Zuckerbrot und Peitsche; Anreize schaffen (Belohnungssystem); Bottom up-Führung; Führen heißt: Jeder Mitarbeiter kennt die Bedürfnisse der Stakeholder (insbesondere der Kunden + Investoren); Mitarbeiter entscheiden zur Hälfte mit über die Vergütung der Führungskraft; flexible Arbeitszeiten und Arbeitsorte; Handbuch für unnütze Leidenschaften; Ideen von Mitarbeitern aufnehmen und für den Markt verwerten + belohnen; konkrete Zielvorgaben mit »incentive« bei Zielerreichung beider Bereiche; offizielle Ermächtigung zum Mitdenken; Verkaufstrainings; wahrhaftige Nutzung der Führungsinstrumente; weniger Fachidioten; würde ich mir als Kunde das Geld bezahlen, was ich verdiene?; kein Narzisst; Voraussetzungen schaffen, dass Kinder ein gesundes Sozialverhalten durch Familie und Kita entwickeln; Wohlfühlfaktor; Erfolge feiern; Stichwort »Autonomie«: oder »Was heißt hier Führung?«; verpflichtende Integration der Führungskräfte in das Team, sowohl im Arbeitsraum als auch im -prozess; begeisterte Mitarbeiter begeistern Kunden!

Quelle: http://www.das-halbe-leben.de/portal/generator/9512/property=data/ergebnisse__fuehrung__buero.pdf

Andreas Behrens/Thomas Dorn
Wie man zum »besten Arbeitgeber« wird

Die Techniker Krankenkasse (TK) gilt als innovativer Vorreiter im Gesundheitswesen, zeichnet sich durch nachhaltiges Wirtschaften aus und wurde seit 2006 im unabhängigen Ranking von Focus Money dreimal in Folge zu Deutschlands bester Krankenkasse gekürt. Seit 1994 konnte die Mitgliederzahl auf über 5 Millionen verdoppelt werden, sodass heute 7,2 Millionen Menschen bei der TK versichert sind. Diese Erfolge wurden insbesondere auch durch massive Reorganisationsprozesse erreicht, in denen den Mitarbeiterinnen und Mitarbeitern hohe Anforderungen und Belastungen abverlangt worden sind. Gerade auch vor diesem Hintergrund erscheint das positive Abschneiden der TK im Wettbewerb »Great place to work 2009« auf den ersten Blick bemerkenswert und wirft die Frage nach den Ursachen auf.

Inzwischen im dritten Jahr in Folge nimmt die TK an diesem Arbeitgeberwettbewerb teil, der sich insbesondere auch durch eine besonders hohe Aussagekraft von vergleichbaren Attraktivitätswettbewerben abgrenzt (W&V Extra, März 2009, S. 16f.). Unter den teilnehmenden Unternehmen mit mehr als 5.000 Mitarbeiterinnen und Mitarbeitern belegte die TK 2009 den ersten Platz, nachdem sie in den Vorjahren bereits den zweiten bzw. dritten Rang erreicht hatte. In der Zusammen-

Abbildung 1 und 2: Auszeichnungen für die TK

fassung der Ergebnisse heißt es: »*Ausgezeichnete 90 Prozent der TK-Beschäftigten bezeichnen das Unternehmen insgesamt als sehr guten Arbeitsplatz*« (Great Place to Work Institute, 2009). Dabei stellt sich der Hauptnutzen der Teilnahme für die TK darin dar, dass die Gewinnung und Bindung guter Mitarbeiter in Zeiten des altersdemografischen Wandels erleichtert wird und die Positionierung im Vergleich zu anderen konkurrierenden Arbeitgebermarken ermöglicht wird.

Nach der Definition des international tätigen »Great Place to Work Institute« ist ein sehr guter Arbeitsplatz dadurch gekennzeichnet, dass die Mitarbeiterinnen und Mitarbeiter:

- denen vertrauen, für die sie arbeiten *(Management)*,
- stolz auf das sind, was sie tun *(Tätigkeit)*,
- und Freude haben an der Zusammenarbeit mit den anderen *(Team)*.

Als Merkmale der Arbeitskultur eines ausgezeichneten Arbeitgebers sind Glaubwürdigkeit, Fairness, Stolz, Teamgeist und Respekt definiert. Dies sind zudem die fünf Untersuchungsdimensionen des Wettbewerbs. Ihren konkreten Ausdruck finden diese hauptsächlich im Votum der eigenen Mitarbeiterinnen und Mitarbeiter. Das Bewertungsergebnis basiert zu zwei Dritteln auf einer anonymen, freiwilligen und stichprobenartigen Befragung der eigenen Mitarbeiter, in der die Dimensionen anhand von 60 Fragen abgedeckt werden. Aus den mehr als 10.000 Mitarbeitern wurden zufällig ausgewählte 500 befragt. Die Teilnahmequote war mit 70% sehr hoch. Die Durchführung und Auswertung erfolgte vollständig extern durch das durchführende Institut. Das andere Drittel der Bewertung basiert auf einem »Culture-Audit«, in dem Maßnahmen, Konzepte und Programme des Personalbereiches bewertet werden. Die Zusammenführung beider Teile ermöglicht eine umfassende Bewertung der Arbeitsplätze des Unternehmens.

Aus den einzelnen Bewertungsdimensionen errechnet sich ein Vertrauensindex von insgesamt 79%, der sich unter anderem aus den folgenden Ergebnissen ergibt: Insgesamt sind fast 90% der Mitarbeiter stolz, bei der TK zu arbeiten, und empfehlen den Arbeitgeber weiter. Über 80% sind zudem zu zusätzlichem Einsatz bereit. 70% der Mitarbeiter äußern, dass gute Arbeitsleistungen anerkannt werden, ausreichende Angebote zur beruflichen Weiterbildung bereitstehen, die Mitarbeiter zur Work-Life-Balance ermutigt werden und das Interesse an ihrer Person – nicht nur als Arbeitskraft – besteht. Zieht man die Vergleichswerte einer Repräsentativstudie des Bundesministeriums für

Wie man zum »besten Arbeitgeber« wird

Abbildung 3: Bewertungsdimensionen

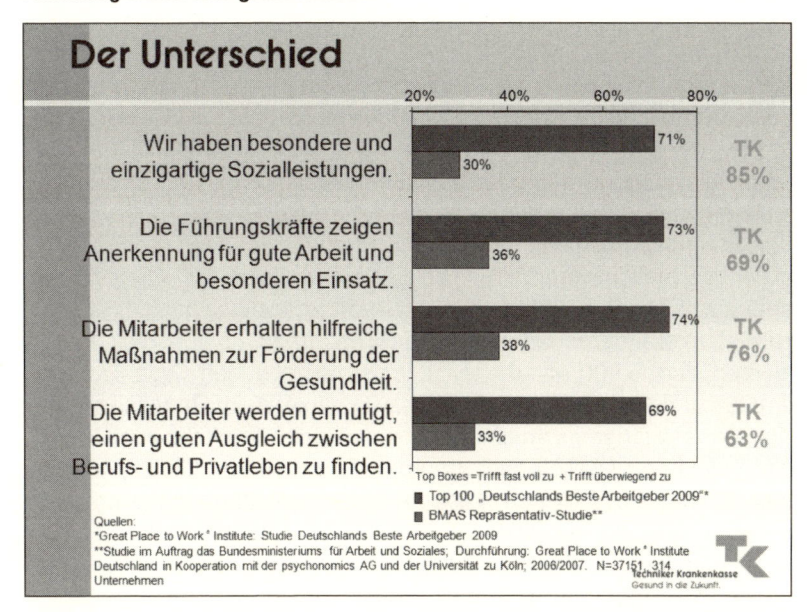

Der Unterschied

Aussage	Top 100	BMAS	TK
Wir haben besondere und einzigartige Sozialleistungen.	71%	30%	85%
Die Führungskräfte zeigen Anerkennung für gute Arbeit und besonderen Einsatz.	73%	36%	69%
Die Mitarbeiter erhalten hilfreiche Maßnahmen zur Förderung der Gesundheit.	74%	38%	76%
Die Mitarbeiter werden ermutigt, einen guten Ausgleich zwischen Berufs- und Privatleben zu finden.	69%	33%	63%

Top Boxes = Trifft fast voll zu + Trifft überwiegend zu
■ Top 100 „Deutschlands Beste Arbeitgeber 2009"*
■ BMAS Repräsentativ-Studie**

Quellen:
*"Great Place to Work" Institute: Studie Deutschlands Beste Arbeitgeber 2009
**Studie im Auftrag des Bundesministeriums für Arbeit und Soziales; Durchführung: Great Place to Work" Institute Deutschland in Kooperation mit der psychonomics AG und der Universität zu Köln; 2006/2007. N=37151, 314 Unternehmen

TK Techniker Krankenkasse
Gesund in die Zukunft.

Arbeit und Soziales aus den Jahren 2006/2007 heran, wird deutlich, wie stark die Ergebnisse vom Durchschnitt deutscher Unternehmen abweichen (Quelle BMAS). So stimmen beispielsweise bei der Einschätzung, einen sehr guten Arbeitsplatz zu haben, im Vergleich nur 65% zu, während dies in der TK 90% tun. Ein weiteres deutliches Beispiel ist die Frage nach der Anerkennung der Führungskräfte für gute Arbeit und besonderen Einsatz (36% zu 69%) (Abbildung 3).

Wie lassen sich diese Ergebnisse aber vor dem Hintergrund des erwähnten Change-Prozesses zwischen 2002 und 2005 erklären? In der TK wurde eine Zentralisierung und Konsolidierung des Expertenwissens sowie der dazugehörigen Arbeitsprozesse durchgeführt. Es wurde eine völlig veränderte Aufbauorganisation geschaffen, um eine schnelle, bedarfsgerechte und hochwertige Versorgung der Versicherten zu gewährleisten. Kernstück war die thematische Bündelung. So wurden gesonderte Bearbeitungszentren für spezifische Themen der Krankenversicherung geschaffen, beispielsweise für Krankenhaus, Mitgliedschaften und Beiträge oder ambulante Leistungen. Auf das jeweilige Aufgabenfeld spezialisierte Mitarbeiter können so auch besonders gelagerte Fälle korrekt und zeitnah bearbeiten. Die früher bestehende Struktur wurde zugunsten der Zentren aufgelöst. Für Kunden, die persönlich den Kontakt zur TK suchen, stehen kleine Kundenberatungsstellen weiterhin für den direkten Kontakt zur Verfügung. Allerdings wird heute bei über 80 Millionen Kundenkontakten im Jahr nur in jedem zehnten Fall der persönliche Kontakt von den Kunden gewählt. Daher wurden zugleich mehrere große Serviceeinheiten aufgebaut, die Kundenanliegen auch direkt telefonisch oder per E-Mail bearbeiten. Parallel zu diesen aufbauorganisatorischen Veränderungen wurden die Prozesse in der Informationsverarbeitung an die veränderten Geschäftsprozesse angepasst. Die Beschäftigten mussten also gleichzeitig mit einer Vielzahl von Veränderungen zurechtkommen. Innerhalb von zwei Jahren wurden rund 5.000 Mitarbeiter aus der bestehenden Organisationsstruktur in die neue Struktur »TK 2010« versetzt, im Regelfall mit der Konsequenz längerer Anfahrzeiten zum Arbeitsplatz oder auch Wohnsitzverlagerung. Die Mitarbeiter wurden für neue Bearbeitungsprozesse geschult und mussten sich in neue Arbeitsinhalte und Arbeitsverfahren einarbeiten. Fast alle mussten sich an ein neues Team mit anderen Kollegen und Vorgesetzten gewöhnen und wurden im Rahmen eines Integrationsmanagements im Transformationsprozess begleitet. Trotzdem herrschte eine erstaunlich große Bereitschaft, sich auf diese umfangreichen Reorganisationsmaßnahmen einzulassen. Flankierend wurde der Personalrat schon früh in die Planungen einbezogen und die Mitarbeiter wurden fortlaufend über den Stand der Reorganisation informiert. Bei den Besetzungen spielten neben der Qualifikation auch soziale Kriterien wie Familienstand, Unternehmenszugehörigkeit oder Lebensalter eine Rolle. Zuvor galt bereits ein Beschäftigungssicherungstarifvertrag, durch welchen sich der Arbeitgeber und die Gewerkschaft darauf verständigt hatten, kollektiv die Arbeitszeit bei Lohnverzicht abzusenken, um die bestehenden Arbeitsplätze zu erhalten. Ergebnis dieser Reorganisation ist nicht nur der qualitative Aspekt, Deutschlands beste Krankenkasse zu sein, sondern auch der wirtschaftliche Erfolg, die Produktivität seit 2003 um rund 20% erhöht zu haben.

Grundvoraussetzung für den Erfolg dieses Vorgehens war eine konsequente und transparente Kommunikation der Herausforderungen, welche auf das Unternehmen und die Mitarbeiterinnen und Mitarbeiter zukamen. Die TK hat sehr frühzeitig im Rahmen einer strategischen Neuausrichtung sieben zentrale Ziele für das unternehmerische Handeln und die Bearbeitung von Kundenanliegen formuliert und steu-

Abbildung 4: Entwicklung der Mitglieder- und Versichertenzahlen der TK

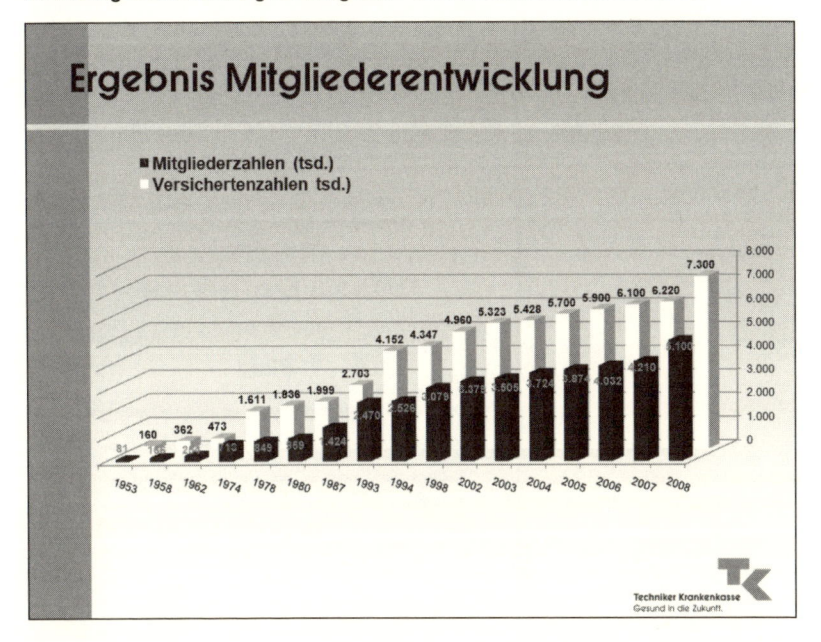

ert seit über zehn Jahren mit Hilfe der Balanced Scorecard (BSC) die Unternehmensentwicklung. Der skizzierte Change-Prozess zeigt, wie die wirtschaftliche Entwicklung eines Unternehmens, die Organisation der Geschäftsprozesse, die Berücksichtigung der Kundenerwartungen sowie Haltung und Qualifikation der Mitarbeiter miteinander zusammenhängen. Monetäre Kennzahlen allein greifen bei einem solchen Verständnis zu kurz. Die Unternehmensziele der TK sind von dem Leitbild geprägt, »die modernste und leistungsfähigste Krankenkasse Deutschlands« zu sein und zu bleiben. Den Mitarbeitern wird klar kommuniziert, dass deren aktives und engagiertes Handeln dafür notwendig ist. Denn letztlich sind es die Mitarbeiter, die durch die tägliche Arbeit das Bild des Unternehmens im Wettbewerb prägen, als Dienstleister gegenüber den Kunden auftreten, auf die Qualität der gesundheitlichen Versorgung hinwirken, den einzelnen Kunden beraten und dabei das Gebot der Wirtschaftlichkeit nicht aus dem Auge verlieren. Daher ruht auf den Mitarbeitern ein Großteil des Einflusses und der Verantwortung für den Unternehmenserfolg. Diese Orientierung der

Abbildung 5:
Die Verleihungsurkunde

> **GREAT PLACE TO WORK® INSTITUTE DEUTSCHLAND**
> **Deutschlands BESTE Arbeitgeber 2009**
>
> **| Handelsblatt**
>
> Im bundesweiten Wettbewerb
> «Deutschlands Beste Arbeitgeber»
> erreicht die
>
> **Techniker Krankenkasse**
>
> den
>
> **1. Platz**
>
> unter den Unternehmen mit mehr als 5.000 Mitarbeitern.
>
> Die Auszeichnung steht für ein glaubwürdiges Management, das fair und respektvoll mit den Beschäftigten zusammenarbeitet, eine hohe Identifikation der Mitarbeiter mit dem Unternehmen und einen starken Teamgeist.
>
> Berlin, im Februar 2009
>
> Frank Hauser — Geschäftsführer Great Place to Work® Institute Deutschland
> Olaf Scholz — Bundesminister für Arbeit und Soziales
> Bernd Ziesemer — Chefredakteur Handelsblatt
>
> ASSTEL · personalmagazin · | Handelsblatt · inoa. · Bundesministerium für Arbeit und Soziales

Mitarbeiter am Unternehmenserfolg drückt sich explizit im Leitbild und im Unternehmensziel der TK aus, wo es heißt: »Jeder Mitarbeiter und jede Mitarbeiterin bestimmt den Erfolg unseres Unternehmens.«. Wer dieses Verständnis ernst nimmt, muss seine Mitarbeiter also gut ausbilden, zielgerichtet weiterqualifizieren und die Vereinbarkeit von Familie und Beruf gewährleisten sowie die Gesundheit der Mitarbeiter fördern und sicherstellen. Der Mitarbeiter muss sich mit den Unternehmenszielen und der Aufgabe identifizieren und vor allem dem Management und seinem Unternehmen vertrauen können. »Denn nur Mitarbeiter, die gut behandelt werden, behandeln auch unsere Kunden gut.« (Professor Klusen auf der Preisverleihung am 12. Februar 2009 in Berlin)

Joachim Schröer
Erfolgreiches Betriebliches Gesundheitsmanagement: nur mit Führungskräften!

Unternehmen, die sich in einem schnelllebigen Markt behaupten wollen, brauchen leistungsfähige und gesunde Mitarbeiterinnen und Mitarbeiter. Gesundheit, Arbeitszufriedenheit und Motivation sind entscheidend für die Leistungsfähigkeit der Mitarbeiter. Aktuell stellt sich die Frage, wie Leistungsfähigkeit bis 67 wertschöpfend erhalten werden kann. Unternehmen müssen sich überdies zunehmend damit auseinandersetzen, wie sie für junge Menschen als Arbeitgeber attraktiv werden.

Gesundheit der Mitarbeiterinnen und Mitarbeiter wahrnehmen

Gesunde, zufriedene und motivierte Mitarbeiter im Unternehmen zu haben und zu behalten, sollte hohe Priorität in Unternehmen haben und Führungsaufgabe sein. Betriebliches Gesundheitsmanagement setzt an dieser Stelle an. Ein wichtiges Ziel ist es, Führungskräfte als aktive Gestalter des Gesundheitsmanagements zu gewinnen und sie dabei zu unterstützen, die dazu notwendigen Kompetenzen zu erlangen oder weiterzuentwickeln.

Aus Expertensicht ist der Zusammenhang von Führungsverhalten, Betriebsklima, Arbeitszufriedenheit und Gesundheit unbestritten. Daher kann davon ausgegangen werden, dass es durch entsprechende Maßnahmen zur Sensibilisierung, Entwicklung und Stärkung der Führungskräfte zu einer Verbesserung des Miteinanders zwischen Führungskraft und Mitarbeitern kommt. Das in einem Unternehmen zu beobachtende Betriebsklima ist auch Resultat der Organisationsstrukturen und Führungsprinzipien. Ihm wird ein wesentlicher Einfluss auf das Wohlbefinden der Beschäftigten zugeschrieben.

Wo haben Führungskräfte Einflussmöglichkeiten?

In jedem Unternehmen sind die Anforderungen an Führungskräfte überaus vielfältig und miteinander zum Teil schwer zu vereinbaren. Führungskräfte von heute bewegen sich in einem permanenten Spannungsfeld: Einerseits sollen betriebswirtschaftliche Ziele erfüllt und andererseits die Mitarbeiterinnen und Mitarbeiter motiviert und geführt werden. Dabei die Balance zwischen den betriebswirtschaftlichen Anforderungen und einem sowohl zielbewussten als auch wertschätzenden Umgang mit den Mitarbeitern zu finden, ist eine immer größere Herausforderung. Doch nur mit leistungsfähigen und gesunden Mitarbeitern können Unternehmen erfolgreich sein.

Andererseits bedeutet es, in Gesundheitsprojekten eine aktive und führende Rolle einzunehmen. Führungskräfte sollten die Verantwortung für die Gesundheit der Mitarbeiterinnen und Mitarbeiter bewusst wahrnehmen. Führungskräfte haben auf unterschiedliche Weise Einfluss auf die Arbeitszufriedenheit, Motivation, das Befinden, die Gesundheit und hierdurch bedingt auf die Fehlzeiten ihrer Mitarbeiter. Sie geben durch ihr eigenes Verhalten eine Verhaltensorientierung, nehmen Einfluss auf die Arbeitsbedingungen (Zeit- und Leistungsdruck, Entscheidungs- und Handlungsspielraum, Unterstützung, sozialer Umgangsstil, Konflikt- und Problembewältigung) und beeinflussen ganz wesentlich durch ihr Führungsverhalten die Arbeitszufriedenheit und das Befinden der Mitarbeiter.

Führungskräfte sollten in ein Gesamtkonzept des betrieblichen Gesundheitsmanagements eingebunden sein. Es geht dabei nicht ausschließlich um individuelle Verhaltensmodifikationen von Mitarbeitern, sondern auch um die Veränderungen von Rahmenbedingungen der Arbeit. Deshalb sollten Vorschläge zur Gestaltung der Arbeit (Verhältnisprävention) und ein gesundheitsgerechtes Verhalten der Führungskräfte erwünscht sein.

Mit Projekten des Betrieblichen Gesundheitsmanagements bietet die Techniker Krankenkasse (TK) Prozessberatung, Analysen, Seminare und Maßnahmen an, um Gesundheitsbewusstsein im Unternehmen zu verankern. Dabei klären Betriebliche Gesundheitsberaterinnen und Berater der TK vorab den konkreten Bedarf jeden Unternehmens. Entsprechend individuell können anschließend die Maßnahmen auf die Unternehmen zugeschnitten werden. Passend für das jeweilige Unternehmen können zum Beispiel folgende Angebote sein:

Informations- und Reflexionstag
In diesem eintägigen Seminar werden Informationen über Instrumente und Maßnahmen des Betrieblichen Gesundheitsmanagements vermittelt. Dabei wird geklärt, dass Führungskräfte eine zentrale Rolle spielen, um die Organisation durch Gesundheitsmanagement weiter zu entwickeln. Der Zusammenhang von Gesundheit und Führung wird dargestellt und es wird erarbeitet, welchen Einfluss jeder Beteiligte in der Praxis nehmen kann. Das Seminar beinhaltet Kurzvorträge, Diskussionen und Kleingruppenarbeit. Es eignet sich besonders, wenn Betriebliches Gesundheitsmanagement als ein Instrument einer zukunftsorientierten Organisationsentwicklung eingeführt wird.

Gesundheitswerkstatt für Führungskräfte
Im Rahmen einer Gesundheitswerkstatt ermitteln Führungskräfte die Ressourcen und Belastungen, die sie bei ihrer Aufgabe haben. Aus dieser Stärken-Schwächen-Analyse ergeben sich Lösungsvorschläge und Veränderungsmaßnahmen, um vorhandene Ressourcen zu stärken und Belastungen zu vermindern.

Das Mitarbeitergespräch
Der Kommunikation mit Mitarbeiterinnen und Mitarbeitern zum Thema Gesundheit kommt eine immer größer werdende Bedeutung zu. In diesem Seminar stellen wir Konzepte gesundheitsbezogener Mitarbeitergespräche vor. Im Zentrum dieser etwa sechsstündigen Inhouse-Schulung stehen Inhalte, Planung und Durchführung von gesundheitsbezogenen Mitarbeitergesprächen.

Theoretisches Hintergrundwissen und konkrete Arbeitsbeispiele sollen die Kompetenzen der Führungskräfte stärken, sensibel und erfolgreich solche Gespräche zu führen.

Gesundheitsgerechte Mitarbeiterführung
Im Zentrum dieses zwei- bis dreitägigen Seminars stehen Erfahrungen und Praxis der Führungskräfte. Auf dem Fundament einer theoretischen Einführung werden Verhaltensvarianten, Handlungsspielräume sowie Einfluss- und Umsetzungsmöglichkeiten für einen gesundheitsfördernden Führungsstil aufgezeigt. Die Teilnehmer können Erfahrungen zum Umgang mit selbst erlebtem Stress und dem bewussten Einsatz eigener Ressourcen austauschen. Rollen- und Gruppenübungen sollen dazu beitragen, das eigene Verhalten zu reflektieren und zu erwei-

tern. Ziele sind, die gesundheitsförderliche Mitarbeiterführung nachhaltig zu stabilisieren und sie zu entwickeln.

Inhalte der Maßnahme können sein:
- Sensibilisierung der Führungskräfte für die Auswirkungen ihres Führungsverhaltens auf Arbeitszufriedenheit, Befinden und Gesundheit ihrer Mitarbeiterinnen und Mitarbeiter und sich selbst
- Erkennen eigener Einflussmöglichkeiten und Erlernen, diese wirksam in die Führungspraxis zu integrieren
- Erweiterung von Handlungsspielräumen und Verhaltensvarianten im Umgang mit Mitarbeitern
- Verbesserung der Kommunikation und Kooperation
- Verbesserung des Umgangs mit eigenen Belastungen insbesondere in schwierigen Führungssituationen
- Erarbeitung gesundheitsförderlicher Ressourcen von Führung und von Möglichkeiten des Einflusses auf das Ausmaß psychischer Belastungen am Arbeitsplatz der Mitarbeiter durch Führung
- Impulse und Übungen für Erholungspausen (Bewegung) und Entspannungsübungen
- Auslösen und Vereinbaren eines Lernprojektes/Lernthemas für Gesunde Führung.

… Reinhard R. Lenz

»Rubikon« – das Spannungsfeld zwischen Beteiligung und Anweisung

Theater als Instrument zur Bewusstseinsbildung

Nachdem immer öfter die These aufgestellt wird, dass die Grenzen des technisch und wirtschaftlich Machbaren im Arbeitsschutz erreicht sind und Gesundheitsförderung einen Platz im betrieblichen Gestaltungsfeld sucht, wird Sensibilisierung und Bewusstseinsbildung der Mitarbeiterinnen und Mitarbeiter gefordert. Seither stehen betriebliche Akteure (Fachkräfte für Arbeitssicherheit, Arbeitsmediziner, Betriebsräte), mit vornehmlich technischer Grundbildung vor der Aufgabe, Bewusstsein zu bilden. Wie geht das?

Klassisches Theater ist seit Menschengedenken eine Darstellungsform, mit der Bewusstsein gebildet wurde – im politischen, im sozialen Raum, in der Liebe. Von dieser Überzeugung ausgehend, hat sich im Arbeitsschutz etwas entwickelt, auf das kaum ein anderes betriebliches Handlungsfeld verweisen kann. Mit über 500 Aufführungen in den letzten Jahren hat sich eine neue Theater-Spielform entwickelt und etabliert, die ein neues Anwendungs- und Präsentationsfeld einer spezifischen Theaterkategorie erschließt. Auf Personal- und Betriebsversammlungen, Messen und Fachtagungen werden klassische dramatische Schauspiele zu Themen der Sicherheit und Gesundheit sowie unterhaltsame Komödien bis hin zum Improvisationstheater präsentiert.

In einer rückblickenden Analyse können die bisherigen Schauspiele in Anlehnung an brechtsche Absichten – »Strukturen in Hinsicht auf ihre Veränderbarkeit durchschaubar machen...« – interpretiert werden. Es ist eine der Grundideen der Ruhrfestspiele, mit klassischen Inszenierungen in die Betriebe zu gehen, um dort Menschen zu erreichen, die nicht zum Theater-Stammpublikum gehören. Mit den bisherigen Schauspielen ist ein Schritt von hoher Akzeptanz gelungen. Das überraschende Live-Erlebnis von hoher Intensität ist dem Publikum in dieser Konstellation nicht bekannt. Darstellerinnen und Darsteller mit dem

Anspruch, Veränderungen herbeizuführen, genießen den direkten Kontakt zum Publikum.

- Die Inszenierung »Auf Biegen und Brechen« (Das Drama der Wirbelsäule), gespielt von Claus Iffländer (Buch und Regie Reinhard R. Lenz), erhielt in einem Wettbewerb neuer Strategien zur Vermittlung von »Sicherheit und Gesundheit« einen »Ersten Preis« für allgemeine und berufliche Bildung der Europäischen Kommission und der Internationalen Vereinigung für Soziale Sicherheit (IVSS). Die Auszeichnung kann als Beleg gelten, dass europaweit keine ähnlichen Aktivitäten bekannt sind, die über längere Zeit Tragfähigkeit bewiesen haben.
- Die Inszenierung »ZeitGeistVerknappung« (Wohlbefinden bei der Arbeit) wurde 1994 für den Preis »Erziehung und Ausbildung zur Prävention« nominiert. 1995 wurde die Inszenierung durch die Jury des europäischen Festivals »Audiovisuelle Medien im Arbeits- und Gesundheitsschutz« der IVSS gewürdigt.

Bisherige Aufführungen wurden häufig in Veranstaltungsabläufe integriert. Für diese Platzierung hat es sich bewährt, eine Spieldauer von 20 bis 30 Minuten nicht zu überschreiten. Daraus ergibt sich die Anforderung, Kurzgeschichten zu erzählen. Bisher wurden Ein- und Zwei-Personenstücke erfolgreich aufgeführt.[1]

Die bisherigen Schauspiele wurden im deutschsprachigen Raum sowohl in Kongresszentren als auch in ausgeräumten Fabrikhallen aufgeführt. Die Atmosphäre einer Fabrikhalle verleiht einer Aufführung ein ganz eigenes Ambiente. Bühnenbild und Ausdrucksform müssen sich diesen unterschiedlichen Bedingungen anpassen. Aufführungen mit Videoleinwänden vor mehr als 4000 Mitarbeiterinnen und Mitarbeitern gehören ebenso zum bisherigen Erfahrungshorizont wie kleine intime Situationen mit 30 Zuschauern in der Atmosphäre eines Zimmertheaters.

Ein Meilenstein im Entwicklungsprozess stellt das Kunst- und Theaterfest anlässlich des Kongresses »Arbeitsschutz und Arbeitsmedizin« (A+A) in Düsseldorf dar. Getragen und organisiert vom Kuratori-

---

[1] Buchungen für Betriebs- und Personalversammlungen, Personalentwicklung von Führungskräften als Impuls zu Veränderungsprozessen, weitere Informationen: Institut für Schulung und Medienentwicklung, Kaiserstraße 80, 44135 Dortmund, Tel: 0231 584492-0, E-Mail. info@institut-input.de, Web: www.institut-input.de).

»Rubikon« – das Spannungsfeld zwischen Beteiligung und Anweisung

um »KunstImpulse berühren Arbeitswelt« (s. Kunstimpulse.net) wird es fester Bestandteil des Kongresses, künstlerische Objekte und Inszenierungen darzubieten, mit denen Bedingungen der Arbeit hervorgehoben werden und sich einer kritischen Betrachtung stellen müssen.

Das Schauspiel »Rubikon«

Am 7. November 2008 fand in der BGAG – Institut Arbeit und Gesundheit der Deutschen Gesetzlichen Unfallversicherung in Dresden die Tagung »Führung – Verhalten – Arbeitsschutz« statt. Die Veranstaltung war Anlass, das Schauspiel »Rubikon« des Autors und Regisseurs Reinhard R. Lenz uraufzuführen. Aus Anlass des 2. Gesundheitsgipfels des DGB-Bildungswerks wurde das Schauspiel am 10. August 2009 den Teilnehmern in Grainau präsentiert. Grundtenor des Schauspiels sind betriebliche Veränderungsprozesse, die mit steigender Anzahl, Rhythmus und Tempo in Unternehmen realisiert werden. In der globalisierten Welt müssen Unternehmen möglichst schnell auf Kundenwünsche reagieren, wenn sie im Wettbewerb mithalten wollen. Daraus erwächst die Notwendigkeit ständiger Angleichungsprozesse (Abbildung 1 und 2).

Abbildung 1: Führungsstile, mit denen Veränderungsprozesse gestaltet werden sollen, prallen aufeinander

Europäische Abstimmungen, Gefährdungsbeurteilungen, Schutzziele usw. haben auch im Arbeitsschutz zahlreiche Veränderungen mit sich gebracht, welche die Aufgaben und Berufsbilder der Akteure sowie die Konsequenzen für Führungskräfte und Mitarbeiter gewaltig verändert haben.

Betriebliche Veränderungsprozesse zu realisieren, Widerstände zu kompensieren, Sinnfälligkeit und Bewusstsein zu vermitteln, ist Führungsaufgabe. Das Schauspiel »Rubikon« geht der Frage nach, welche Führungsstile und Führungskompetenzen unter den jeweilig aktuellen Bedingungen und Aufgabenstellungen angemessen sind. In vier Bildern prallen Führungsstile aufeinander, die im Publikum Nachdenklichkeit und Reflektion erzeugen. Die dargestellten Prozesse zwischen den beteiligten Akteuren sind nicht nur im Arbeitsschutz relevant, sondern öffnen das Thema für alle betrieblichen Handlungsebenen, die Veränderungsprozessen unterliegen.

Menschen unterliegen im Laufe eines Lebens unterschiedlichen Veränderungsprozessen: »freiwilligen und unfreiwilligen«, »schnellen und allmählichen«.

- Lebensabschnitte, die einen Rhythmuswechsel bewirken, gemischte Gefühle und diffuse Ängste vor Unbekanntem auslösen:

Abbildung 2: In der dritten Szene wird es lyrisch, wenn Führungsstrategien in analoge Bilder gefasst werden

»Rubikon« – das Spannungsfeld zwischen Beteiligung und Anweisung

- Kindergarten, Einschulung, Berufsausbildung,
  Heirat, zu Hause ausziehen,
  Kinder kriegen, Haus bauen,
  Stellenwechsel, Karriere, neue Aufgaben, Verantwortung übernehmen,
  Ortswechsel, Krankheit, Entlassung, Sterben eines Partners
- Schleichende, zugelassene Veränderungsprozesse und logische Entwicklungen, die kaum bemerkt werden, weil sie organisch wachsen:
  Angleichungen an soziale Vereinbarungen (Vereinsrituale: Kleidung)
  Zusammenspiel mit dem (Ehe)Partner (Findungsprozesse)
  Klimawandel/Bekleidung (Vorteile genießen, Nachteile vermeiden)
- Von außen angeordnete, schnelle Veränderungsprozesse:
  mit klaren Vorteilen (Taschengelderhöhung, Freizeitausgleich),
  mit empfundenen Nachteilen (PSA überall und immer).

Bei äußerlich erzwungenen Änderungen hinkt die innere Einstellung hinterher. Auf Dauer steigt die Wahrscheinlichkeit von Krankheiten, Absentismus, Burnout-Syndrom usw. Bei vielen gleichzeitigen Veränderungsprozessen, dazu hohem Tempo und großer Schlagzahl, steigt zudem die Lust an der Verharrung und am Widerstand.

Abbildung 3: Führungskräfte sind ohne Handy nicht mehr vorstellbar

Abbildung 4: Einwirken und Überzeugen

Im ersten Moment könnte man meinen, Rubikon sei ein Werk, welches sich vornehmlich an Führungskräfte richtet. Bei näherer Analyse zeigt sich, dass Mitarbeiterinnen und Mitarbeiter eine andere Interpretation der Darstellung empfinden. Das Verständnis für die Handlungszwänge von Führungskräften kann dazu genutzt werden, größere Akzeptanz von Veränderungsprozessen bei Mitarbeitern zu bewirken.

»Rubikon« zeigt keine Lösungen, sondern überlässt es dem Publikum, in nachfolgenden Diskussionen und Auseinandersetzungen das zum Unternehmen passende Selbstverständnis selbst zu finden. Nicht zwingend, aber begünstigend wirkt sich aus, wenn nach der Aufführung entsprechende Workshops das Meinungsbild der Zuschauerinnen und Zuschauer erfassen und mit weiteren Seminarangeboten in eine ziel- und gleichgerichtete Zukunft führen.

Josef Hofmann als altgedienter erfahrener Abteilungsleiter und sein Stellvertreter Thomas Wenzel haben ihre Rollen glaubwürdig verinner-

---

In der Regel sucht jemand nach einer Lösung, der von einem Problem gedrängt wird oder der eine konkrete Frage hat. Präventive Vorgehensweisen wollen Menschen erreichen, die noch kein Problem haben, um Informationen zu vermitteln, damit kein Problem entsteht.

»Rubikon« – das Spannungsfeld zwischen Beteiligung und Anweisung

Abbildung 5: Nachdenklichkeit, aus der sich Ideen entwickeln.

licht. Sie vertreten ihre Vorstellungen von effektiver Mitarbeiterführung mit großer Überzeugungskraft.

Reinhard Lenz als Autor und Regisseur, der bereits durch andere Schauspiele Aufmerksamkeit erregt hat, beschäftigt sich seit längerer Zeit mit Prozessen zur Entwicklung einer Sicherheitskultur. Er ist überzeugt, dass es gelingen kann, den »Bodensatz« kritischer Ereignisse weiter zu reduzieren. »Rubikon« stellt einen Beitrag dar, der erstrebenswerte Prozesse initiiert und weiterentwickelt.

Ergebnisse einer Befragung von Mitarbeitern

Eine Befragung von Mitarbeitern in einem Walzwerk nach der Präsentation des Schauspiels »Rubikon« zeigt nachfolgende Ergebnisse: Auf die Frage: »Welche Wirkung hat Rubikon bei Ihnen hinterlassen?« mit den Items: Spannung, Unterhaltung, Überraschende Erkenntnisse, neue Perspektiven, eigene Betroffenheit, fachlicher Input, Bestätigung der Meinung, Schauspielerleistung, realistisch, glaubwürdig ergibt sich das in Abbildung 6 aufgeführte Antwortschema.

Antworten auf die Frage: »Ist ›Rubikon‹ nach Ihrer Auffassung geeignet...?«

Abbildung 7: »Ist ›Rubikon‹ nach Ihrer Auffassung geeignet ...?«

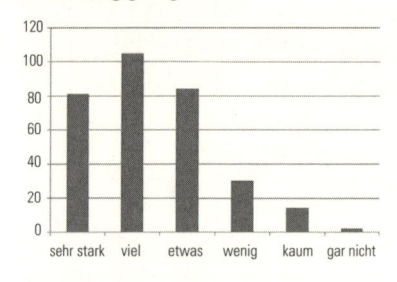

Abbildung 6: »Welche Wirkung hat Rubikon bei Ihnen hinterlassen?«

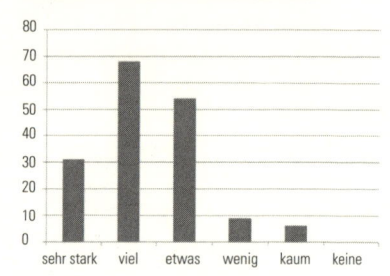

- Veränderungen auszulösen
- Meinungsbildung anzuregen
- Austausch zu erzeugen
- Informationen zu vermitteln
- Bewusstsein zu bilden,

belegen Überzeugungen, die mehrheitlich ein klares Bild abgeben (Abbildung 7).

Seminarkonzept für Führungskräfte zu »Rubikon«

Die Entwicklung einer Sicherheitskultur beginnt bei Führungskräften.
Entwicklung heißt Veränderung.

Unternehmen, die sich mit ihren Unfallquoten bereits am unteren Ende der Skala befinden und schon viele Handlungsmöglichkeiten ausgeschöpft haben, können weiteres Potenzial entwickeln, wenn in einem Prozess Unternehmenskultur (Sicherheitskultur) entwickelt, unterstützt bzw. angeschoben wird. Relevante Führungskräfte werden in Seminaren mit Theorie darauf vorbereitet, praktische Instrumente einzusetzen, die ihnen Handeln ermöglichen.

Einen Startimpuls löst das Schauspiel »Rubikon« aus. Die Gedanken und Empfindungen der Zuschauer werden direkt nach der Aufführung in strukturierten Diskussionen aufgefangen. Wenn »Rubikon« genutzt werden soll, Führungskräfte für die Realisierung geeigneter Führungsstile zu sensibilisieren, eventuelle Führungsdefizite zu diskutieren und gegebenenfalls die Bereitschaft zu wecken, neue Kompetenzen zu entwickeln, dann bietet sich für Großgruppen an, nach einer Aufführung die Diskussionsmethode »World-Cafe« einzusetzen. Stehtische geben

»Rubikon« – das Spannungsfeld zwischen Beteiligung und Anweisung 239

unterschiedliche Themen vor. Empfindungen, Beiträge, Wünsche und Absichten wechselnder Diskussionsteilnehmer werden mit Filzstiften auf den Papiertischdecken dokumentiert.

Werden die Diskussionen an den Stehtischen von heterogenen Gruppen geführt, sind die Stichworte und Anregungen zwangsläufig globaler Natur. Soll der Effekt intensiviert werden, ist es sinnvoll, die Tischdeckennotizen auszuwerten und die Absichten zu clustern.

Die Entwicklung eigener Führungskompetenzen ist prozesshaft. In später folgenden Tagesseminaren oder mit individuellen Coachingterminen (Einzelgespräche) werden die Impulse konkret vertieft und mit realen Maßnahmen zur Kulturentwicklung hinterlegt. Die Ergebnisse werden auf persönliche Ziele und Handlungsschritte konkretisiert und prozesshaft begleitet.

Durch die Vorbereitung der Führungskräfte werden Handlungsimpulse gesetzt und Instrumente an die Hand gegeben, die danach das ganze Unternehmen in Bewegung setzen und alle Mitarbeiterinnen und Mitarbeiter einbeziehen. Wenn alle Akteure an einem Ende des Seiles ziehen, lassen sich Entwicklungen in überschaubaren Zeiträumen realisieren. Im Verlauf des Prozesses wachsen unmerklich Bedürfnisse nach Organisationsentwicklungen, Personal- und Führungskräfteentwicklung aus sich selbst heraus.

Gabi Joschko
Gesundheitslounge – gesundheitsgerechtes Arbeiten und Entspannen

Wir alle werden in unserer generellen Leistungsfähigkeit durch eine »innere Uhr« geleitet. Dabei sorgen biopsychische Vorgänge dafür, dass wir zu unterschiedlichen Tageszeiten unterschiedlich leistungsfähig sind. Um diese Leistungsfähigkeit – besonders während intensiver Tagungen und Workshops – zu erhalten, zu stärken und zu fördern, benötigt der Körper den regelmäßigen Wechsel von Anspannung und Entspannung. Das bedeutet, wer im (Arbeits-)Alltag Höchstleistungen erreichen will, muss sich im Klaren sein, dass diese nur im Zusammenhang mit ausgleichenden und aktiv gestalteten Abwechslungen zu haben sind. Situations- und zielgruppenangepasste, energieliefernde »Gesundheitspausen« helfen, konzentriert und kreativ zu bleiben und mit den eigenen Kräften effizient zu wirtschaften. Sie schützen somit vor frühzeitiger Ermüdung, Nervosität, Erschöpfung und wirken degenerativen Erkrankungen vor. Auf dem »Gesundheitsgipfel« bietet daher eine »Gesundheitslounge« den Teilnehmenden und Referenten während der gesamten Veranstaltung die Möglichkeit zur individuellen Rekreation und Regeneration während der Veranstaltungstage – und damit zur aktiven Gesundheitsförderung in diesem ihrem Arbeitstag.

Die *Gesundheitslounge* bietet – unter gesundheitskompetenter Anleitung, Ermutigung und Beratung – ein attraktives und gleichzeitig informatives Programm. Dazu gehört zum Beispiel:

1. *»Sich umlagern«*: Funktionales Liegen zur Entspannung für Rücken, Beine und Kopf
2. *»Progressive Muskelentspannung nach Jacobson«* im Sitzen oder Liegen zur muskulo-mentalen Entspannung (nach CD Anleitung auch selbstständig durchführbar)
3. *»Fußbäder«*, Fußgymnastik und Fußmassage zur Erfrischung und Aktivierung im Sitzen
4. *»Rückenmassage«* im Sitzen
5. *»Rückenkräftigung«* mit dem Theraband.

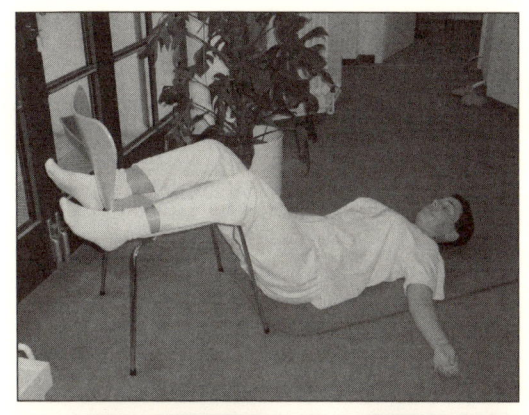

Abbildung 1:
»Sich umlagern«

Abbildung 2:
Palmieren

Durch das eigene Ausprobieren und Erleben sollen die Teilnehmenden sensibilisiert und aktiviert werden sowohl für ihre eigene Gesundheitsförderung als auch für die Umsetzung in den betrieblichen Kontext im Rahmen einer »Betrieblichen Gesundheitsförderung«.

»Die innere Uhr« – biologische Grundlage für eine gesunde Arbeitszeitgestaltung

»Chronobiologische Rhythmen« (biologische Prozesse in zeitlichem Rhythmus) sorgen dafür, dass wir zu unterschiedlichen Tageszeiten unterschiedlich leistungsfähig sind. Zu den elementarsten dieser Körperrhythmen gehören z.B. Atem, Herzschlag, Blutdruck, Körpertempe-

Abbildung 3:
Fußgymnastik und
Fußmassage

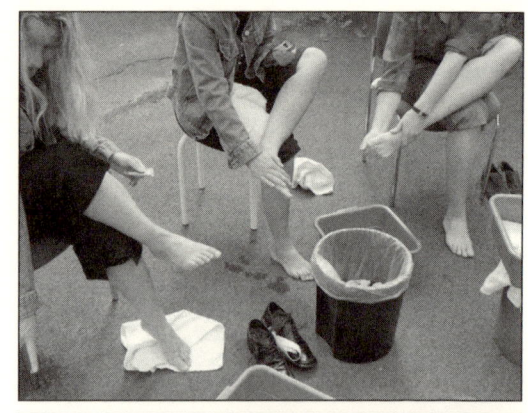

Abbildung 4:
Rückenmassage
im Sitzen

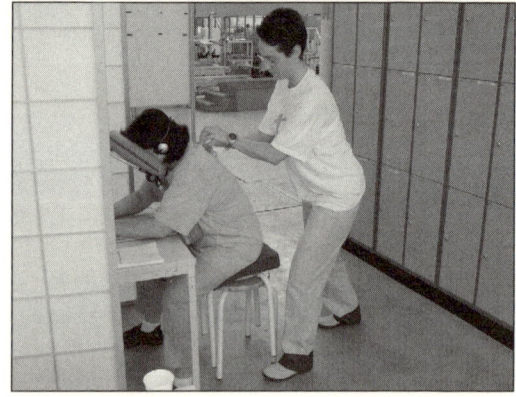

ratur, Hormonproduktion, Wachen, Schlafen. Alle diese inneren Rhythmen sind genetisch im Menschen angelegt und werden durch einen winzigen Neuronenkern im Gehirn koordiniert.

Gleichzeitig sorgt dieser Teil des Gehirns dafür, dass die inneren Rhythmen mit äußeren Faktoren wie z.B. Licht, Temperatur, sozialen Kontakten abgestimmt werden. Die innere Uhr des Menschen wird also durch die endogenen Situationsfaktoren quasi justiert. So entsteht z.B. der sehr exakte und wiederkehrende Tagesrhythmus von 24 Stunden.

Um dieser biologischen Leistungsfähigkeit gerecht zu werden und sie optimal zu nutzen, benötigt der Körper Abwechslung. Der gezielte und tageszeitlich angepasste Wechsel von Anspannung und Entspannung, von Aktivität und Ruhe ist daher die natürliche Basis für eine volle Entfaltung der körperlichen Leistungsfähigkeit.

Anhang

Literaturhinweise

DGB Bildungswerk e.V.: »11. Workshop Betriebliche Gesundheitsförderung: Lebenslanges Lernen: Hält gesund und fördert die Beschäftigungsfähigkeit«, Starnberg 2007.
DGB Bildungswerk e.V.: »10. Workshop Betriebliche Gesundheitsförderung: Eingliedern statt entlassen – ein betriebliches Eingliederungsmanagement aufbauen«, Starnberg 2006.
DGB Bildungswerk e.V.: 8. Workshop Betriebliche Gesundheitsförderung: Prävention – Erfolge durch gemeinsames Handeln der Berufsgenossenschaften, Unfallversicherungsträger, Krankenkassen und Rentenversicherungsträger«, Starnberg 2004
DGB Bildungswerk e.V.: »1. Werkstatt Prävention arbeitsbedingter Erkrankungen – Betriebliches Eingliederungsmanagement«, BMW Regensburg 2005.
DGB Bildungswerk e.V.: »2. Werkstatt Prävention arbeitsbedingter Erkrankungen – Betriebliches Eingliederungsmanagement«, Berliner Stadtreinigung 2006. Zu bestellen bei: sieglinde.tefs@dgb-bildungswerk.de
Ehlbeck, Imke/Giesert, Marianne: »Arbeitsfähig in die Zukunft – Schritt für Schritt zum Gesunden Unternehmen« Handlungsleitfaden für die Praxis, Ergebnisse des Projektes Hawai 4U- Handlungshilfe Workability Index IQ Consult gGmbH/DGB Bildungswerk e.V. in Kooperation mit bao – Büro für Arbeits- und Organisationspsychologie, Düsseldorf, 2009
Giesert, Marianne: Prävention: Pflicht & Kür. Gesundheitsförderung und Prävention in der betrieblichen Praxis. VSA Verlag, Hamburg 2008
Giesert, Marianne: ...ohne Gesundheit ist alles nichts«! Beteiligung von Beschäftigten an der betrieblichen Gesundheitsförderung, VSA-Verlag Hamburg 2009 (im Erscheinen)
Giesert, Marianne: Zukunftsfähige Gesundheitspolitik im Betrieb, Hans-Böckler-Stiftung (Hrsg.), Bund-Verlag Frankfurt a.M. 2009 (im Erscheinen)
Giesert, Marianne/Geißler, Heinrich: »Betriebliche Gesundheitsförderung. Analyse und Handlungsempfehlungen.« Bund-Verlag Frankfurt a.M. 2003
Giesert, Marianne/Tempel, Jürgen: »Arbeitsfähigkeit 2010 – Was können wir tun, damit Sie gesund bleiben – Fakten und Chancen des Alters und Alterns im Arbeitsleben«, Hrsg: Gemeinschaftsinitiative Gesünder arbeiten, Düsseldorf 2005.
Giesert, Marianne/Wendt, Cornelia: »Handlungsleitfaden für ein betriebliches Eingliederungsmanagement«, Düsseldorf 2007, gefördert durch die Initiative Jobs ohne Barrieren.
Ilmarinen, Juhani/Tempel, Jürgen: »Arbeitsfähigkeit 2010 – Was können wir tun, damit Sie gesund bleiben?«; hrsg. von Marianne Giesert, DGB Bildungswerk e.V., VSA Verlag Hamburg 2002

Alle Publikationen können bei: Sieglinde. tefs@dgb-bildungswerk.de bestellt werden.

Veranstaltungshinweise

2. Gesundheitsgipfel 2009: Prävention und Gesundheitsförderung – Führung und psychische Belastungen – 9.-12. August 2009, Zugspitzdorf Grainau

Der »Gesundheitsgipfel« findet an der Zugspitze statt. Dieser Ort soll die besondere Bedeutung der Veranstaltung herausstellen und als Plattform und jährlicher Höhepunkt des Austausches und der Inspiration für neue Impulse und Strategien der Prävention und Gesundheitsförderung dienen. Expertinnen und Experten aus Politik, den Betrieben und der Gesellschaft bieten die Möglichkeit, neue Ideen und erprobte Beispiele näher zu durchleuchten, um daraus Strategien für die eigene individuelle und betriebliche Praxis zu gewinnen.

Leitung und Moderation: *Marianne Giesert*, Leiterin des Kompetenzzentrums Gesundheit und Arbeit, DGB Bildungswerk e.V.

Sonntag, 9.8.2009
16:00 Uhr	Empfang und Stehcafé
16:45 Uhr	**Begrüßung und Einführung**
	Marianne Giesert und *Reinhard R. Lenz*
17:00 Uhr	**Für eine neue Kultur der Arbeit**
	Klaus Brandner, parlamentarischer Staatssekretär beim Bundesminister für Arbeit und Soziales
18:30 Uhr	Abendessen
	Abendprogramm: **Stark in stürmischen Zeiten**
	Dr. Anna Paul, Leiterin Ordnungstherapie und Mind/Body Medicine Kliniken Essen-Mitte

Montag, 10.8.2009
9:00 Uhr	**»Rubikon« – Das Spannungsfeld zwischen Beteiligung und Anweisung.** Schauspiel in 4 Akten mit *Josef Hofmann* und *Thomas Wenzel* in einer Inszenierung von *Reinhard R. Lenz*
10:00 Uhr	Kaffeepause
10:30 Uhr	**Führung – psychische Belastungen: arbeitswissenschaftliche Erkenntnisse**
	Dr. Peter Stadler, Bayrisches Landesamt für Gesundheit und Lebensmittelsicherheit

11:15 Uhr	**Führung und psychische Gesundheit** Prof. Dr. Jochen Prümper, Professor für Wirtschafts- und Organisationspsychologie, Berlin; *Imke Ehlbeck*, bao – Büro für Arbeits- und Organisationspsychologie
12:00 Uhr	Mittagessen
13:30 Uhr	**Förderung der psychischen Gesundheit aus Sicht der Politik** *Helga Kühn-Mengel*, MdB, Beauftragte der Bundesregierung für die Belange der Patientinnen und Patienten
14:00 Uhr	**Führen in der Praxis** Modellprojekte in Arbeitsgruppen mit *Reinhard R. Lenz*, Institut Input; *Marianne Giesert, Cornelia Wendt-Danigel*, DGB Bildungswerk e.V.; *Gabi Joschko*, GEKO – die Gesundheitskompetenz
16:00 Uhr	Kaffeepause
16:30 Uhr	**Geben und Nehmen: der psychologische Arbeitsvertrag** *Dr. Heinrich Geißler*, Beratung und Forschung Geißler (BFG)
17:15 Uhr	**Innovationsprozesse – Eine willkommene Abwechslung oder eine krankmachende Belastung?** Projekt PräGO – *Dr. Anna Paul*
18:30 Uhr	Überraschungsmenue Abendliches Rahmenprogramm »Alpenglühen«

Dienstag, 11.8.2009
Alle Teilnehmerinnen und Teilnehmer sind in einen gemeinsamen Dialog einbezogen!

9:00 Uhr	Vorstellung des Tagesprogramms: Informationen zum Ablauf des World Cafés – Großgruppenmethode *Dr. Heinrich Geißler* **World Café – Führungskräfte verringern aktiv die psychische Belastung!** Ist es überhaupt möglich, dass die Führung aktiv psychische Belastungen verringern kann? Wie kann das möglich werden? Was brauchen wir dazu?
12:00 Uhr	Mittagessen
14:00 Uhr	**Gute Beispiele aus der Praxis: Kooperativer Führungsstil bei Frauenrath Bauunternehmung GmbH** Dipl.-Ing. Gereon Frauenrath, Geschäftsführer, angefragt Rudi Clemens, Betriebsratsvorsitzender

Psychische Gesundheit durch gesundheitsgerechte Führung in der Stadtverwaltung Aachen:
»Vom Gesundheitszirkel zur psychischen Gesundheit«
Heidemarie Ernst, Diplom Sozialarbeiterin
»Jede Führungskraft ist Gesundheitsbeauftragte/r«
Dr. Astrid Brammertz, Fachärztin für Arbeitsmedizin, Hygiene, Umweltmedizin, Suchtmedizin
Ergebnisse des Vormittags werden in weiteren Arbeitsgruppen bearbeitet und vertieft

15:15 Uhr Kaffeepause
Auswertung der Arbeitsgruppen:
– Was war die wichtigste Fragestellung/das größte Problem?
– Was waren die besten konkreten Beispiele für die Verringerung psychischer Belastungen?
Zusammenfassung und weitere Impulse:
Prof. Dr. Lutz Packebusch, Hochschule Niederrhein
Prof. Dr. Bernhard Ohl, Hochschule Darmstadt

18:00 Uhr Abendessen

Mittwoch, 12.8.2009
Möglichkeiten für betriebliche Praxis – Förderung der psychischen Gesundheit

9:00 Uhr **Prävention lohnt sich: Leitlinien und Anreize der gesetzlichen Unfallversicherung**
Walter Eichendorf, stellvertretender Hauptgeschäftsführer, DGUV – Deutsche gesetzliche Unfallversicherung

9:45 Uhr **Wie man zum besten Arbeitgeber wird**
Dr. Andreas Behrens, Thomas Dorn
Techniker Krankenkasse als Bester Arbeitgeber 2009

10:00 Uhr Kaffeepause

10:30 Uhr **Arbeitsgruppen: Kooperationen und Strategien für die Praxis**
Moderation: Prof. Dr. Bernhard Ohl,
Prof. Dr. Lutz Packebusch
Reimund Overhage, Bundesministerium für Arbeit und Soziales

12:30 Uhr **Zusammenfassung der Ergebnisse**
Dialogpartnerschaften zur Förderung der psychischen Gesundheit
Marianne Giesert und *Reinhard R. Lenz*

13:00 Uhr	Mittagessen
14:30 Uhr	**Initiative im Betrieb**
	Absprachen, Kooperationen für weitere Aktivitäten und Begleitung von Projekten
15:30 Uhr	Beratungsbüro für Projekte zur Prävention und betrieblichen Gesundheitsförderung
16:30 Uhr	Ende der Veranstaltung

Rahmenprogramm:
Gesundheitslounge – gesundheitsgerechtes Arbeiten und Entspannen,
Gabi Joschko, GEKO – die Gesundheitskompetenz

3. Gesundheitsgipfel 2010
**Prävention und Gesundheitsförderung
– Führung und die vielfältigen Potenziale der Beschäftigten –
8.-11.8.2010, Zugspitzdorf Grainau**

Präsentiert und diskutiert werden unterschiedliche Möglichkeiten, Führungskräfte auf allen Ebenen eines Unternehmens für eine *aktive, präventive Gesundheitspolitik* zu gewinnen, da dies ein »Mehr« an tatsächlich erzielter Gesundheit und Wettbewerbsfähigkeit für die Betriebe zur Folge hat.

**Der 14. Workshop Betriebliche Gesundheitsförderung
findet vom 20.6.-23.6.2010 zum Schwerpunkt »Psychische Gesundheit fördern«, im DGB Tagungszentrum Starnberger See statt.**

Referentinnen und Referenten aus Deutschland und Österreich berichten über Projekte und Handlungsmöglichkeiten zur Betrieblichen Gesundheitsförderung im Betrieb. Spannende Diskussionen und interessante Arbeitsgruppen geben der eigenen Arbeit neue Impulse.

**Schauen Sie doch auch mal ins Internet unter
www.betriebsratsqualifizierung.de**

Die Autorinnen und Autoren

Katja Bakarinow-Busse, systemische Supervisorin und Organisationsberaterin, beim Institut für Schulung und Medienentwicklung als freie Mitarbeiterin zuständig für »Gesundheitsförderung« sowie Trainerin für Kommunikation und Teamentwicklung.
buero(@)bakarinow-busse.de

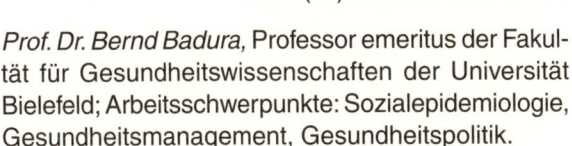

Prof. Dr. Bernd Badura, Professor emeritus der Fakultät für Gesundheitswissenschaften der Universität Bielefeld; Arbeitsschwerpunkte: Sozialepidemiologie, Gesundheitsmanagement, Gesundheitspolitik.
Bernhard.Badura@uni-bielefeld.de

Matthias Becker ist Diplom-Psychologe und Berater bei der bao GmbH – Büro für Arbeits- und Organisationspsychologie in Berlin.
m.bercks@bao.de

Dr. Andreas Behrens, Leiter Personalgrundsätze und Projekte bei der Techniker Krankenkasse.
Dr.Andreas.Behrens@tk-online.de

Dr. Astrid Brammertz, Fachärztin für Arbeitsmedizin, Hygiene, Umweltmedizin, Suchtmedizin bei der Stadtverwaltung Aachen.
astrid.brammertz@mail.aachen.de

Quellenhinweis: Die Autorenfotos stammen aus dem Privatbesitz der Autorinnen und Autoren, mit Ausnahme von Klaus Brandner (Bundespresseamt) und Olaf Scholz (BMAS/Fotograf Pep Avila).

Klaus Brandner, parlamentarischer Staatssekretär beim Bundesminister für Arbeit und Soziales.
klaus.brandner@bundestag.de

Rudi Clemens, früher Polier, heute freigestellt als SiFa und Betriebsratsvorsitzender bei der Bauunternehmung Frauenrath in Heinsberg, Projektleiter beim regionalen INQA-Netzwerk Gesunde-Bauarbeit und aktiv bei der IG BAU im Bundesarbeitskreis Gesundheit in der Arbeitsumwelt.
Rudi.Clemens@frauenrath.de

Thomas Dorn, Fachreferatsleiter Personalplanung, -marketing und -rekrutierung bei der Techniker Krankenkasse.
Thomas.Dorn@tk-online.de

Imke Ehlbeck ist Diplom-Psychologin und Seniorberaterin bei der bao GmbH – Büro für Arbeits- und Organisationspsychologie in Berlin.
i.ehlbeck@bao.de

Walter Eichendorf ist stellvertretender Hauptgeschäftsführer der Deutschen Gesetzlichen Unfallversicherung (DGUV), des Spitzenverbandes der gewerblichen Berufsgenossenschaften und der Unfallversicherungsträger der öffentlichen Hand. Er leitet den Geschäftsbereich Prävention der DGUV.
Walter.Eichendorf@dguv.de

Die Autorinnen und Autoren

Heidemarie Ernst, Diplom Sozialarbeiterin bei der Stadtverwaltung Aachen.
heidemarie.ernst@mail.aachen.de

Dr. Heinrich Geißler, Berater für Gesundheitsfördernde Führung, Beratung & Forschung – Geißler, Bregenz-Hamburg-Zürich.
office@bf-geissler.com

Marianne Giesert, Dipl. Betriebswirtin, Dipl. Sozialökonomin, Supervisorin, Coach, Leiterin Komptenzzentrum Arbeit und Gesundheit, DGB Bildungswerk e.V., Düsseldorf
Marianne.Giesert@dgb-bildungswerk.de

Gabi Joschko, GEKO – Die Gesundheitskompetenz.
gj@gesundheitskompetenz.de

Prof. Dr. Ernst Kistler, Direktor am Internationalen Institut für Empirische Sozialökonomie, INIFES.
info@inifes.de

Helga Kühn-Mengel, MdB, Beauftragte der Bundesregierung für Belange der Patientinnen und Patienten.

Bernd.Kronauer@bmg.bund.de

Dipl.-Ing. Reinhard R. Lenz ist Inhaber des »Instituts für Schulung und Medienentwicklung«, Dortmund; Präventionsberatung und Qualifizierung zur Sensibilisierung von Führungskräften und Mitarbeitern zur Sicherheit und Gesundheit.

input.lenz@t-online.de

Dr. Anne Katrin Matyssek ist Diplom-Psychologin und Autorin. Unter dem Namen »do care!« ® hält sie Vorträge und Seminare für mehr Wertschätzung im Betrieb.

Anne-Katrin.Matyssek@t-online.de

Prof. Dr. Bernhard Ohl ist Professor für Betriebswirtschaftslehre und Informationsmanagement am Fachbereich Wirtschaft der Hochschule Darmstadt, Leiter des Arbeits- und Betriebswirtschaftlichen Instituts in Seeheim und Präsident der Forschungsgruppe Angewandte Arbeitsorganisation in Darmstadt.

dr.ohl@arcor.de

Reimund Overhage, Bundesministerium für Arbeit und Soziales, Bonn

reimund.overhage@bmas.bund

Die Autorinnen und Autoren

Lutz Packebusch, Direktor des Instituts für Arbeitssicherheit, Umweltschutz, Gesundheitsförderung und Effizienz (A.U.G.E. Institut) an der Hochschule Niederrhein und Mitglied des Arbeitsausschusses Arbeitssystemgestaltung/psychische Belastung des DIN.

lutz.packebusch@hs-niederrhein.de

Dr. Anna Paul, Leiterin Ordnungstherapie und Mind/Body Medicine Kliniken Essen-Mitte, Institut für angewandte Innovationsforschung e.V. Ruhr Universität Bochum. Mitautorinnen ihres Beitrags sind Silke Lange und Nils Altner.

a.paul@kliniken-essen-mitte.de

Prof. Dr. Jochen Prümper ist Diplom-Psychologe und Professor für Wirtschafts- und Organisationspsychologie an der Hochschule für Technik und Wirtschaft Berlin.

j.pruemper@bao.de

Olaf Scholz, Bundesminister für Arbeit und Soziales

olaf.scholz@bmas.bund.de

Joachim Schröer, Berater Betriebliches Gesundheitsmanagement, Techniker Krankenkasse Region West.

Joachim.Schroeer@tk-online.de

Dr. Peter Stadler, Bayrisches Landesamt für Gesundheit und Lebensmittelsicherheit.

peter.stadler@lgl.bayern.de

Dr. Sven Timm ist stellvertretender Referatsleiter im Stabsbereich Prävention der DGUV und zuständig für strategische Kooperationen.

sven.timm@dguv.de

Arbeitsfähig in die Zukunft.
Wir begleiten Sie!

iQ CONSULT

Wir bieten Ihnen im Bereich „Gesundheit und Arbeit":

- das richtige Handwerkszeug für individuelle Lösungsmöglichkeiten im Betrieb
- Tipps für die aktive Gestaltung von gesundheitsgerechten und sicheren Arbeitbedingungen im Betrieb
- fundierte Kenntnisse der einschlägigen Regelungen und Gesetze.

iQ CONSULT
Kontakt: IQ-Consult gGmbH
Marianne Giesert, Hans-Böckler-Str. 39, 40476 Düsseldorf
Tel: 0211/4301-372, Fax: 0211/4301-398
E-Mail: m.giesert@iq-consult.de, www.iq-consult.de

VSA: Arbeit & Gesundheit

Marianne Giesert (Hrsg.)
Prävention: Pflicht & Kür
Gesundheitsförderung und Prävention in der betrieblichen Praxis

240 Seiten; € 12.80
ISBN 978-3-89965-296-3
Die Autorinnen und Autoren entwickeln konkrete Strategien für die betriebliche Umsetzung von Prävention.

Ernst Kistler/Frank Mußmann (Hrsg.)
Arbeitsgestaltung als Zukunftsaufgabe
Die Qualität der Arbeit
300 Seiten; € 19.80
ISBN 978-3-89965-357-1

Prospekte anfordern!

VSA-Verlag
St. Georgs Kirchhof 6
20099 Hamburg
Tel. 040/28 09 52 77-10
Fax 040/28 09 52 77-50
Mail: info@vsa-verlag.de

Marianne Giesert (Hrsg.)
... ohne Gesundheit ist alles nichts!
Beteiligung von Beschäftigten an der betrieblichen Gesundheitsförderung

224 Seiten; € 12.80
ISBN 978-3-89965-335-9
Expertinnen und Experten aus Österreich und Deutschland berichten über Gesundheitsförderungsprojekte und Handlungsmöglichkeiten im Betrieb.

Frank Lorenz/Günter Schneider (Hrsg.)
Moderne Mitbestimmung
Betriebe und Verwaltungen im Umbruch – die Interessenvertretung der Zukunft
180 Seiten; € 14.80
ISBN 978-3-89965-326-7

Wolfgang Hien
»Irgendwann geht es nicht mehr«
Älterwerden und Gesundheit im IT-Beruf
136 Seiten; € 11.80
ISBN 978-3-89965-297-0

www.vsa-verlag.de